八閩文庫

八閩文庫

要籍選刊

73

豫章羅先生文集

[宋] 羅從彦 撰　李彬 李明熇 點校

李延平先生文集

[宋] 李侗 撰　李彬 李明熇 點校

海峽出版發行集團
THE STRAITS PUBLISHING & DISTRIBUTING GROUP
福建人民出版社

二〇一九年八閩文庫出版工程領導小組

組　長　梁建勇

副組長　楊賢金

成　員　施宇輝　馮潮華　賴碧濤　陳熙滿
　　　　王建南　黃　誌　卓兆水　葉飛文
　　　　陳　强　林守欽　王秀麗　蔣達德

二〇二〇年八閩文庫出版工程領導小組

組　長　邢善萍

副組長　郭寧寧

成　員　施宇輝　馮潮華　賴碧濤　陳熙滿
　　　　肖貴新　王建南　黃　誌　卓兆水
　　　　葉飛文　陳　强　林守欽　王秀麗
　　　　林義良

二〇二二年八閩文庫出版工程領導小組

組　長　張　彦

副組長　鄭建閩

成　員　林端宇　鄭家紅　顔志煌　黄國劍

許守堯　肖貴新　林　生　黄　誌

卓兆水　吴宏武　陳　强　張立峰

鄭東育　林義良　林　彬

二〇二三年八閩文庫出版工程領導小組

組　長　張　彦

副組長　王金福

成　員　林端宇　鄭家紅　顔志煌　黄國劍

許守堯　肖貴新　黄　誌　陳熙滿

吴宏武　林　生　李　潔　張立峰

鄭東育　黄葦洲　林　彬

八閩文庫編纂委員會

顧　問

袁行霈　樓宇烈　安平秋　陳祖武　楊國楨　周振鶴

主　任

葛兆光　張　帆

委　員（以姓氏筆畫排序）

丁荷生（Kenneth Dean）　方寶川　杜澤遜　李　岩　吴　格

汪征魯　宋怡明（Michael Szonyi）　林　彬　林繼中　陳支平

陳紅彦　陳慶元　商　偉　張志清　張善文　葉建勤　傅　剛

鄭振滿　漆永祥　稻畑耕一郎　劉　石　劉躍進　盧美松

顧　青

八閩文庫總序

葛兆光　張　帆

一

在傳統中國的文化史上，福建算是後來居上的區域。經歷了東晉、中唐、南宋幾次大移民潮，浙、閩之間的仙霞嶺，早已不是分隔内外的屏障，而成了溝通南北的通道。歷史使得福建越來越融入華夏文明之中，唐宋兩代，特别是在「背海立國」的宋代，東南的經濟發達，海洋的地位凸顯，福建逐漸從被文明中心影響的邊緣地帶，成爲反向影響全國文明的重要區域。在七世紀的初唐，詩人駱賓王曾説「龍章徒表越，閩俗本殊華」（駱臨海集箋注卷二晚憩田家，陳熙晉箋注，上海古籍出版社一九八五年，第三六頁），前一句説的是華夏的衣冠對斷髮文身的越人没有用，後一句説的是閩地的風俗本來就與華夏不同，意思都是瞧不起東南。但是，到了十五世紀的明代中期，黄仲昭在弘治八閩通志序裏卻説，八閩雖爲東南僻壤，但自唐以來文化漸盛，「至宋，大儒君子接踵而出」，實際上它的文明程度，已經「可以不愧於鄒魯」（四庫全書存目叢書史部一七七册，齊魯書社一九九六年，第三六四頁）。

的確，自從福建在唐代出了第一個進士薛令之，而且晉江有歐陽詹，福清有王棨，莆田有徐夤、黄滔這些傑出人物之後，到了更加倚重南方的宋代，福建出現了蔡襄（一〇一二—一〇六七）、陳襄（一〇一七—一〇八〇）、游酢（一〇五三—一一二三）、楊時（一〇五三—一一三五）、鄭樵（一一〇四—一一六二）、林光朝（一一一四—一一七八）、朱熹（一一三〇—一二〇〇）、蔡元定（一一三五—一一九八）、陳淳（一一五九—一二二三）、真德秀（一一七八—一二三五）等一大批著名文人士大夫。這些出身福建或流寓福建的士人學者，大大繁榮和提升了這裏的文化，甚至使得整個中國的文化重心逐漸南移，也許，就像程頤説的那樣「吾道南矣」（宋史卷四二八道學楊時傳，中華書局一九七七年，第一二七三八頁）。也就是説宋代之後，原本偏在東南的福建，逐漸成了中國重要的文化區域。

不過，習慣於中原中心的學者，當時也許還有偏見。以來自中心的偏見視東南一隅的福建，那時福建似乎還是「邊緣」。雖然人們早已承認福建「歷宋逮今，風氣日開」

（黄虞稷閩小紀序，撰於康熙五年，續修四庫全書史部七三四册，上海古籍出版社二〇〇二年，第一二七頁），但有的中原士人還覺得福建「僻在邊地」。像北宋樂史的太平寰宇記，一面承認「此州（福州）之才子登科者甚衆」，一面仍沿襲秦漢舊説，稱閩地之人「皆蛇種」，並引十道志説福建「嗜欲、衣服，别是一方」（樂史太平寰宇記卷一〇〇江南東道一二，中華書局二〇〇七年，第一九九一頁）。所以，歷史上某些關於福建歷史、文化和風俗的著作，似乎還在以中原或者江南的眼光，特别留心福建地區與核心區域不同的特異之處，筆下一面凸顯異域風情，一面鄙夷南蠻鴃舌。但是從大的方面説，我們看到宋代以降，實際上福建與中原的精英文化越來越趨向同一，正如宋人祝穆方輿勝覽所説，「海濱幾及洙泗，百里三狀元」，前一句裏所謂「洙泗」即孔子故鄉，這是説福建沿海文風鼎盛，幾乎趕得上孔子故里；後一句裏「三狀元」是指南宋乾道年間福建登第的三個狀元，即乾道二年（一一六六）的蕭國梁、乾道五年的鄭僑和乾道八年的黄定，他們都是福建永福（今永泰）這個地方的人（祝穆新編方輿勝覽卷一〇，施和金點校，中華書局二〇〇三年，第一六三頁）。

文化漸漸發達，書籍或者文獻也就越來越多，福建文獻的撰寫者中不僅有本地人，也有流寓或任職於閩中的外地人。日積月累，這些文獻記録了這個多山臨海區域千年的文化變遷史，而八閩文庫的編纂，正是把這些文獻精選並彙集起來，爲現代人留下唐宋以來有關福建的歷史記憶。

二

福建鄉邦文獻數量龐大，用一個常見的成語説，就是「汗牛充棟」。那麼多的文獻，任何歸類或叙述都不免挂一漏萬。不過，我們這裏試圖從區域文化史的角度，談一談福建文獻或書籍史的某些特徵。

毫無疑問，中國各個區域都有文獻與書籍，秦漢之後也都大體上呈現出華夏同一思想文化的底色，但各區域畢竟有其地方特色。如果我們回溯思想文化的歷史，那麼，唐宋之後福建似乎也有一些特點。恰恰因爲是後來居上的文化區域，所以福建積累的傳統包袱不重，常常會出現一些越出常軌的新思想、新精神和新知識。這使得不少代表新思想、新精神和新知識的人物與文獻，往往先誕生在福建。衆所周知的方面之一，就是宋代儒家思想的變遷。應當説，宋代的理學或者道學，最初乃是一種批判性的新思潮，一些儒家士大夫試圖以屬於文化的「道理」鉗制屬於政治的「權力」，所以，極力强調

「天理」的絶對崇高，人們往往稱之爲道學或理學，也根據學者的出身地叫作「濂洛關閩之學」。其中，「閩」雖然排在最後，卻應當説是宋代新儒學的高峰所在，以至於後人乾脆省去濂溪和關中，直接以「洛閩」稱之（如清代張夏雒閩源流録），以凸顯道學正宗，恰在洛陽的二程與福建的朱熹，而道學最終水到渠成，也正是在福建。因爲宋代道學集大成的代表人物朱熹，雖然祖籍婺源，卻出生在福建，而且相當長時間在福建生活。他的學術前輩或精神源頭，號稱「南劍三先生」的楊時、羅從彦（一〇七二—一一三五）、李侗（一〇九三—一一六三），也都是南劍州即今福建南平一帶人，他的提攜者之一陳俊卿（一一一三—一一八六），則是興化軍即今莆田人，而他的最重要的弟子黄榦（一一五二—一二二一）是閩縣（今福州）人、陳淳是龍溪（今龍海）人。

正是在這批大學者推動下，福建逐漸成爲圖書文獻之邦。慶元元年（一一九五），朱熹在福州州學經史閣記中曾經説，一個叫常濬孫的儒家學者，在福州地方軍政長官詹體仁、趙像之、許知新等資助下，修建了福州府學用來藏書的經史閣，即「開之以古人敦學之意，而後爲之儲書，以博其問辨之趣」（朱文公文集卷八〇，朱子全書第二四册，上海古籍出版社、安徽教育出版社二〇一〇年，第三八一四頁）。宋代之後，經由近千年的日積月累，我們看到福建歷史上出現了相當多的儒家論著，也陸續出現了有關儒家思想的普及讀物。大家可以從八閩文庫中看到，這裏收録的不僅有朱熹、真德秀、陳淳的著述，也有明清學者詮釋理學思想之作，像明人李廷機性理要選、清人雷鋐雷翠庭先生自耻録等等，應當説，這些論著構成了一個歷經宋元明清近千年的福建儒家文化史。

三

説到福建地區率先出現的新思想、新精神和新知識，當然不應僅限於儒家或理學一系。更應當記住的是，從宋代以來，中國政治、經濟和文化的重心，逐漸從西北轉向東南，一方面由於中原文化南下，被本地文化激蕩出此地異端的思想，另一方面海洋文明東來，同樣刺激出東南濱海的一些更新的知識。

我們注意到，在福建文獻或書籍史上，呈現了不少過去未曾有的新思想、新精神和新知識。比如唐宋之間，福建不僅出現過譚峭（生卒年不詳）化書這樣的道教著作，也出現過像百丈懷海（約七二〇—八一四）、潙山靈佑（七七一—八五三）、雪峰義存（八二二—九〇八）那樣充滿批判性的禪僧，還出現過禪宗史上撰於泉州的最重要禪史著作祖堂集。又如明代中後期，那個驚世駭俗而特立獨行的李贄（一五二七—一六〇二），有人説他的獨特思想，就是因爲他生在各種宗教交匯融合的泉州，傳説他曾受到伊斯蘭教之影響，當然更因爲有佛教與心學的刺激，使他成了晚明傳統思想世界的反叛者。而另一個莆田人林兆恩（一五一七—一五九八），則是乾脆開創了三一教，提倡「三教合一」，也同樣成爲正統的政治意識形態的挑戰者。再如明清時期，歐洲天主教傳教士「梯航九萬里」，也把天主教傳入福建，特别是明末著名傳教士艾儒略（一五八二—一六四九）應葉向高（一五五九—一六二七）之邀來閩傳教二十五年，從而福建才會有「三山論學」這樣的思想史事件，也産生了三山論學記這樣的文獻，無論是葉向高，還是謝肇淛，這些思想開明的福建士大夫，多多少少都受到外來思想的刺激。最後需要特别提及的是，由於宋元以來，福建成爲向東海與南海交通的起點，所以，各種有關海外的新知識，似乎都與福建相關，宋代趙汝适撰寫諸蕃志的機緣，是他在泉州市舶司任職；元代汪大淵撰寫島夷志略的原因，也是他從泉州兩度出海。由於此後福州成爲面向琉球的接待之地，泉州成爲南下西洋的航線起點，因而福建更出現了像張燮東西洋考、吴朴渡海方程、葉向高四夷考、王大海海島逸志等有關海外新知的文獻，這一有關海外新知的知識史，一直延續到著名的林則徐四洲志。老話説「草蛇灰線，伏脈千里」，歷史總有其連續處，由於近世福建成爲中國的海外貿易和海上交通的中心，所以，這裏會成爲有關海外新知識最重要的生産地，這才能讓我們深切理解，何以到了晚清，福建會率先出現沈葆楨開辦面向現代的船政學堂，出現嚴復通過翻譯引入的西方新思潮。

甚至還可以一提的是，近年來福建霞浦發現了轟動一時的摩尼教文書，這些深藏在道教科儀抄本中的摩尼教資料，説明唐宋元明清以來，福建思想、文化和宗教在構成與傳播方面的複雜性和多元性。所以，在八閩文庫中，不僅收録了譚峭化書，李贄焚書續焚書、藏書續藏書，林兆恩林子會編等富有挑戰性的文獻，也收録了張燮東西洋考、趙新續琉球國志略等關係海外知識的著作，讓我們看到唐宋以來，福建歷史上新思想、新精神和新知識的潮起潮落。

四

在八閩文庫收録的大量文獻中，除了福建的思想文化與宗教之外，也留存了有關福建政治、文學和藝術的歷史。如果我們看明人鄧原岳編閩中正聲、清人鄭杰編全閩詩録收録的福建歷代詩歌，看清人馮登府編閩中金石志、葉大莊編閩中石刻記、陳棨仁編閩中金石略中收録的福建各地石刻，看清人黄錫蕃編閩中書畫録中收録的唐宋以來福建書畫，那麼，我們完全可以同意歷史上福建的後來居上。這正如陳衍（一八五六—一九三七）在閩詩録的序文中所説「余維文教之開，吾閩最晚，至唐始有詩人，至唐末五代中土詩人時有流寓入閩者，詩教乃漸昌，至宋而日益盛」（續修四庫全書集部一六八七册，第四一一頁）。可見，宋史地理志五所説福建人「多向學，喜講誦，好爲文辭，登科第者尤多」，「今雖閭閻賤品處力役之際，吟詠不輟」（杜佑通典州郡十二），真是一點兒不假。

清代學者朱彝尊（一六二九—一七〇九）曾説「閩中多藏書家」（曝書亭集卷四四淳熙三山志跋，四部叢刊初編集部二七九册，上海書店一九八九年，第六〇一頁）。千年以來的人文日盛，使得現存的福建傳統鄉邦文獻，經史子集四部之書都很豐富，翻檢八閩文庫，就可以感覺到這一點，這裏不必一一叙説。需要特别指出的是，福建歷史上不僅有衆多的文獻留存，也是各種書籍刊刻與發售的中心之一。福建多山，林木蔥蘢，具備造紙與刻書的有利條件，從宋元時代起，福建就成爲中國書籍出版的中心之一。宋元時代福建的所謂「建本」或「麻沙本」曾經「幾遍天下」（葉夢得石林燕語卷八，侯忠義點校，中華書局一九八四年，第一一六頁），更有所謂「麻沙、崇安兩坊産書，號稱『圖書之府』」的説法（新編方輿勝覽卷一一，第一八一頁）。版本學家也許將它與蜀本、浙本對比，覺得它並不精緻，但是，從書籍流通與文化貿易的角度看，正是這些廉價圖書，使得很多文化知識迅速傳向中國四方，也深入了社會下層。淳熙六年（一一七九），朱熹在建寧府建陽縣學藏書記中曾説到，「建陽版本書籍行四方，無遠不至」，可當時嘉禾縣學居然藏書很少，「學於縣之學者，乃以無書可讀爲恨」，於是一個叫姚耆寅的知縣，就「鬻書於市，上自六經，下及訓傳、史記、子、集，凡若干卷以充入之」。當地刊刻的書籍，豐富了當地學者的知識，也增加了當地文獻的積累，甚至扭轉了當地僅僅重視「世儒所誦科舉之業」的風氣（朱文公文集卷七八，朱子全書第二四册，第三七四五頁），這就是一例。到了清代，汀州府成爲又一個書籍刊刻基地，近年特别受到中外學者注意的四堡，就是一個圖書出版和發行中心，文獻記載這裏「以書版爲産業，刷就發販，幾半天下」（咸豐長汀縣志卷三一物産）。所以，美國學者包筠雅（Cynthia J. Brokaw）文化貿易：清代至民國時期四堡的書籍交易（劉永華、饒佳榮等譯，北京大學出版社二〇一五年）就深入研究了這個位於汀州府長汀、清流、寧化、連城四縣交界地區的客家聚集區的書籍事業，繼承宋元時代建陽地區（如麻沙）刻書業，這裏再一次出現中國書籍出版史上佔據重要位置的福建書商群體。

可以順便提及的是，福建刻書業也傳至海外。福建莆田人俞良甫，元末到日本，由九州的博多上岸，寓居在京都附近的嵯峨，由他刻印的書籍被稱爲「博多版」。據説，俞氏一面協助京都五山之天龍寺雕印典籍，一面自己刻印各種圖書，由於所刊雕書籍在日本多爲精品，所以被日本學者稱爲「俞良甫版」。

從建陽到汀州，福建不僅刊刻了精英文化中的儒家九經三傳、諸子百家以及文選、文獻通考、賈誼新書、唐律疏議之類的典籍，也刊刻了很多大衆文化讀本，諸如西廂記、花鳥争奇和話本小説。特别在明清兩代書籍流行的趨勢和作爲商品的書籍市場的影響下，蒙學、文範、詩選等教育讀物，風水、星相、類書等實用讀物，小説、戲曲等文藝讀物，在福建大量刊刻。如果我們不是從版本學家的角度，而是從區域文化史的角度去看，這種「易成而速售」（石林燕語卷八，第一一六頁）的書籍生産方式，使得各種文獻從福建走向全國甚至海外，特别是這些既有精英的、經典的，也有普及的、實用的各種知識的傳播，是否正是使得華夏文明逐漸趨向各地同一，同時也日益滲透到上下日常生活世界的一個重要因素呢？

五

八閩文庫的編纂，當然是爲福建保存鄉邦文獻，前面我們説到，保存鄉邦文獻，就是爲了留住歷史記憶。

這次編纂的八閩文庫，擬分爲三個部分。第一部分是「文獻集成」，計劃選擇與收録唐宋以來直到晚清民初的閩人各種著述，以及有關福建的文獻，共一千餘種，這部分採取影印方式，以保存文獻原貌。這是八閩文庫的基礎部分，按傳統的經史子集四部分類，這是爲了便於呈現傳統時代福建書籍面貌，因而數量最多；第二部分是「要籍選刊」，精選一百三十餘種最具代表性的閩人著述及相關文獻，以深度整理的方式點校出版，不僅爲了呈現歷代福建文獻中的精華，也爲了便於一般讀者閱讀；第三部分則爲「專題彙編」，初步擬定若干類，除了文獻總目之外，還將包括書目提要、碑傳集、宗教碑銘、官員奏折、契約文書、科舉文獻、名人尺牘、古地圖等，我們認爲，這是以現代觀念重新彙集與整理歷史資料的一個新方式，它將無法納入傳統的四部分類，卻是對理解福建文化與歷史至關重要的文獻，進行整理彙集，必將爲研究與理解福建，提供更多更系統的資料。

經歷幾年討論與幾年籌備，八閩文庫即將從二〇二〇年起陸續出版，力爭用十年時間，經過一番努力，打下一個比較完備的福建文獻的基礎。

當然，不能説八閩文庫編纂過後，對於福建文獻的發掘與整理就已完成。八閩文庫僅僅是我們這一兩代人的工作，還有更多或更深入的工作，在等待著未來的幾代人去努力。無論從舊材料中發現新問題，還是以新眼光發現新材料，都是建立在前人的基礎上，而又對前人的工作不斷修正完善的過程。還是朱熹寫給陸九齡的那句廣爲流傳的老話：「舊學商量加邃密，新知培養轉深沉。」用舊的傳統融會新的觀念，整理這些縱貫千年的歷史文獻，也就無論「人間有古今」了。

八閩文庫要籍選刊出版説明

福建自唐代以降，名家輩出，著述繁興，流傳千載，聲光燦然。遺存之文獻，多可彰顯福建歷史發展脈絡，展示前賢思想學術及文學藝術成就，爲研究福建區域文化之基本典籍。八閩文庫「要籍選刊」擇取重要之閩人著作及相關福建文獻百數十種，予以點校。其中具備條件者，將採用編年、箋注、校證等方式整理。諸書略依經史子集分部編次，陸續出版。

二〇二一年八月

整理前言

一

豫章羅先生文集，十七卷，宋儒羅從彦之文集。羅從彦，字仲素，學者稱豫章先生。其先世避寇自豫章來劍浦，復遷沙縣，遂爲沙縣人。羅從彦生於宋神宗熙寧五年，初從遊同郡南劍州審律先生吴儀，後從學龜山先生楊時二十餘年，盡得伊洛之傳。劍浦李侗、沙縣鄧迪、新安朱松皆先生高弟。靖康元年，先生年五十五，遵堯録成，擬獻闕下，會國難而未果。紹興二年，先生年六十一，以特科授惠州博羅縣主簿。五年，先生年六十四，自廣回，卒於汀州武平縣。其遺書有詩解、春秋指歸、語孟詩説、中庸説、臺衡録、二程語録、龜山語録、議論要語、詩文集等。

徽宗政和二年，豫章四十一歲，始受學龜山之門。朱子嘗曰：「龜山唱道東南，士之遊其門者甚衆，然語其潛思力行、任重詣極如羅公者，蓋一人而已。」豫章初见龜山三日，即慨歎「幾虛過一生」。龜山講易乾九四云：「伊川說甚善。」豫章即走洛問學，伊川說與龜山印證，遂歸而卒業。後築室羅浮山中，絶意仕進，終日危坐以體驗天地萬物之理，超然自得而不滯於言語文字之末。李延平侗受學豫章，常教其靜中看喜怒哀樂未發之謂中，未發時作何氣象，蓋寂然不動之中天下萬事萬物之理莫不由是而出，故必操存涵養，以爲應事接物之本。此龜山心法深得伊洛之傳者也。延平答朱子問學，必舉豫章緒言相諄勉。朱子由延平、豫章、龜山溯源伊洛，擴而充之，致廣大，盡精微，吾儒之學蔚然大觀矣。豫章先生居三傳之中，承先啓後。

羅豫章著述之大者爲遵堯録，一以堯舜三代爲準繩，崇王道，黜功利，模范貞觀政要，述有宋一祖開基、三宗紹述以爲祖宗故事；又述真宗以來名相九人及大儒程顥之謨畫論建，以遵祖宗故事爲太平之基；并及熙寧、元豐之人，以爲管心鞅法，變更祖宗法度，以致靖康之禍。清留保曰：「若遵堯一録，明王道而斥霸功，表公忠而別姦佞，是蓋根自身心、本乎誠篤而以道學爲經綸者也，其較之高談性命而貽迂疏寡效之誚者遠矣。」由此可見豫章之學經世面向。

寧宗嘉定六年，權知南劍州軍州事劉允濟繳進聖宋遵堯録八卷，直齋書録解題更言「且爲版行」。遵堯録八卷，是此後豫章文集主要部分。元泰定中，豫章遺稿始由南平教授許源刊刻。揭祐民豫章先生遺藁跋：「其書初也散亡滅没於鄉里中，莫知所求。……許氏乃密購遺本於欲燔未燔之際。……許源以儒學任南平教職，亟鋟諸梓。……源復語予，以是書當與延平先生文集並行。」考揭傒斯旴里子傳，揭祐民以泰定中任邵武經歷，許刻蓋此時。揭跋未明卷數，曹道振識語云「郡人許源所刊遺藁五卷」。

沙縣曹道振搜訪羅氏遺文，後得吴紹宗稿，加以敘次，釐爲十三卷并附録三卷、外集一卷、年譜一卷，凡十八卷，成豫章羅先生文集。年譜置於卷首，計卷由卷一經解始，故常稱十七卷，而經解有目無文，實僅十六卷。曹道振識語署至正三年。目録後有牌記「至正乙巳秋沙陽豫章書院刊」，乙巳則至正二十五年。時任福建提舉卓説序，署至正二十七年。此元豫章書院刻本，是此後各本之祖本。明、清兩代版本不下十幾種，多爲延平府、沙縣地方官或羅從彦後裔所刊。

元本豫章羅先生文集，鄧邦述羣碧樓善本書録、王文進文録堂訪書記、傅增湘藏園群書經眼録等記其行款爲十三行，行二十三字，黑口，四周雙闌，目後有「至正乙巳秋沙陽豫章書院刊」牌記，前有至正丁未福建儒學提舉卓説序，年譜首葉題「曹道振編次校正」。今南京圖書館藏有元本，丁丙舊藏，卷四至六、卷八至十一配清抄本。

國圖有著録爲明本的豫章羅先生文集（善本書號08473），曾爲清蔣西圃、近人周叔弢所藏，其行款正是元本舊式，經與南圖元本比對，實爲同版。臺北「國家」圖書館藏有「明初期覆元至正乙巳沙陽豫章書院刊本」，佚去卓説序、刊刻牌記，蓋亦元本。

國圖另有豫章羅先生文集（善本書號07055），前冠永樂元年沙縣知縣錫山倪峻重建豫章先生祠堂記，年譜首葉「進士曹道振編次校正」左加題一行「進士沙縣知縣張泰重刊」。此爲鐵琴銅劍樓舊藏，瞿鏞鐵琴銅劍樓藏書目録、瞿啓甲鐵琴銅劍樓宋金元本書影皆著録爲元本。將此本與元本比對，曹道振識語、刊刻牌記、行款、正文字體全同；元版墨釘，此本或爲空格，或補字。所謂「張泰重刊」，蓋成化二至五年張泰知沙縣時，將元版略微修補後重印；祠堂記字體與正文不同，蓋非同時所刻，重印時增刻歟？豫章羅先生文集（國圖善本書號00606）亦爲張泰本，無祠堂記，有清人李璋煜跋。

明刻目前可見最早者爲成化七年馮孜刻本，半葉十行，行二十一字，粗黑口，四周雙邊。明成化間，邵武太守南充馮孜搜訪遺文，得曹道振本，重加考訂，刻版以廣其傳，卷首有柯潛序，署成化七年。該本源出元本，并有所補正，文字精善。嘉靖三十三年謝鸞重刊張泰本，有張泰序，言成化間知沙縣，得提學豐城游明所授曹道振本而重鋟諸梓。就筆者目力所及，張泰序最早見於此。四庫全書底本即謝鸞本，故亦有此序。序末署「成化八年」「賜進士」「知沙縣事」張泰，疑問有二：一，豫章羅先生文集張泰本署「進士沙縣知縣張泰重刊」，明史張泰傳言「成化二年進士，除知沙縣」，則張泰非「賜進士」；二，據縣志，張泰成化二年知沙縣，五年授御史，八年知縣爲林英，非張泰。

正德十二年，延平知府姜文魁修復豫章書院，重刻豫章羅先生文集十七卷、年譜一卷，是爲姜文魁本。版存書院，隆慶五年羅從彦後裔羅文明重刊，蓋重印也。傅增湘藏園群書經眼録謂謝鸞本「行款版式悉同」元本，「蓋直從元本翻雕者」，「至正德姜文魁本則十行二十字，已改易舊式矣」。此僅就版式論，文字上姜文魁本對元本多所補正，實優於謝鸞本。

此外，尚有明萬曆三十七年熊尚文刻本、萬曆三十九年羅應斗刻本、萬曆岳元聲徐必達李日華岳和聲訂閲刻本、元季恭刻本、清康熙四十八年張伯行正誼堂刻本、康熙沈涵宋儒南劍州三先生集合刻本、乾隆元年黄植京重訂刻本以及四庫全書鈔本等。

此次整理豫章羅先生文集，以國圖所藏元至正二十五年豫章書院刻本爲底本，通校元至正刻明成化張泰修補印本（簡稱張泰本）、成化七年馮孜刻本（馮孜本），參校明正德十二年姜文魁刻本（姜文魁本）、嘉靖三十三年謝鸞刻本（謝鸞本）、萬曆岳元聲徐必達李日華岳和聲訂閱刻本（岳徐李本）、元季恭刻本（元季恭本）、清康熙四十八年張伯行正誼堂刻本（正誼堂本）、乾隆元年黄植京重訂刻本（黄植京本）。他校文獻有宋史（中華書局1977年版點校本）、續資治通鑑長編（中華書局2004年版點校本）、玉海（鳳凰出版社2017年版玉海藝文校證）、續資治通鑑長編拾補（中華書局2004年版點校本）、二程集（中華書局2004年版點校本）、皇朝文鑑（浙江古籍出版社2008年版吕祖謙全集本）、晦庵文集（上海古籍出版社2010年版朱子全書本）。末附歷代書録、他本重要序跋、傳記資料，供讀者參用。

二

李延平先生文集，四卷，宋儒李侗之文集。李侗，字願中，南劍州劍浦人，生於宋哲宗元祐八年，學者稱延平先生。年二十四，聞郡人羅從彦得河洛之學於龜山楊文靖公之門，遂往學焉，從之累年，受春秋、中庸、語、孟之説。既而退居山田，謝絶世故，四十餘年，食飲或不充，而怡然自適。侗子友直、信甫皆舉進士，試吏旁郡，更請迎養。歸道武夷，會閩帥汪應辰以書幣來迎。侗往見之，至之日，疾作，卒，年七十有一，時爲隆興元年十月十五日。朱熹作行狀，汪應辰作墓誌銘。

朱松與侗爲同門友，雅重侗，後松子熹從學於侗。先是紹興二十三年，延平先生年六十一，朱子二十四，將赴同安主簿任，往見先生於延平，始從受學。紹興三十年冬，同安任滿，再見延平，留月餘。朱子受業延平之門十一載，親身相從不過數月，以書札往來問答。未從學延平，朱子已「出入於釋老」，「馳心空妙之域者十餘年」，且務爲「儱侗宏闊之言」，以爲「天下之理一而已」，故從學之初，於延平「吾儒之學所以異於異端者，理一分殊也。理不患其不一，所難者分殊耳」之言，「心疑而不服」，「以爲何多事若是」。同安官餘，以其言反復思之，始知有味。朱子曰：「某舊見李先生時，説得無限道理，也曾去學禪。李先生云：『汝恁地懸空理會得許多，而面前事却又理會不得。道亦無幽妙，只在日用間著實做工夫處理會，便自見得。』後來方曉得他説，故今日不至無理會耳。」「自見李先生，爲學始就平實，乃知向日從事於釋老之説皆非。」「每一去而復來，則所聞必益超絶。蓋其上達不已，日新如此。」朱子語類多所稱引「李先生」，四書章句集注亦有數條「愚聞之師曰」。朱子上溯伊洛，實延平有以啓之，終集宋儒之大成。

延平生平不務著述，朱子曰：「他卻不曾著書，充養得極好。」延平歿後，朱子輯其往來問答書信，又載其與劉平甫二條，編爲延平答問（或名延平問答、延平李先生答問、延平李先生師弟子答問）。答問一書，既是紀念乃師延平及師弟間切磋琢磨，更成爲後世考察朱子思想轉變的重要文本。明周木以爲：「朱子之所以得爲朱子，實賴是編以啓之也。」清周元文稱是書：「其即紫陽所受之心法歟？」鍾紫幃亦謂：「延平答問一書，乃朱子授受衣鉢。」

延平答問，首起丁丑六月二十日書，末止癸未七月二十八日書，後附延平與劉平甫書二則，係朱子手訂。後朱子門人又取朱子平昔論延平語及祭文、行狀，別爲附録一卷，或稱後録。此延平答問正後録，是後世延平答問及延平文集的核心文本。宋嘉定七年北海王耕道攝郡姑孰（宋太平州，治當塗縣），刊刻二録，有趙師夏序，是爲嘉定姑孰郡齋本。九年，曹彦約據之重刊，並校以臨川鄒非熊録本、建陽麻沙印本，是爲益昌學宫刻本。明弘治間，琴川周木得延平郡庠刻本，周木稱之爲「近本」「元本」，後得嘉定間刻本校正，又從豫章集、朱子語類、朱子大全、性理大全、大學或問、宋名臣言行録外集等處輯出有關文字，成補録一卷，與正録、後録並刊。諸宋本及明周木本後皆佚。正德八年，李侗裔孫李習「取周公校正本重新繡梓」，今存後録十三年李鳳軒藏書書録著録。又有萬曆三十七年熊尚文知本堂摘編刻本。清代諸本，或直承李習本，有正後補三録，如康熙四十七年延平府周元文刻本、乾隆十三年李騰暉刻本、光緒初張其曜刻本；或祇正後二録，如康熙吕氏寶誥堂朱子遺書刻本、四庫全書鈔本等。清代始編刊延平文集，順治十一年李孔文刻李延平先生文集五卷最早，然内容頗爲蕪雜，康熙四十八年張伯行正誼堂刻李延平先生文集四卷，則體例謹嚴簡潔。現存諸本，無論答問或文集，均淵源周木本。

本次整理李延平先生文集，以清康熙四十八年張伯行正誼堂刻本（簡稱正誼堂本）爲底本，通校明正德八年李習刊延平李先生答問後録續録（李習本）、明萬曆三十七年熊尚文知本堂摘編刻本延平李先生答問（熊尚文本）、清順治十一年李孔文刻李延平先生文集（李孔文本），參校康熙吕氏寶誥堂刻朱子遺書本延平李先生師弟子答問（寶誥堂本）。他校文獻有朱子語類（中華書局1986年版點校本）、晦庵文集（上海古籍出版社2010年版朱子全書本）。底本原有雙行小字夾校，雖係周木本舊式，爲避免夾校造成版面割裂、文句支離，此次整理將之改爲表格形式作爲附録一；未見底本而見於熊尚文本的答問補遺數條，作爲附録二；歷代書録和他本重要序跋，作爲附録三和四，供讀者參用。

三

本書整理係全國高等院校古籍整理研究工作委員會直接資助項目。在申報過程中，承蒙華東師範大學終身教授朱傑人老師和復旦大學哲學學院教授郭曉東師惠賜推薦信，特此致謝。

在點校整理工作中，我的碩士研究生李明燏録入、初校并通讀了全稿。由於本書部分校本藏於南京圖書館、上海圖書館、北京大學圖書館等處，因此煩請南京大學碩士生俞澤昊、上海圖書館信息處理中心劉薩老師、北京大學哲學系博士生楊啓帆和魏長祺幫忙核校了相關文字。浙江師範大學人文學院韓續博士爲筆者提供了諸多古籍整理的專業建議，在此一并致謝。

最後要特别感謝本書责任編輯陳廷燁老師，陳老師認真細緻負責的工作態度、豐富的古籍版本知識和古籍整理經驗，是本書得以順利脱稿和出版的最大保障。這是筆者第一次從事完整的古籍整理工作，深感兹事體大，没有陳老師的引導與督促，我能否把這一工作順利完成、本書將以何種面貌呈現、何時能够面世，都要打一個問號。整理前言一、二部分亦經陳老師删削、補正、潤色，惠我良多。關涉版本目録等方面的考證，也多爲陳老師所唱，然後與筆者商定，若有一得之獲，皆爲陳老師之功，錯謬之處，筆者當負文責。

古籍整理是一項繁瑣細緻且付出與回報往往不成正比的工作。古人將校書比作「拂几上塵」或「掃落葉」，言各種錯誤如灰塵「旋拂旋有」，或如落葉「旋掃旋生」，可謂知言。儘管我們傾注心血，力求版本選擇精當、點校精確，但限於學識和各種主客觀原因，無疑仍存在訛謬疏略之處，尚祈讀者見諒，并不吝揮斤斧正。

李彬，夏曆癸卯年十一月初七日於鄭州大學哲學學院

目録

豫章羅先生文集

卷第十七

附録

李延平先生文集

豫章羅先生文集

豫章先生文集序

昔龜山楊文靖公從程夫子于河南，卒業辭歸，程子歎曰：「吾道南矣。」言若是其幾也，果前知乎哉？龜山既南，其傳則豫章羅先生一人而已。豫章羅先生傳延平李先生，李傳齊國朱文公，聖人之道於是乎大明于天下。程子之嘆，其有開之先歟？先生上承程、楊二賢之傳，下傳李、朱二賢，爲天下正學之宗，於前後相逮之時，居中爲傳統之會，斯道之寄誠重矣。澄心默坐，體認天理之功，其精實已乎！潛思力行，任重詣極，知者雖鮮，而宗傳之統，至先生切要精確，愈久而彌章，何程子前知之明邪！先生之志在遵堯録一書，一祖三宗之謨烈，名臣十賢之公忠，衍釋之所發，辨微之所明，誠一代之大法，君天下之軌範也。别録一卷，乃二賢斥小人之論，皆質諸鬼神而無疑者。議論要語，如法律之嚴，見先生之學不徒空言。詩文皆發其自得之趣。春秋指歸序，推明伊川之意，得聖人約修之本。惜其書與首卷諸目俱亡，何學者之不幸也。觀附録儒先所稱述，惟悵惋耳。即今所存而求之，必有得其傳於文辭之表者矣。然爲朱子之學，萬殊一貫，體用一原，行之以仁恕，充之以廣大。苟不究其師傳之統，惡克底夫精實之極？於斯集也，可不致力以求之乎？先生五世孫天澤建書院，既得請，前進士曹道振纂次先生文集，鋟以傳世。天澤子庭堅求序其端，仰惟道學之宗，豈膚謭所能任？以昔嘗求先生遺言而交其後人，用不敢辭，而敬書之，以著朱傳之所自云。至正二十七年龍集丁未正月庚辰朏福建等處儒學提舉卓説序。

豫章羅先生年譜

進士曹道振編次校正

宋神宗熙寧五年壬子，

先生生。按先生行實及羅革題語孟解後皆云：「先生享年六十四。」嘉定六年癸酉，郡守劉允濟繳進遵堯録狀云「七十九年，孤憤之氣鬱鬱未伸」云云。咸淳六年庚午，馮夢得題先生文藁云：「余後七十歲而生。」又云：「自生髮未燥時，已知敬慕，今六十五年矣。」以是知先生生於壬子，歿於乙卯也。

元豐元年戊午，

先生七歲。

哲宗元祐元年丙寅，

先生一十五歲。

紹聖元年甲戌，

先生二十三歲。

元符元年戊寅，

先生二十七歲。

徽宗建中靖國元年辛巳，

先生三十歲。

大觀元年丁亥。

政和元年辛卯，

先生四十歲。

二年壬辰，

先生四十一歲，始受學于龜山楊先生之門。按龜山年譜：「是年赴蕭山知縣，延平羅仲素來學。自公得伊洛之學歸倡東南，從游之士肩摩袂屬，晚得羅仲素，遂語以心傳之秘，於是公之正學益顯於世。時公年六十。」

六年丙申，

先生四十五歲，郡人李侗始受學其門。按延平先生上先生書：「幸得聞先生長者之風十年，于今二十有四歲矣。」延平先生歿於隆興元年癸未，年七十一，以是知是年受學。

七年丁酉，

先生四十六歲，見楊先生于毗陵。按先生春秋指歸序：「政和歲在丁酉，余從龜山先生于毗陵，授學經年，盡裒得其書以歸，惟春秋傳未之獲覩也[一]。」

重和元年戊戌，

先生四十七歲，自京師歸鄉。按羅漸題龜山中庸義藁：「戊戌年五月，余與仲素、伯思自京師歸鄉。」又按先生春秋指歸序：「宣和之初，自輦下趨郟鄏。」疑「宣」字當作「重」。

宣和元年己亥，

先生四十八歲。

六年甲辰，

[一] 獲，原作「復」，張泰本同，據本書卷十二春秋指歸序、馮孜本改。

先生五十三歲，作韋齋記。按韋齋記：「宣和癸卯，朱喬年得尤溪尉，治一室，名曰韋齋。齋成之明年，使人來求記。」

欽宗靖康元年丙午，

先生五十五歲，遵堯録成。

高宗建炎元年丁未，

先生五十六歲。

紹興元年辛亥，

先生六十歲。

二年壬子，

先生六十一歲，以特科授惠州博羅縣主簿。按先生行實及延平志、沙陽志皆云「晚以特科授惠州博羅縣主簿」，胡文定公答先生書亦稱「主簿足下」。惟石公轍誌先生釋菜事稱「惠州博羅縣尉」。當考。八月上丁，以郡守周綰之命，領袖諸生行釋菜禮。見石公轍誌。

五年己卯，

先生歿。按先生行實及沙陽志皆云：「先生卒于官，子敦叙早歿，喪不得歸者數年。族人羅友爲惠州判官，遣人持護以歸，至汀州，遇草寇竊發，遂寄菆于郡之開元寺。又數年，其門人李愿中始爲歸葬于本郡羅源黄潨坑之原。」然先生族弟革題先生集二程語孟解卷後云：「享年六十有四，自廣回，卒于汀州武平縣。」龜山先生答胡康侯書亦云：「仲素死于道途。」又與前説不同。未知孰是。

寧宗嘉定六年癸酉，

郡守劉允濟繳進遵堯録乞賜謚。又得先生墓於荆榛之中，爲修甃立石以表道，架亭以行祀，命教授方大琮率諸生致祭，給官田，計米一十二石一斗六升。内以六石輸學中，爲祀事之費，餘以給守墳者。每歲寒食，教授率諸生備牲幣祭墓下。

理宗淳祐六年丙午，楊棟奏請謚。

七年丁未，賜謚「文質」。

豫章羅先生年譜終

先生著述最多，兵火之餘，僅存什一於千百。世所共見者，郡人許源所刊遺藁五卷而已。道振不揆淺陋，嘗欲搜訪爲文集，其年月可考則繫以爲年譜，久之弗就。邑人吴紹宗蓋嘗有志於是，近得其藁，乃加叙次，釐爲一十三卷，附録三卷，外集一卷，年譜一卷，凡一十八卷。先生五世孫天澤遂鋟梓，以壽其傳，因識其梗槩于此。若夫訂其誤而補其遺，不無望於君子也。至正三年歲在癸未二月甲子延平沙邑曹道振謹識。

豫章羅先生文集卷第一

經解

詩解

見先生行實及延平郡守劉允濟繳進遵堯録狀，郡庠舊有墨本，今不存。

春秋解

見先生行實及劉允濟繳進遵堯録狀，郡庠舊有墨本，今不存。又按延平書院志，先生遺書有春秋集説，疑即此書也。

春秋指歸

春秋釋例

二書見先生行實及延平書院志、沙陽志，今不存。遺藁有春秋指歸序一篇，見第十二卷。

語孟師説

按：先生遺藁。有陳默堂跋先生語孟師説一篇。又載羅革題先生集二程語孟解卷後一篇，篇中備舉明道、伊川、横渠、龜山，則所集不獨二程之説也。此書疑即所謂語孟師説，今不存。

中庸説

見先生行實，今不存。

豫章羅先生文集卷第一

豫章羅先生文集卷第二

集録

遵堯録序

堯舜三代之君不作也久矣。自獲麟以來，訖五代，千五百餘年，惟漢、唐頗有足稱道。漢大綱正，唐萬目舉，然皆雜以霸道而已。有宋龍興，一祖開基，三宗紹述，其精神之運，心術之動，見於紀綱法度者，沛乎大醇，皆足以追配前王之盛，故其規模亦無所愧焉。在太平興國初，太宗嘗謂宰相曰：「朕嗣守基業，邊防事大，萬機至重，當悉依先朝舊規，無得改易。」仁廟見東封西祀及修玉清宮等過侈，曰：「如此之事，朕當戒之。」若二聖者，其知所以紹述者邪！故終太宗之世，無復改張；終仁宗之世，一於恭儉。至熙寧、元豐中不然，管心鞅法，甲倡乙和，功利之説雜然並陳。宣和之末，遂召金人犯闕之變，蓋其源流非一日也。今皇帝受禪，遭時之難，憫生民之重困也，發德音，下明詔，悉剗熙豐弊法，一以遵祖宗故事爲言，四方企踵以望太平矣。議者猶謂金陵之焰勢未能熄，天下皆其徒，是抱薪而救之者也。臣懼其然也，竊語諸心曰：「昔唐吴兢作貞觀政要録〔一〕，本朝石介亦有聖政録，豈苟然哉？」因採祖宗故事，四聖所行，可以闓今傳後者，以事相比類，纂録之。歷三季而書成，名曰聖宋遵堯録。其間事之至當而理之可久者，則衍而新之；善在可久而意或未明者，則釋以發之；以今準古，有少不合者，作辨微以著其事；又自章聖以來，得宰相李沆等及先儒程顥，共十人，擇其言行之可考者，附于其後。若乃創始開基之事，廟謨雄斷，仁心仁聞，則於其君見之；襲太平之基業，守格法，行故事，竭盡公忠，則於其臣見之。爰及熙豐之弊，卒歸于道。分七卷，添别録一卷，合四萬餘言。欲進之黼座，力未暇及，而秋毫之間已爽忽矣。然事固有始暌而終合，失之於前而得之於後者，古人有之，若周成王、楚文王、秦穆公是也。不久朝廷清明，金人竄伏，且當有以來天下之言。輒紀歲月，以俟採擇。靖康丙午十月日，延平臣羅從彦序。

〔一〕吴，原作「無」，張泰本同，據馮孜本改。

遵堯録一

太祖

國初，劒南、交、廣，各僭大號；荆湖、江表，止通貢奉；西戎北狄，皆未賓伏。太祖垂意諸將，命李漢超屯關南，馬仁瑀守瀛州，韓令坤鎮常山，賀惟忠守易州，何繼筠鎮棣州，以拒北虜。又以郭進控西山，武守琪戍晋州，李謙溥守隰州，李繼勳鎮昭義，以禦太原。趙贊屯延州，姚内斌守慶州，董遵誨屯環州，王彦昇守原州，馮繼業鎮靈武，以備西戎。其家族在京師者，撫之甚厚；郡中管搉之利悉與之，恣其圖回貿易，免所過征税；許令召募驍勇以爲爪牙；凡軍中許便宜從事。每來朝，必召對，命坐，賜以飲食，錫賚殊異以遣之。由是邊臣皆富於財，得以養募死力，使爲間諜，洞知蕃夷情狀，每夷狄入寇，必預爲之備，設伏掩擊，多致克捷。二十年間，無西北之憂，以至命將出師，弔民伐罪，平西蜀，復湖湘，下嶺表，克江南，兵力雄盛，武功蓋世。良由得猛士以守邊，推赤心以御下之所致也。

太祖以李漢超爲關南巡檢，使捍北虜，與兵三千而已。然以齊州賦斂最多，乃以爲齊州防禦使，悉與一州之賦，俾之養士。而漢超武人，所爲多不法。久之，關南百姓詣闕訟漢超，貸民錢多不還，及掠其女以爲妾。帝召百姓入見便殿，以酒食慰勞之。徐問曰：「自漢超在關南，契丹入寇者幾？」曰：「無也。」帝曰：「往時契丹入寇，邊將不能禦，河北之民歲遭劫掠，汝於此時能保其貲財婦女乎？今漢超所取，孰與契丹之多？」又問訟者曰：「汝家幾女？所嫁何人？」百姓具以對。帝曰：「然則所嫁皆村夫也。若漢超者，吾之貴臣也，以愛汝女則取之，得之必不使失所，與其嫁村夫，孰若處漢超家之富貴也？」於是百姓感説而去。帝使人語漢超曰：「汝須要錢，何不告我，而取於民乎？」乃賜以銀百兩，曰：「汝自還之，使其感汝也。」漢超感泣，誓以死報。

太祖以郭進爲西山巡檢，有告其陰通河東劉繼元，將有異志者，帝大怒，以其誣告忠臣，命縛其人予進，使自處置。進得而不殺，謂曰：「爾能爲我取繼元一城一寨，不止免爾死，當請賞爾一官。」歲餘，其人誘其一城來降。進具其事，送之於朝請賞。帝曰：「爾誣害我忠良，此才可貰死爾，賞不可得。」命以其人還進。進復請曰：「使臣失信，則不能用人矣。」於是賞以一官。

太祖以賀惟忠知易州，及捍邊有功，遷正使。開寶二年，又加本州刺史，兼易定祈等州都巡檢使。惟忠在易州十餘年，繕治亭障，撫士卒，得其死力，每乘塞用兵，所向必克，威名震於北虜。

太祖以李謙溥爲隰州刺史，在州十年，并人不敢犯其境。開寶三年，移齊州團練使〔一〕。後邊将失律，復以謙溥爲晋隰沿邊巡檢，邊民喜之。

太祖登寶位日，有司捕得契丹二人。帝曰：「汝等皆何人耶？」曰：「契丹遣來探事耳」。帝曰：「汝探國事，不過甲兵糧草、百官數目而已，若朕腹中事，汝可探乎？」特赦而遣之，二人叩頭感泣而去。

太祖建隆初，邊郡民有出塞外盜馬至者，官給其直。帝曰：「安邊示信其若此耶？」亟命止之，還所盜馬。自是戎人畏服，不敢犯塞。

開寶八年三月，契丹遣使克妙骨謹思奉書來聘，對崇德殿，其從者十二人皆賜冠帶器幣。太祖曰：「晉漢以來，北戎强盛，蓋由中朝無主。晉帝蒙塵，否運已極。今慕化而來，亦由時運，非凉德所致也。」召見講武殿，觀武士習射，又燕長春殿。

建隆元年，太祖遣户部郎中沈倫使吴越。歸奏揚、泗飢民多死，郡中軍儲尚有百餘萬

〔一〕齊州，宋史卷二百七十三李謙溥列傳作「濟州」。

斛，可發以貸民，至秋復收新粟。有司沮倫曰：「今以軍儲振飢民，若歲荐飢，無所收取，孰任其咎？」帝以問倫，倫曰：「國家以廩粟濟民，自合召和氣而致豐稔，豈復有水旱耶？此當決於宸慮。」帝即命發廩貸民。

臣從彥釋曰：人君之所以有天下者，以有其民也。民之所恃以爲養者，以有食也；所恃以爲安者，以有兵也。書曰：「民爲邦本，本固邦寧。」昔孟軻氏以民爲貴，貴邦本也。故有民而後有食，有食而後有兵。自子貢問政、孔子所答觀之，則先後重輕可知矣。太祖建隆初，揚、泗飢民多死者，沈倫請發軍儲以貸之，此最知本者也。況軍儲又出於民乎？夫以廩粟振民，固有召和氣、致豐稔之道，然水旱無常，萬一歲荐飢，無所收取，倫之言未爲不信也。嗚呼！太祖可謂善聽言者也。

太祖嘗擇官使江南，頗難其人。一日，謂盧多遜曰：「李穆，士大夫之仁善者，詞學之外它無所預。」多遜曰：「穆履行端直，臨事不以死生易節，所謂仁而有勇者也。」帝曰：「若如爾言，使江南無以易穆者。」遂遣之。

太祖命諸將西征，以地圖授王全斌等，謂之曰：「西川可取否？」全斌曰：「臣仗天威，遵廟算，尅日可定。」龍捷都校史延德奏曰：「西川除在天上，即不能得。若舟車足跡可至，以今之兵力，到即平爾。」帝壯其言，謂全斌曰：「汝等果敢如此，朕復何憂？卿發，計日望捷書也。所破郡縣，止籍其器甲芻糧，當爲朕傾帑藏賞戰士耳。」故西師所向，人皆效命，動有成功，若席卷之易。

王全斌收蜀，沈倫以給事中爲随軍水陸轉運使。王全斌等入成都，爭取玉帛子女。倫獨廉清無欲。僞蜀群臣有以珍異奇巧之物爲獻者，皆拒之。東歸，篋中所有，才圖書數卷而已。帝悉知之，遂貶全斌等，以倫爲户部侍郎、樞密副使。

開寶九年，召随州留後王全斌，授寧武軍節度使。初，全斌以伐蜀私取財物貶秩。至是，帝謂之曰：「朕以金陵未下，常慮平吴諸将恣行貪暴，抑卿數年，爲朕立法。江南既平，還卿旄鉞。」又別出器幣錢貨數萬賜之。

趙普秉政，時江南後主以銀五萬兩遺普。普白太祖，太祖曰：「此不可不受。但以書答謝，少賂其來使可也。」普叩頭辭避，帝曰：「大國之體，不可自爲削弱，當使之勿測。」既而後主遣其弟從善入貢，常賜外，密賚白金如遺普之數。江南君臣始大震駭，服帝之偉度。

太祖将征江南，李煜遣其臣徐鉉朝于京師。鉉以名臣自負，其來也欲以口舌馳説存其國，日夜計謀思慮，言語應對之際詳矣。及其将見也，大臣亦先入請，言鉉博學有才辯，宜有以待之。帝曰：「第去，非爾所知也。」明日，鉉朝，曰：「煜以小事大，如子事父，未有過失，奈何見伐？」其説累數百言。帝曰：「爾謂父子爲兩家，可乎？」鉉無對而退。

太祖征江南，時錢俶遣幕僚黄夷簡入貢，召謂之曰：「汝歸語元帥，訓練甲兵。江南倔强不朝，我将發師討之，元帥當助我，無惑人言『皮之不存，毛将安傅』也。」及江南平，又召兩浙使，謂曰：「俶克毗陵有大功，今當暫來與朕相見，以慰延想之意，即當遣還，不久留也。朕三執珪幣以見上帝，豈食言者乎？」

嶺南劉鋹性絶巧，嘗自結真珠鞍爲戲龍之狀，以獻太祖，臻於奇妙。帝厚賜之，謂左右曰：「移此心以勤民政，不亦善乎？」鋹初在國中，多置鴆以毒臣下。帝幸講武池，從官未集，鋹先至，詔賜巵酒。鋹心疑之，捧杯泣曰：「臣承祖父基業，違拒朝廷，煩王師致討，罪在不赦。陛下既待臣以不死，願爲大梁布衣，觀太平之盛，未敢飲此酒也。」帝笑曰：「朕推赤心置人腹中，安有此事？」即取酒自飲，别酌以賜鋹，鋹慚謝。

左飛龍使李承進，嘗事後唐莊宗。太祖召承進，問曰：「莊宗以英武定中原，而享國不久，何也？」承進曰：「莊宗好田獵，将士驕縱，惟務姑息。每乘輿出次近郊，禁兵衛士必控馬首曰：『兒郎輩寒冷，望與救接。』莊宗即如所欲給之。若是者非一，因而召亂。蓋威令不行，而賞賚無節之致。」帝撫髀歎曰：「二十年夾河戰爭，取得天下，不能以軍法約束此輩，縱其無厭之性，以兹臨御，誠爲兒戲。朕撫養士卒，固不吝爵賞，苟犯吾法，惟有劍耳。」

太祖收蜀，得將士之精者，置川班殿直，廩賜優給，與御龍直等。開寳四年，祀南郊，禮畢行賞，帝以御龍直扈從郊祀，特命增給錢，人五千。而川班殿直不得如例，乃撃登聞鼓院，上訴陳乞。帝怒，遣中使謂之曰：「朕之所與，即爲恩澤，又焉有例？」命斬其妄訴者四十餘人，遂廢其班。

太祖初定天下，掃五代之失，日不暇給矣。然猶命汪徹定宗廟，竇儼典禮儀，聶崇義正禮器，和峴修雅樂，覽訪儒術，疇咨治道。建隆元年，太祖幸國子監，因詔修飾祠宇，及塑繪先聖先賢先儒之像。帝親撰文宣王、兖國公二贊。二年，以右諫議大夫崔頌判監事，始聚生徒講學。遣中使以酒果賜之，謂侍臣曰：「今之武臣，欲盡令讀書，貴知爲治之道。」

國初取士，宗伯之司曠而未設，但擇名臣有聞望於禁掖、臺省者權典之。太祖嘗謂近臣曰：「聞及第舉人呼有司爲恩門，自稱門生，見知舉官輒拜之。此甚薄俗，非推公取士之道。又搢紳間多以所知進士致書主司，謂之公薦。朕慮誤取虚譽，當悉禁之。」翰林承旨陶穀以子邴及第，詣閤門謝。帝謂左右曰：「聞穀不能訓子，安有登進士第者？」亟命中書覆試。自今貢舉人，有父兄食禄者，奏名之時别析之。

乾德元年詔：舊置制舉三科，其一曰賢良方正能直言極諫，其二曰經學優深可爲師法，其三曰詳閑吏理達於教化。並許州府解送吏部试論三道若二千字已上，取文理優長者登焉。

建隆四年，将行南郊之禮。太祖謂范質曰：「中原多故，百有餘年，禮樂不絶如綫。今天下無事，時和年豐，務在報神，資乎備禮。卿等宜講求遺逸，遵行典故，無或廢墜，副朕寅恭之意。」

開寶九年，太祖幸西京，有事南郊。先時，霖雨弥旬不止。至是，雲物晴霽，觀者如堵，垂白之民相謂曰：「我輩少屬離亂，不圖今日復覩太平。」天子儀衛至，相對感泣。駕還，御五鳳樓，大赦。有司請正一統太平之號，帝曰：「今河東未平，幽薊未復，而以一統爲號，無乃不可乎？雖僭位漸已克定，若云太平，朕所慚也。」

國初，天下貢賦盡入寶藏庫。乾德中，所積充羡。太祖顧左右曰：「軍興飢饉，須預爲之備。若臨事厚斂，非長計也。當於講武殿後别爲内庫，以貯金帛。」

開寶二年秋，有司言太倉儲廩止於明年二月，請分屯諸軍仍率民船以資江淮糧運。太祖大怒，切責計司曰：「國無九年儲曰不足。汝不素爲計度，而使倉儲垂盡，乃使分屯兵師括率民船以餽運，是可卒致乎？且設爾等何用？苟有所闕，必爾乎取之。」三司使楚昭輔皇懼，計不知所出，乃詣晉邸見太宗，乞於上前解釋，稍寬其罪，使得盡力營辦，帝許之。

太祖在周朝，知李昉名，及即位，任以爲相。因語昉曰：「卿在先朝，未嘗傾□一人〔二〕，可謂善人君子者也。」

王著罷職翰林，太祖謂宰相曰：「學士深嚴之地，當選謹重之士處之。」范質曰：「竇儀清介謹厚，然在前朝由翰林學士遷端明，今又官爲尚書，難於復召。」帝曰：「禁中非此人不可，卿當諭以朕意，勉赴所職。」儀於是再入翰林。

錢昱自白州刺史求文資，得秘書監，連典數郡無治聲。太祖謂宰相曰：「此貴家子，不可任丞郎。」改郢州團練使。

〔二〕「傾」下底本有一字墨釘，馮孜本同，張泰本爲一字空格，姜文魁本、岳徐李本、正誼堂本、黄植京本補作「陷」。

大理評事陳舜封，因奏事語頗捷給，類倡優。帝問誰之子，舜封自言其父承業，爲教坊都知。帝曰：「此雜類，安得任清望官？蓋執政不爲國家區别流品所致。」改授殿直。

教坊使有衛得仁者，以老求外任官，且援同光故事求領郡。太祖曰：「用伶人爲刺史，此莊宗失政也，豈可效之耶？」中書擬上州司馬，帝曰：「上州之佐，乃士人所處，資望甚優，亦不可輕授，止可於樂部轉遷耳。」乃授太樂書令。

太宗在晉邸時，嘗以錢五百千遺中丞劉温叟。温叟不敢辭，貯於别室。明年重午，又以角黍遺之。使人至，見前所送錢扃鐍如故，還白其事。太宗曰：「我錢尚不用，况他人乎？温叟真廉士也哉！」亟命輦還，密白于太祖。太祖曰：「執廉節，鎮澆風，温叟有之。」

太祖聰明英睿，善知人。下位中有一行可觀、一才可稱者，皆自聖知，不次拔擢。嘗以中牟縣令李鶴爲國子監丞，延州録事參軍段從革爲贊善大夫，定州録事參軍郭思齊爲太子中允，河陽節度判官石雄爲補闕，萊蕪縣令劉琪爲拾遺，安丘縣尉張邈爲將作監丞，鄭州防禦判官李摶爲監察御史。當時州縣無滯才，朝廷稱得人焉。

太祖初有天下，欲知外事，用隰州刺史史珪察訪。珪招權通姦，欲有所欺。德州刺史郭貴部下爲姦，通判大理評事梁夢昇陰持之，以是事多違戾，貴無如之何。貴與珪素善，因以其事告珪，珪乃記其事於尺牘，欲伺便言之。一日，帝忽言今中外所任，皆得其人，珪乃曰：「今之文臣亦未必皆善。」乃探懷中尺牘，奏之曰：「秖如德州通判梁夢昇，欺蔑刺史，幾至於死。」帝曰：「非刺史有姦贓乎？夢昇真清强吏也。」因以尺牘授左右曰：「持此付中書，以夢昇爲贊善大夫。」尋出珪于外。

乾德中，金部郎中段思恭通判眉州。會大兵之後，亡命結集，群盜蜂起，逼州城。刺史趙延進懼賊之衆，力不能禁，將以麾下奔嘉州。思恭止之，因率屯兵與賊戰彭山。軍士觀望無鬭志，思恭募先登者旌以厚賞，於是諸軍鼓勇力戰，群賊敗走，思恭矯詔，以上供錢帛給之。後度支以擅用官錢，請繫獄治罪，帝嘉其果幹，詔勿劾，令知州事。

太祖以右贊善大夫錢文敏知瀘州，召見講武殿，謂曰：「瀘州最近蠻獠，尤宜綏撫。聞知州郭思齊、兵馬監押郭重遷等掊斂于民，頗爲不法，恃其地遠，謂朝廷不知。爾至，爲朕鞫之。苟有一毫侵民，朕必不赦。」

乾德四年，太祖宴宰相、樞密使、開封尹、兩制等於紫雲樓下，論及民間事，謂趙普曰：「下民之愚，雖不分菽麥，如藩侯不爲撫養，務行苛虐，朕斷不容之。」普對曰：

「陛下愛民如此，堯舜之用心也，臣等不勝大幸。」

開寶初，宴藩臣於後苑，酒酣，太祖曰：「卿等國家舊臣，能悉心藩鎮，以惠民爲意乎？」獨王彥超進曰：「臣素無功能，出於遭遇，年已衰朽，願歸丘園，臣之志也。」丘園，一本作「兵柄」。武行德、向拱、郭義、袁彥等，爭論疇昔功勳。帝曰：「前朝異世事，安足論也。」翌日皆罷鎮，授以環衛。

太祖修大內既成，寢殿中令洞闢諸門，使皆端直開豁，無有壅蔽者，因謂左右曰：「此如我心，小有邪曲，人皆見之耳。」

臣從彥釋曰：人君者，天下之表。若自心正，則天下正矣。自心邪曲，何以正天下？太祖於寢殿中令洞闢諸門，使皆端直開豁，無有壅蔽，以見本心，可謂知君道矣。夫闢四門，明四目，達四聰，堯舜之道也，若太祖可謂近之者也。

太祖嘗盛暑中露卧，抵夜，左右請避之，曰：「星月之下，不可露卧也。」帝曰：「常人之情，覩星月爛然則生悚畏，至於闇室得欺之乎？」

太祖一日朝罷，御便殿坐，俛首不言者久之。內侍王繼恩進曰：「陛下退朝，略無笑語，與常日不同。臣不知其故也。」帝曰：「爾謂帝王可容易行事耶？旦來前殿，我乘快指揮一事，偶有誤失，史必書之，我所以不樂也。」

太祖初好弋獵，嘗狩於近郊，逐走兔，馬蹶而墜。因以佩刀刺殺所乘馬。既而悔之，曰：「吾爲天下主，而輕事畋游，非馬之罪也。」自此不復獵矣。

魏國長公主嘗衣貼繡鋪翠襦入宮中，太祖見之，謂主曰：「汝當以此與我，自今勿復爲此飾。」主笑曰：「此所用翠羽幾何。」帝曰：「不然。主家服此，宮闈戚里相視，亦競爲之。京城翠羽價高，小民逐利，展轉販易，傷生浸廣，實汝之由。」主慚笑〔二〕。後因侍坐，與孝章皇后閒言，曰：「官家作天子日久，豈不能用黄金粧肩輿，乘以出入？」帝曰：「我以四海之富，宮殿悉以黄金飾之，力亦可辦。但念我爲天下守財耳。古語云：『以一人治天下，不以天下奉一人。』苟以自奉養爲意，使天下之人何仰哉？」

太祖嘗言：「天命所屬，王者不死。周世宗每見將帥容貌魁壯，爲士心所附者，率多疑忌；見人之形氣磊落者，多因事誅之。而朕日侍其側，都不爲慮。凡帝王固當推心待下，豈可以臆度而濫刑誅？若夫命數之所鍾，亦非人謀之能屏。」故開寶之前，惟殿前都虞侯張瓊以忤晉邸伏法外，未嘗輒誅大臣。

〔二〕笑，姜文魁本、正誼堂本、黄植京本作「謝」。

陶穀爲學士，嘗晚召對。太祖御便殿坐，穀至，望見上，前而復却者數四，左右催宣甚急，終彷徨不進。帝笑曰：「此措大索事分。」顧左右取袍帶來。帝已束帶，穀遂趨出。

臣從彦辨微曰：學士職親地禁，非謹重之士，有器識文章者，不可居其任。陶穀不知爲如何人，其在翰林也，太祖御便殿坐，召之前，却不進。卒使天子致禮於詞學之臣，束帶以見之，此其廉耻有足稱者。非特穀也，古者君臣之間，禮義廉耻而已矣。上知有禮而不敢慢其臣，而下知廉耻以事其君，上下交修，則天下不足爲也。

太祖朝，臣僚有功當進官，帝不喜其人，欲勿進。趙普力請之，帝怒，固不與轉官。普爭之曰：「賞者，聖人所以勸善；罰者，聖人所以懲惡。夫爵賞刑罰，乃天下之爵賞刑罰也，非陛下之爵賞刑罰也，陛下豈得自專之耶？」帝不能容，乃拂衣起，普亦隨之，帝入宫門，普立於宫門不退，帝乃寤，卒可其奏。

臣從彦辨微曰：賞罰者，人主之大柄也。賞所以勸功，罰所以懲罪，天下共之。太祖時，臣寮中有功當進官，此天下之大公也。帝不喜其人，欲勿進，此蔽於私者也。普力請之，至犯帝怒。普之言賞罰，蓋合天下之大公，無可貶者。然古之善諫者不然，優游不迫，因其所明而道之，則其聽之也易於反掌。故訐直强勁者率多取忤，而温厚明辨者其説多行。若普者，不遇剛明之君，能勿觸鱗乎？嗚呼！太祖真大度有容者也。雖不免於私，然亦不能塵其光明也。

太祖一日後苑挾弓彈雀。臣寮中有一人稱有急事請見，帝亟出見之，及覽奏，乃常事耳。帝怒曰：「此何爲急事？」其人曰：「亦急於彈雀耳。」帝以斧鉞柄撞其口，兩齒墜焉。其人徐跪地，取齒置於懷中。帝曰：「汝持此齒訟我耶？」曰：「臣不敢訟陛下，自有史官書之。」帝怒解，賜以金帛，慰勞而遣之。

臣從彦辨微曰：古者忠臣之事君也，造次不忘納君於善。有剪桐之戲者，則隨事箴規；違養生之戒者，則即時戒正，不敢默默也。太祖於後苑挾弓彈雀，當時臣寮中有以急事請見者，豈近是耶？及犯帝怒，因以齒之墜也，而警以史官，使人君動作不敢非禮，莫大之益也。

太祖嘗患趙普專政，欲聞其過。一日，召翰林學士竇儀，語及普所爲不法，且譽儀蚤負才望之意。儀盛言普開國勳臣，公忠亮直，社稷之鎮。帝不悦。儀歸家，召其諸弟，張酒食，語曰：「我必不作宰相，然亦不詣珠崖，吾門可保矣。」既而召學士盧多遜。多遜嘗有憾於普，又喜其進用，因攻普。罷之，出鎮河陽。普之罷甚危，賴以勳舊脱禍。多遜遂參知政事，作相。太平興國七年，普復入相，多遜有崖州之行。

臣從彦辨微曰：趙普才器過人，其謀斷足以立事成功。若其專政，則信必有之。以太祖之大度有容而惡其專，至召儀等問之，則普之所爲可知也已。古者進退人臣自有道，而宰相者，乃輔天子以進賢退不肖者也，不可不謹也。普身爲宰相，使帝不得直道而行，徒以勳舊脱禍，而多遜代之。詩曰：「公孫碩膚，赤舃几几。」普則愧之矣。

太祖嘗幸華州，至龍興觀，賜道士蘇澄隱衣一襲，銀五百兩，絹五百匹。澄隱戒行精至，性穎悟，博涉經史，兼通釋典。帝問曰：「師年踰八十，而容貌甚少，是能養生也，宜以其術教朕。」對曰：「臣之養生，不過精思練氣耳。若帝王養生，則異於是。老子曰：『我無爲而民自化，我無欲而民自樸。』無爲無欲，凝神太和，昔黄帝享國永年者，得此道也。」帝大悦，故有是賜。

臣從彦辨微曰：賜予雖出於人君之仁，要受其賜必有以稱之可也。澄隱善養生，吐談可喜，不肯以其術市恩以誤至尊。其論帝王養生，則以「無爲無欲，凝神太和」言之，此羽衣中之最賢者也。帝命賜衣一襲足矣，至若金帛之賚，似未有以處之。澄隱不知固辭，何耶？蓋方外之士與儒者不同，辭受取舍，非所以責澄隱也。

豫章羅先生文集卷第二

豫章羅先生文集卷第三

集録

遵堯録二

太宗

太宗初命趙普爲相，諭之曰：「朕以卿先帝舊臣，功參佐命，卿宜悉心以副朕意。但能謹賞罰，舉賢能，弭愛憎，何慮軍國不治？朕若有過，卿勿面從。古人恥其君不及堯舜，其勉之哉！」他日謂近臣曰：「趙普事先帝，與朕最爲故舊，能斷大事，傾竭自效，盡忠國家，真社稷臣也。」

雍熙三年，太宗謂宰相曰：「中書、樞密院，朝廷政令所出，治亂根本繫之於兹。卿等當各竭公忠，以副任用。大凡常人之理，未免姻故之情。苟才不足稱，遺之財幣可也。公家之事，不可曲徇。朕亦有親舊，若才用無取，未嘗假以名器也。」

淳化五年夏四月，太宗謂呂蒙正等曰：「朕以宰相之任所職甚重，欲修唐朝書攷故事，以責卿等輔佐之效。又念攷第之設亦空言耳，莫若撫夷夏，和陰陽，使百度大理，一人端拱無事，此宰相之職也。豈有居其位而不知其任乎？」至道元年夏四月，擢呂端同中書門下平章事，帝召端，謂曰：「廟堂之上，固無虛授，但能進賢退不肖，便爲稱職，卿宜勉之。卿歷官□□□□進擢〔二〕，常以謂任用之晚。」每奏對，同列多出異議，因出詔諭之曰：「自今中書事必經呂端詳酌，乃得奏聞。」

臣從彥釋曰：太宗之命呂端也，說者謂宰相之任，在乎登進賢才，黜遠庸佞，而總其綱目，萬事自理。故曰：「天子擇宰相，宰相擇百官，非才之人不可虛授。」其言是已。若太宗者，其知所以命相者歟？端，賢相也。帝以其任用之晚，且患同列之多異議也，因出詔諭之曰：「自今中書事必經呂端詳酌，乃得奏聞。」非信任之篤，遇之專一者，其孰能之？

〔二〕「官」「進」之间底本有五字墨釘，張泰本、馮孜本爲五字空格，姜文魁本、正誼堂本、黄植京本補作「識大體今雖」。

端拱中，考工員外郎畢士安爲冀王府記室參軍。有詔臣寮各獻所爲文，太宗閲視累日，問近臣曰：「其文可見矣，其行孰優？」有以士安對，帝曰：「卿言正合朕意。」命以本官知制誥。

太宗尤重内外制之任，每命一舍人，必咨問宰輔，求才實兼美者，先召與語，觀其器識，然後授之。後因覽唐故事，見其多自卑位作學士者。會蘇易簡薦吴人浚儀尉周亨俊拔可任，帝俾易簡索其文章，得白花鷹賦。閲之，語易簡曰：「可。」且令叙遷京秩〔二〕，更徐觀之。改光禄寺丞，卒。

太子中舍王濟，方正好言事。太宗謂宰相曰：「法官尤宜謹擇。苟非其人，或有冤濫，感傷和氣，必致天災。」宰相曰：「惟守法不回者可符聖意。」帝曰：「王濟數言事，必有特操，可試之。」遂令權判寺事。

太宗選秘書丞楊延慶等十餘人，分爲諸州知州，因謂宰相曰：「刺史之任，最爲親民，非其人，則下有受其弊者。昔後漢秦彭爲潁川郡守，教化盛行，百姓懷惠，乃有鳳凰、麒麟、嘉禾、甘露之瑞。以一郡守尚能有感，若帝王崇尚德教，豈太平之

〔二〕且，姜文魁本、正誼堂本、黄植京本作「日」。

不可致，而和氣之不可召也？」

淳化五年夏五月，太宗謂宰相曰：「諸州長吏，所委尤重。審官院進所選京朝官充知州者三十餘人御前印紙曆子，朕親書於其前曰：『勤公潔己，奉法除姦，惠愛臨民，方可書爲勞績。』本官月俸並給實錢，令知審官院錢若水分賜之。因謂若水曰：『所賜戒諭，有奉法除姦之語，恐不曉者從而生事以求功勞，可諭之云：「除姦之要，在乎奉法耳。」』」

太宗初，嘗詔轉運使攷按諸州凡諸職任，第其優劣。未幾，復遣使分行州縣，廉察官吏。是歲五月，河南府法曹參軍高伾、伊闕縣主簿翟嶙〔一〕、鄭州滎澤縣令申廷溫，皆以罷軟不勝任、惰慢不親事免官。

至道中，分遣朝臣爲諸道轉運司承受公事，以察州縣刑政官吏治迹，更次入奏。三年，供奉官劉文質入奏，察舉兩浙部內官高輔之、李易直、文仲儒、梅旬、高鼎、廖貽慶、姜嶼、戚綸等八人有治績〔二〕，並降璽書褒諭。

〔一〕伊闕，宋史卷四太宗本紀第四作「伊闕」。
〔二〕宋史卷一百一十三志第一百一十三選舉六保任「文仲儒」作「艾仲孺」，「廖貽慶」作「高貽慶」。

太宗嘗謂宰相曰：「歷代王者多以求賢爲難。何代無材，但繫用與不用耳，豈必畋遊夢卜乃稱賢哉？」

太宗嘗謂近臣曰：「國家選才，最爲切務。人君深居九重，豈能徧識之哉？必須採訪。苟稱善者多，即是操履無玷，但擇得一好人，爲益無限。古人云：『得十良馬，不如得一伯樂；得十利劍，不如得一歐冶。』兹言有理。朕孜孜諮訪，只要求人，庶得良才以充任使。」趙普曰：「帝王進用良善，實太平之基。然君子小人，各有黨類，不可不察也。」帝然之。

太宗嘗謂近臣曰：「國家取士，必歷級而升。下位之人韜晦才行，誠亦有之。當勿以此爲限，成朕急賢之意。」又曰：「人之行實不以位之高下，雖卑秩下位，不可謂無良士。然君子含章守道，難進易退，不求聞達，朕嘗患其不能知也。」呂蒙正曰：「迭試可任，則能否洞分。」帝曰：「若善惡則不可得而知矣。」曰：「亦迭試可也。苟暫聞其善惡，有涉愛憎，恐悮任使，故須久而察之，則賞罰不濫矣。」帝然之。

太平興國中，太宗謂宰相曰：「邇來貢舉混雜，乃有道釋之流還俗赴舉，此等不能專一其業，他日居官，必非廉士。進士須先通經術，遵周孔之教。亦有迭相傚傚，止習浮淺文章，殊非務本之道也。當下詔切責之。」

端拱二年，太宗親試進士，得陳堯叟等，並賜及第，仍作箴賜之，勉以「修身謹行，稽古效官」之意。三年親試，得孫何等，面戒之曰：「汝等苦學登科，朕方以文治天下，王事之外，厲精文翰，無墜前功。」命以儒行篇賜之，俾爲座右之戒。

太宗嘗謂近臣曰：「朕雖寡薄，乘戰爭之後，孜孜求理，未嘗不欲加惠于民。若杜兼并，抑游惰，前世難行之道，朕當力行之。十數年間，家給人足，庶可致矣。政無巨細，欲速成者必無其效。苟以道德化民成俗，未可以歲月冀也。」

太宗嘗謂宰相曰：「井田之制，實經國之要道。後世爲天下者不爲井田，則貧富不均，王化何由而行？自秦滅廬井，置阡陌，經界廢而兼并作。漢魏以降，民受其弊久矣。朕君臨大寶，軫念黎庶，雖井田之制不可卒復，因時創法，漸均貧富，則朕別有規制，終當行之，以安四海。」

太宗嘗覽鄭州何昌齡均田疏，語近臣曰：「土著之人，欲一一均平。選通達物理之官，周知人間利害者，精於制置，使稍近古，自然衣食豐足，盜賊自消，兵賦可從而省也。彼管榷之利，何所用哉？俟五七年間，當力行之，此朕之志也。」寇準曰：「均田之法，隋文尚能興復，況聖代乎？」

端拱中，太宗謂宰相曰：「燕射之禮，廢之已久，朕欲恢復古道，當令有司講求儀法，俟弭兵，與卿等行之。」

至道元年，太宗謂侍臣曰：「朕嘗求古之制度，思欲振復，而亡者十有七八。古者衣裳冠冕，皆有法象，所以檢束人之容貌，動遵典禮。漢魏以來，隨時所尚，屢經變易。近代服色，去古逾遠，舊制罕存，誠可惜也。」寇準曰：「古者行步則有環珮之聲，升車則有鑾和之音，所以節人心而昭禮制也。若今所服之韡，乃趙武靈胡服，公私通用之，與古之履舄殊矣。」

太宗初即位，謂宰相曰：「朕嗣守基業，邊防事大，萬機至重，當悉依先朝舊規，無得改易。」

太宗嘗謂近臣曰：「朕生於亂世，犬戎猾夏之日，已七八歲。當時道路泥濘，人民艱苦，謂更無好時世。孰謂今來萬事粗理，常自愧惕。近者蕩平寇孽，於朕何功？蓋上天開悟朕心，使之克勝。」侍臣曰：「古者天子有道，推德於天。今之聖諭，正合古道。」

太宗嘗語近臣曰：「國之上瑞，惟在豐年。頃來五穀屢登，人無疾疫。朕求治雖切，然而德化未孚，天貺若此，能無懼乎？」

雍熙元年夏五月，太宗幸城南，因謂近臣曰：「朕觀五代以來帝王，其始莫不勤儉，上者，自生猜貳。覆亡之禍，皆自貽也。在人上者，豈得不以爲戒？」

終則忘其艱難，恣于逸樂，不卹士衆，自生猜貳。覆亡之禍，皆自貽也。在人上者，豈得不以爲戒？」

淳化三年，秘書監李至進新校御書，太宗謂至曰：「嗜好不可不謹。不必遠驗前古，秖如近世符彦卿，累任節鎮，以射獵馳逐爲樂，由是近習窺測其意，競以鷹犬爲獻，彦卿悦可兩人而假借之，其下因恣横侵擾。故知人君當淡然無欲，不使嗜好形見於外，則姦邪無自入焉。朕年長，無他欲，但喜讀書，用監古今成敗爾。」至拜舞稱賀。

臣從彦釋曰：太宗語李至曰：「人君當淡然無欲，不使嗜好形見於外，則姦邪無自入焉。」可謂善矣。夫嗜好者，人情之所不能免也。方其淡然，不使之形見於外，則其違道不遠也。於是時也，苟有臯夔稷契之徒，以道詔之，當視六經猶筌蹄，上與堯舜相得於忘言之地矣。至雖時之賢者，聞帝「喜讀書，用監古今成敗」之語，拜舞稱賀，謂爲將順可也。然於稷契臯夔之徒，則非其倫也。

太宗嘗語宰相曰：「朕比觀書，見楚文王得茹黄之狗，苑路之矰，畋於雲夢，三月不返。保申諫之，王引席伏地，申束箭五十，跪加王背者再，因趨出請死，王召而謝之，殺狗折矰，務治國事，併國三十九。朕未嘗不三復其言，深加歎賞。自非君臣道合，何以至此？若君忽而不信，雖有直臣，將焉用之？」

臣從彥釋曰：保申之能諫，楚文王之能從，其事見於劉向説苑，然文有小異。説苑言：「荆文王得如黄之狗，箘簬之矰，畋於雲夢，三月不返。得舟之姬，淫，朞年不聽朝。保申諫曰：『先王卜以臣爲保，吉。今王得如黄之狗，箘簬之矰，畋於雲夢，三月不返。及得舟之姬，淫，朞不聽朝。王之罪當笞。』王曰：『不穀免於襁褓，託於諸侯，願變更無笞。』保申曰：『臣承先王之命，不敢廢。王不受笞，是廢先王之命。臣寧得罪於王也。』乃席王，王伏，保申束箭五十，跪加王背，如此者再，謂王『起矣』。趨出，欲自流，乃請罪。王曰：『此不穀之過，保實何罪。』於是殺狗折矰，逐舟之姬，務治乎荆，兼國三十九。至漢興之初，蕭何、王陵聞之，曰：『人君能奉先世之業而以成功名者，其惟荆文王乎！故天下譽之至今，明王孝子忠臣以爲法。』」夫保申之事有之與無，臣不敢與知也。戰國之時容或有之，亦必先王顧託之臣與夫慈良之君，不忘先世艱難，克己從義者，乃可行矣。太宗提出言之，取其大意，非特施於一己與孫子也。且以示天下後世，使知人君納諫之美，有至於此也。

太宗嘗謂侍臣曰：「朕讀唐書，見唐人以公主和番，屈辱之甚，未嘗不傷感。今士卒精强，固無此事，但選擇得人，委以邊任，不令生事，務在息民，訓卒練兵，觀釁而動，可以無患。」

太宗嘗召御史中丞王化基至便殿，侍坐甚久。屬盛暑，令搢笏揮扇，問以邊事，化基曰：「治天下猶植木焉，所患者根本未固耳。根本固，則枝葉不足憂。今朝廷既治，則邊郡何患乎不安？」

契丹部屬有求内附者，太宗語侍臣曰：「國家若無外憂，必有内患；儻無内患，必有外憂。脱句。特邊事耳，皆可預防。姦邪無狀，若爲内患，深可懼也。帝王用心當須謹此。」

唐置拾遺、補闕，掌供奉諷諫。是時日奉内朝，常親旒扆，故凡事得以微辭諷諫。唐季權臣專政，阻絶諫官，不得侍從。太宗孜孜求諫，渴聞忠言，因改拾遺、補闕爲正言、司諫，使專掌奏議。

左司諫、知制誥王禹偁嘗上言：「請群官候見宰相，朝罷於政事堂同時接見，其樞密使候都堂請見，並不得於本廳接見賓客，以防請託。」詔從之。右正言、直史館謝泌言以爲：「如此，是疑大臣以私也。古人有言曰：『疑則勿用，用則勿疑。』今天下至廣，萬機至繁，陛下聰明寄於輔臣，苟非接見群官，何以盡知中外事？若令都堂群臣請見，咨事無解衣之暇。夫左右大臣，使非其人，當斥而去之；既得其人，任之以政，又何疑耶？今請不得本廳接見賓客，以防請託，非陛下推赤心待大臣之意。」太宗覽奏嘉歎之，即追還前詔，令宰相、樞密使接見賓客如故，仍以泌所上書送史館。

太宗嘗修正殿，頗施采繪，謝泌因對陳其事，即日命代以丹堊，深加稱獎，賜金紫，拜左司諫。泌曰：「陛下從諫如流，故臣得以竭誠。唐末有孟昌圖者，朝上諫疏，暮不知所在。詩人鄭谷爲詩以憫之。前代如此，安得不亂。」帝爲動容久之。

太宗嘗語宰相曰：「朕思君臣之間，要在上下情通，即事無凝滯。若稍間隔，豈能盡其道？」宋琪曰：「易卦乾在上，坤在下，謂之否，此天氣不下降，地氣不上騰之謂也。坤在上，乾在下，謂之泰，此天地交泰之象也。故凡君臣之道，必在情通，乃能成天下之務。」帝曰：「自古帝王，未有不任用賢良，致宗社延永。皆是自己昧於知人，不能分別善惡，爲姦邪蔽惑，以至顛覆。」琪曰：「前古治亂，皆由帝王。若帝王聖明，臣下得以宣力，姦邪之輩自然屏迹。」

太宗嘗謂呂蒙正等曰：「凡爲君，作一惡事，簡策所載，萬祀不滅，使後人觀之，以爲鑒戒。故堯舜爲善，而衆美歸之；桀紂爲不善，而衆惡萃之，可不謹耶？大凡有國有家者，未有不欲進君子、退小人，然而君子少而小人多，何也？」蒙正曰：「時有盛衰。苟邦國隆盛，則君子道長；及乎將衰，則小人在位，俟其爲惡彰敗，則政亦有損。古人云小人害霸，信不虚語。賢人若遇暗主，晦迹丘園，畏小人之用事耳。有國有家者，尤在辯察小人，不可不早。」帝深然之。

淳化四年，開封府雍丘縣尉武程上疏，願減後宫嬪嬙。太宗謂宰相曰：「武程疏遠小臣，不知宫闕中事。内庭給事不過三百人，皆有所掌，不可去者。卿等顧朕之視妻子如脱屣耳，所恨未能離世絶俗，追蹤羡門矣。必不學秦皇、漢武，作離宫别館，取良家子女以充其中，爲萬代譏議。卿固合知之。」李昉曰：「臣等家人朔望朝禁中，備見宫闈簡儉之事。武程疏賤，妄陳狂瞽，宜加黜削以懲之。」帝曰：「朕曷嘗以言罪人，但念其不知耳。」終不加罪。

臣從彦辨微曰：太宗時，内庭給事不過三百人，皆有所掌，不可去也。武程疏遠小臣，妄陳狂瞽，帝不罪之，以來天下之忠言，可謂善矣。然語宰相曰：「卿等顧朕之視妻子如脱屣耳，所恨未能離世絶俗，追蹤羡門。」則是過高者之言也。夫王化之本，關雎之訓是也。有關雎之德，必有麟趾之應，此周之所以致太平者也。若羡門等語，超然有塵外意，恐後世好高者聞而説之，則其失必有自矣，非人倫之美也。

至道元年三月，太宗召三司孔目吏李溥等，對於崇政殿，問以計司錢穀之務。溥等言盡知其利病〔一〕，然不可以口占，願條對。許之，俾中使押送中書，限五日悉令條奏。及上，帝謂宰相曰：「李溥等令陳所見，亦頗各有所長。朕嘗謂陳恕曰：『若文章稽古，此輩固不可望士人。至於錢穀利病，此輩自幼枕籍寢處其中，必能周知根本。卿但假以顏色，引令剖陳，豈無資益？』恕等剛強，終不肯降意諮問。」宰相呂端對曰：「耕當問奴，織當問婢。」

臣從彥辨微曰：曾子曰：「君子所貴乎道者三。籩豆之事，則有司存。」太宗召李溥等，問以計司錢穀之務，使陳恕假之顏色，引令剖陳。恕等終不肯降意下問，未必非也。呂端以「耕當問奴，織當問婢」言之，蓋失之矣。

太宗嘗曰：「清淨致理，黄老之深旨也。汲黯卧理淮陽，宓子賤彈琴治單父，蓋得其旨者也。朕當力行之。」呂端曰：「行黄老之道以致升平，其效甚速。」呂蒙正曰：「老子曰：『治大國若烹小鮮。』夫魚撓之則亂，比來上封事求更制度者甚衆，望陛下

〔一〕盡，原作「畫」，張泰本同，據馮孜本改。

行清淨之化。」

臣彦從辨微曰：道術不明久矣。漢興，有蓋公者治黄老，曹參師之，其言曰「治道貴清淨而民自定」是也。然其相漢也，不過遵何之法，勿失而已矣。非聖人之誠也。聖人之誠，感無不通，故所過者化，所存者神。其感人也，不見聲色，而其應之也捷於影響，此堯舜孔子之道也。宓子賤之爲單父也，鳴琴不下堂而單父大治，任人故也。端與蒙正知有黄老而不知有聖人，得之於彼而失之於此，可勝惜哉。

太宗嘗曰：「人君致理之本，莫先簡易。老子，古之聖人也，立言垂訓，朕所景慕。經云：『天地不仁，以萬物爲芻狗；聖人不仁，以百姓爲芻狗。』是知覆燾之德，含容光大，本無情於仁愛，非責望於品類也。」

臣從彦辨微曰：易簡之理，天理也，而世知之者鮮矣。行其所無事，不亦易乎？君子篤恭而天下平，不亦簡乎？易曰：「易則易知，簡則易從。易簡而天下之理得矣。」此之謂也。老氏芻狗之説，取其無情而已。以聖人之神化言之，則不見其誠；以萬物化生言之，則不見其感。世有爲孔、老之説者，豈其因循前人，偶未之思故耶？夫鼓萬物不與聖人同憂者，天之道也，聖人則不免有憂矣。

若使百姓與萬物等，而一以芻狗視之，則亦何憂之有？故老氏之學，大者失之，則詆訾堯舜，不屑世務，其下流爲申韓者有之矣。此不可不辨也。

太宗嘗謂近臣曰：「以智治國，固不可也。然緩急用之，無不克矣。」又曰：「五常之於人，惟智不可常用。若禦戎制勝，臨機應變，舉爲權略可也。固非朝廷爲理之道也。老氏之戒，正在於此。」

臣從彦辨微曰：孟子曰：「仁之實，事親是也；義之實，從兄是也；智之實，知斯二者弗去是也。」夫立人之道，曰仁與義。仁，體也；義，用也，行而宜之之謂也；所謂智者，知此二者而已。及其行之也，若禹治水然，行其所無事而已矣。堯舜之治，不出乎此。自周道衰，洙泗之教未作，而世所謂智者不然，機變之巧，雜然四出，故鳥亂於上，魚亂於下，人亂於中，此老氏之所以戒也，非公天下者之言也。

太宗嘗謂宰相曰：「朕於浮屠氏之教，微語宗旨。凡爲君治人，却是修行之地。行一好事，天下獲利，所謂利他者是也。若梁武帝之所爲，真大惑爾，書之史策，爲後代笑。」趙普曰：「陛下以堯舜之道治世，以浮屠之教修心，聖智高遠，洞悟真理，非臣下所及。」

臣從彥辨微曰：佛氏之學，端有悟入處，其言近理，其道宏博，世儒所不能窺，太宗之言是已。然絶乎人倫，外乎世務，非堯舜孔子之道也。夫治己、治人，其究一也。堯曰：「咨，爾舜！天之曆數在爾躬，允執其中。四海困窮，天禄永終。」舜亦以命禹。所謂中者，果何物也耶？故堯舜之世，垂拱無爲而天下大治。若趙普者，乃析而二之，蓋不知言者也。

太宗時有隱者陳摶，善修養，賜號希夷先生。帝頗與之聯和，謂宰相宋琪等曰：「陳摶獨善其身，不干勢利，真方外之士。且言天下治安，故來朝覲，此意亦可念也。」遣中使送至中書，琪等問曰：「先王得元默修養之道，可以授人乎？」曰：「摶遁迹山野，無用於世，鍊養之事，皆所不知，亦未嘗習鍊吐納化形之術，無可傳授。假如白日升天，何益於治？聖上龍顔秀異，有天人之表，洞達古今治亂之機，真有道之主。正是君臣合德以治天下之時，勤行修鍊，無以加此。」琪等表上其言，上覽之甚喜，未幾，放還山。

臣從彥辨微曰：唐明皇時有吴筠，頗似有道術者。帝嘗問神仙治鍊法，對曰：「此野人事，非人主宜留意。」其所開陳，皆名教世務，天子重之。摶對宋琪等語，該於治體，終不以其術市恩，以誤朝廷，其吴筠之徒歟？然聖人盡道，以其身所行率天下，蓋欲天下皆至於聖人。佛仙之學不然，是二之也。故君子不貴也。

豫章羅先生文集卷第三

豫章羅先生文集卷第四

集録

遵堯録三

真宗

真宗咸平中，帝以邊兵未息，手札付宰相、樞密陳禦邊之計。李沆等或請以鎮、定、高陽三路之兵會而爲一以當衝要，或請三路各令防扞，或以鎮、定兵陳於定州之北，又移高陽兵於寧邊軍，別設奇兵於順安軍，發丁壯備城，彌縫其闕。帝總覽而裁定之。他日對便殿内，出陣圖諭之曰：「今賊勢未息，尤用防備。屯兵雖多，須擇精鋭先據要害以制之。凡鎮、定、高陽三路兵並會定州，夾河爲大陣，量蕃寇遠近，出軍立柵。賊來堅守勿追，以伺便宜。大陣則騎卒居中，步卒環之，短兵接戰，勿離隊伍，務在持重。然後分遣魏能、白守素、張鋭領騎六千屯威虜軍，楊延昭、張延禧、李懷臣領騎五千屯保州，田敏、楊凝[一]、石延福領騎五千屯北平寨，以當賊鋒。始至，勿與鬭，待其氣衰，據城誘戰，使其奔命不暇。若南越保州，與大軍遇，則令威虜之師與延昭會，使腹背皆受其敵，乘便掩殺。若不攻定州，縱軼南侵，則復會北平田敏，合勢入北界邀其輜重，令雄霸、破虜以來互爲應援。又命孫全照、王德鈞、裴自榮領兵八千屯寧邊軍，李重貴、趙守倫、張繼旻領兵五千屯邢州，扼東西路，戎寇將遁，則令定州大軍與三路騎兵會擊。又命石普、盧文壽、王守俊領兵二萬屯莫州，俟戎騎北去，則西趨順安襲擊，斷其西山之路。如河冰已合，賊由東路，則命劉用、劉漢凝、田思明領兵五千會石普、孫全照犄角攻之。自餘重兵，悉屯天雄，命石保吉鎮之，以張軍勢。朕雖經畫如此，以付將帥，尚恐有所未便，卿等審觀可否，更同商議。」沆曰：「戰陣之事，古今所難。且犬戎猖蹷，非陛下制勝於内，諸將奉稟成算，分禦邊要，實未易驅攘。今睿略裁制，盡合機宜，固非臣等愚慮所及。」明年，北戎大寇邊，捍禦之兵悉用此制。及駕幸澶淵，王師射殺戎將撻覽，王超大軍將會于駕前，而楊延昭等諸將又各握勁兵扼其歸路，

[一] 楊凝，續資治通鑑長編卷五十四作「張凝」

戎人勢屈，遂乞通和。

臣從彦釋曰：真宗咸平中，命宰相、樞密陳禦戎之計，帝總覽而裁定之。他日對便殿内，出陣圖諭之曰：「朕雖經畫如此，以付諸將，尚恐有所未便。卿等審觀可否，更同商議。」而李沆等以爲盡合機宜。此於制勝一時之策可謂善矣，然非常行之道也。自古朝廷之事可付之相，邊事付之將。苟自中制之，立爲陣圖以授之，内外不相及，必有失機會者矣。古人云：「閫外之事，將軍主之。」此最爲知言也。

景德初，詔益楊延昭兵萬人屯靜戎軍東，又令石普屯馬村西以護屯田，扼黑盧口、萬年橋虜騎奔衝之路。如北戎入寇，則會諸路兵掎角追襲，仍令魏能、張凝、田敏以奇兵牽制之。時王超爲都揔管，詔聽楊延昭等皆隸屬之。防遏北戎之勢，在此數處而已。

真宗自北道用兵，有邊奏至，凡軍旅之事，多先送中書，謂畢士安、寇準曰：「此皆欲卿等先知，中書總文武大政，樞密雖專軍機，然大事須本中書。頃來李沆往往別具機宜上奏。卿等當詳閲之，但干討論者悉言利害，勿以事干樞密而有隱也。」

契丹請和，真宗以河北諸州易置牧守，召近臣對資政殿，御筆書李允則等十二人，示之曰：「朕酌今庶官能否，以邊城遠近要害，分命治之，庶保寧靜。卿等當更詳議。」畢士安曰：「陛下所擇皆才適於用，望付外施行。」從之。

雄州團練使何承矩移齊州以西，上閤門使、河北安撫副使李允則知雄州兼河北安撫使。承矩以老病求解邊任，帝令自擇其代，表薦允則，遂命之。

真宗嘗謂馬知節曰：「知卿久在邊防，卿言禦戎之術，何者爲善？」知節曰：「邊防之地，横亘雖長，據其要害以扼其來路。惟順安軍至西山不過二百里，若列陣於此，多設應兵，使其久莫能進，待其疲弊時以奇兵輕騎逼而擾之，彼將顛覆不暇。今之將師喜用騎兵，以多爲勝。臣謂善用騎兵者，不以多爲貴，但能設伏，觀戎寇之多少，度地形之險易，寇少則邀而擊之，衆則聚而攻之，常依城邑爲旋師之所，無不捷矣。」

真宗即位，首下詔書求治，謂近臣曰：「朕樂聞朝政闕失，以警朕心。然臣寮章奏，多以增添事務苛細爲利，亦有自陳勞績者，多是過行鞭扑，以取幹辦。殊不知國家從簡易之理也。國家政事自有大體，使其不嚴而理，不肅而成，豈可慘刻虐下，邀爲己功，使之臨民，徒傷和氣？」

咸平元年正月，彗星出營室北。二月，帝謂宰相曰：「朕即位以來，罔敢怠逸，庶陟治道，至于和平。今彗出甚異，其祥安在？」吕端等言：「變在齊魯之分。」帝曰：「朕以天下爲憂，豈直一方耶？」乃下詔，令有位極言無隱，自今避正殿，減常膳。

是年張齊賢、李沆入相，帝諭之曰：「忠孝之誠，始終如一，當同心協力，以濟王事。」齊賢曰：「古者君臣一體，君爲元首，臣爲股肱，豈有不同心德能濟國家政事者哉？」帝曰：「國家之事，務在公共，審謹而後行之，則無失矣。況先帝所行之事，各著規程，但與卿等遵守而已。」

真宗嘗謂侍臣曰：「朕觀士大夫中，或有名而無實者，何言行之相違也？」吕端曰：「君子之道，闇然而章。歷試經久，方見爲臣之節。」帝然之。

臣從彦釋曰：君子之所爲，皆理之所必然，世之所常行者。然不可以求近功，圖近利。非如世間小有才者，一旦得君，暴露其器能，以釣一時之譽。彼其設施，當亦有可觀者，要之非能致遠者也。吕端之言，其幾于道者歟。

真宗嘗謂宰相曰：「朕於庶官中求其才幹者，尚多有之，若以德行，則罕見其人。夫德行之門必有忠孝，未有德不足而忠孝能全者也。」

真宗嘗謂宰相曰：「臣寮中有被謗言達朕聽者，諮之於衆，似得其實。然爲臣、爲子鮮有無過之人，但能改過知非即爲善也。況朝廷不以一眚廢人終身之用乎？」

真宗嘗閱兩省班簿，謂王旦等曰：「近侍之列，各有所長，然求文武適用，可委方面者亦鮮。每念唐賢比肩而出，何當時得人之多也？」旦曰：「方今下位豈無才俊？或恐拔擢未至。然觀前古進賢樂善者甚衆，故人不求備，亦不以小疵累大德，是以人得足用。今立朝之士，誰則無過？陛下無不保庇。然流言稍多，終亦梗於任使。鑒其愛憎，惟託聖明，則庶無棄人矣。」

景德元年，内出京朝官二十四人付閤門，召對崇政殿，在外者乘傳代歸。

真宗采於朝論皆以廉幹稱者，及對，或試其詞業，或觀其言論，多寘於臺閣館殿，遷秩任之。

真宗擇官判大理寺，謂宰相曰：「法官尤宜謹選，若官不稱職，或有冤濫，水旱灾沴自此而興。」因問幾品以上可當是任。李沆曰：「執法之任，不必限官高卑，但有執守不回邪者，可當此任。」帝然之。

待制張知白求判國子監，真宗顧謂王旦曰：「國庠無事，知白豈倦於處劇耶？」旦曰：「知白知書，雖乏利刃，而涉道近雅，諳練民政，未嘗以身謀形言，似介而清者。」帝曰：「執憲之官久未得人，知白守道若此，可充是選。」力命以諫議大夫，權御史中丞。

真宗嘗以楊徽之、夏侯嶠充翰林侍讀學士，邢昺、吕文仲充翰林侍講。侍講更直，侍讀長上，設直廬於秘閣，日給上食珍膳，夜則迭宿。命中使劉崇超曰：「具當宿官名，於内東門進入。」自是多口對諮訪，或至中夜。

景德元年，邢州地震，真宗問宰相知州爲誰，或以上官正對。帝曰：「郡國災沴，民不寧居，尤在牧守以道鎮靜，則封疆無事。正累典藩郡，以知兵自許，但未知其能以鎮靜欽恤爲意否？天下之廣，未免焦勞，正爲此爾。」

諸王府侍講孫奭言：「牧民之官，不可用有勢援者。」帝曰：「朝廷用人，惟問才與不才耳，豈得限以世家？如其敗官，自有常典，雖勢援何害？」

帝與宰相議擇官，王旦曰：「天下重地，爲朝廷屏翰者，不過一二十州。若皆得人，則振撫一方，威畏兼著。」帝深然之。

真宗嘗語李至等曰：「凡所舉官，多聞謬濫。不若先擇舉主，以類求人。今外官要切，惟轉輸之任，卿等可先擇人，俾令舉之。」因言：「外郡長吏奏舉管内職官，慮有受其請託者，宜依條約。」又：「州縣闕員甚多，當選有清望朝官，各舉所知，庶得良吏，用親吾民。」

祥符二年，又謂近臣曰：「臣僚赴外任，有升殿者，朕皆諭以所行之事，期於振舉。若不升殿者，今當各以其事爲誡勵詞，摹印賜之。」仍御製七條以賜文臣：一曰清心，二曰奉公，三曰修德，四曰責實，五曰明察，六曰勸諭，七曰革弊。俾刻石圖壁，奉以爲法。

咸平三年，詔天下凡所解舉人，不得獨考藝能，先須察訪行實，即許薦送。八年，新及第進士授官入謝，帝顧宰相曰：「其中才不才未可盡知。」王旦曰：「十得二三，亦爲多矣。然遭逢盛時，享此科級，或才行兼備，便爲亨塗。」帝曰：「大都立身當官，以持重爲本，戒於輕率也。」

帝性好文，雖以文辭取士，然必視其器識。每御崇政殿賜進士及第，必召其高第三四人，並列于庭，更察其形神磊落者，始賜第一，或取其文辭有理趣。

終南山隱士种放，居東明峰，專以講習爲業。太宗時嘗一召之，以母老不至。咸平元年，母卒，貧不能葬，帝賜錢帛等物，令葬其母。詔曰：「將使天下聞之，知其厚逸民，旌孝子，相勸而歸于善也。」五年，帝召放，賜對便殿，命坐，與語久之。喜謂宰相曰：「放召對與語，不山野。訪以民事，則曰徐而化之。問邊事，久不對，但言愛民而已。夫賞一逸人，可以勸天下之靜退者。」乃授左司諫，直昭文館。

真宗初即位，詔訪文宣王後，得四十五代孫延世，命爲曲阜令，召戒之曰：「汝宜精心典領祖廟，無使隳墮。」仍賜祭器、經書、金帛以遣之。

祥符元年，真宗幸曲阜，謁文宣王廟。有司定儀，止肅揖。帝特展拜以表嚴師崇儒之意。又幸孔林，以古木擁道，降輿乘馬，詣墳拜奠。帝曰：「唐明皇褒先聖爲王，朕欲追謚爲帝，可乎？當令有司檢討故事以聞。」或云：「文宣，周之陪臣。周止稱王，不當加以帝號。」遂止增美名。又議加封十哲爵以公，七十二賢以侯。王旦曰：「顏子舊封兖公，今並列公爵，則亞聖之名無以別異，望封顏子兖國公，餘爲郡公。」帝然之。

臣從彥釋曰：唐時詔郡邑通得祀社稷、孔子。獨孔子用王者事，以門人爲配。自天子以下，北面拜跪薦祭，不敢少忽者，非以其爲萬代之法故耶？行之未幾，而淺於學者智不及此，乃請東揖，以殺太重，歷朝循而不改。逮及我宋章聖皇帝之幸曲阜也，奮獨見之明，特展拜以表嚴師崇儒之意，德之盛者也。若章聖皇帝，可謂知所本矣。古者帝王稱號，因時而已，非德有優劣也。唐明皇既追封先聖爲王，襲其舊號可也，加之以帝號而褒崇之亦可也，顧時君所欲如何耳。夫禮惟其稱而已矣，而或者不諭，乃以周之陪臣爲言，豈知禮也哉？

真宗初即位，詔内外文武群臣：「自今人君有過，時政或虧，軍事臧否，民間利病，並許直言極諫，抗疏以聞。苟言之弗用，則過在朕躬；若求之不言，則罪將誰執？」

田錫好諫，真宗最重之，嘗謂宰相李沆曰：「如此諫官，亦甚難得。朝政少有闕失，方在思慮，而錫疏已至矣。朕每覽其章奏，必特與語，奬激之。錫常慮奏疏不得速達，朕令季具所上事目及月日以聞。」

咸平六年，真宗詔田錫對便殿。錫曰：「臣願陛下廣稽古之道，爲治民之要。舊有御屏風及御覽，但記分門事類，不若取四部中治亂興亡之事，可以銘於座隅、爲帝王鑒戒者録之，以資聖覽。是以皇王之道，致陛下於堯舜也。」帝曰：「善。卿可纂録進來。」俄命兼侍御史知雜。宰相言：「錫性本清介，臨事不甚敏悟。」帝曰：「朕覽其章奏，有諫臣之風，當試用之。」

真宗自即位，既旦御前殿，中書、樞密院、三司、開封尹、審刑院及請對官，以次奏事。至辰後還宫進食，少時復御便殿視事，或閲軍事，講習武藝，多至巳午間。夜則召侍讀學士，諮訪政事，或至中夜還宫。

咸平六年，真宗幸金明池，語宰相曰：「士民遊樂熙熙然，甚慰朕心。非承平豐年，何以致此？」李沆曰：「陛下即位以來，未嘗輒有科徭，官吏稟法，絶無煩擾，信太平之幸。」帝曰：「朕以天下之人，當務佚之。至於勞民興師，蓋不得已也。今西夏未下，尚煩捍禦。然歷觀載籍，自漢魏以至於唐，四海無事，固亦罕遇。無事之際，更宜詳思備預，則無患矣。」

景德四年，帝謂近臣曰：「使人自西北至者，云邊鄙無事，民人安居，曠土墾闢，稼穡豐茂，關西物價甚賤。每念二邊動煩經置，但當擇守臣不妄生事者，戢兵推信，以保安靖。」

祥符中，帝又謂宰相曰：「朕自北鄙和好，邊郵無事，然居安慮危，未嘗敢自暇逸。每爲文置諸左右，朝夕觀之，庶以自警也。」

咸平四年，帝謂宰相曰：「軍國之事，無巨細，必與卿等議之。朕未嘗專断，卿等固亦無隱，以副朕意。」秘書丞孫冕上言曰：「在京諸司，每以常行事務詣便殿取裁。況邊事煩劇，聖慮焦勞。務在依違，互相蒙蔽，縱其保位，甚非稱職。唐景龍中，名臣姚廷均奏言：『律令格式，陳之象魏，奉而行之，事無不理。比見諸司官寮不能遵守，事無巨細，皆悉奏聞。且爲君在乎任臣，而臣在乎奉法。萬機之繁，不可徧覽，所以設官分職，委任責成。古帝王垂拱之化，蓋在於此。自今若軍國大事及條式無文者，聽奏取旨。餘據章旨合行者，各令準法處分。其別生凝滯，故有稽遲，望許御史奏劾。』」帝曰：「冕之此奏，頗知大體，當下詔切戒之。」至祥符四年，太常博士王嗣宗又上言：「陛下躬親庶政，十有五年，小大之事，一取宸斷。自今望陛下，除禮樂征伐大事之外，其餘細務，責成左右。」或者曰：「嗣宗不知朝廷事務。」帝曰：「此頗識大體，當降詔獎之。」仍出勤政論以示群臣。宰相等請出示朝堂，從之。

臣從彥辨微曰：孔子稱舜曰：「無爲而治者，其舜也歟。恭己正南面而已矣。」夫舜之所以無爲者，以百揆得其人，九官任其職故也。帝自咸平初以至祥符，躬親庶政十有五年。而在京諸司，每以常行事務詣便殿取裁，事無大小，一決宸衷。故孫冕、王嗣宗等得以言之。昔商中宗、高宗之不敢荒寧，文王自朝至于日中昃不遑暇食，周公舉以戒成王，則昔之人非不貴勤也。至周公作立政則曰：「文王惟克厥宅心，乃克立茲常事。」又曰：「文王罔攸兼于庶言、庶獄、庶慎，惟有司之牧夫。」曷嘗勞形弊智於事之末流哉？唐杜黄裳對憲宗曰：「王者之道，在修己任賢而已。若乃簿書獄訟、百吏能否，非人主所自任。故王者擇人而任之，責其成功，見成必賞，有罪必罰，誰敢不盡力？」李唐君臣不足道也，然黄裳之言猶能及此，况興唐虞之治乎？帝既以冕奏頗知大體，又降詔以獎諭嗣宗，可謂能聽言矣。而宰相乃請以勤政論出示朝堂，孔子所謂將順者，豈其然耶？

咸平五年，將議親郊，鹽鐵使王嗣宗奏言：「郊禮煩費，望行謁廟之禮而推慶賜。」呂蒙正曰：「前代停郊謁廟，蓋因灾沴〔二〕。今無故罷禋祀，典禮無據。」真宗曰：「不惟典禮無據，郊壇一日之費，所省幾何？殊非寅恭事天之意也。」因詔三司，非禋祀所須，並可減省。

臣從彦辨微曰：古者歲一郊，牲用繭栗，器用陶匏，無甚繁費，取其恭誠而已。今三歲一有事焉，已非古典。若賞賜士卒，乃太祖一時之命，後因以爲例。議者猶欲不給新兵以漸去之，而兩府以下皆賜金帛，何耶？王嗣宗知財用數目而已，固不足與議禮。蒙正名臣也，謂「前代停郊謁廟，蓋因灾沴。今無故罷禋祀，典禮無據」。且水旱無常〔三〕，不幸有故，用前代故事，可乎？善乎真宗之能守也，不計郊壇一日之費，事天之禮不可闕也。若士卒賞賜可革，革之；兩府

〔二〕沴，原脱，張泰本同，據馮孜本補。
〔三〕常，原作「嘗」，張泰本同，據馮孜本改。

以下金帛可削，削之。一主於恭誠，孰曰不可？神宗時，河北灾傷，兩府乞不賜金帛，而司馬光以爲救灾節用宜自貴近始。王安石乃引常衮辭賜饌事以難之，非知言者也。

景德四年，内侍史崇貴使嘉州還，言平羌知縣氏昭度廉幹，犍爲知縣王固貪濁。真宗曰：「内臣將命，乃能察善惡，固亦可獎。然其密侍宫禁，便爾賞罰，外人未爲厭伏，當須轉運使審察之。」

臣從彦辨微曰〔二〕：察州縣官吏善惡，自有常典，又時遣專使辨其能否、罷軟、苛刻以聞而褒黜之，足以爲治矣。崇貴使嘉州，以其職分言之，通傳詔命而已。其還也，曰某人廉幹，某人貪濁，則非其分。非分而言，於理在所懲。不然，勿問可也。用其言而使轉運使審察之，是猶徇之也。古之人拔本塞源，其智慮深矣。可不戒哉？可不念哉？

楊億在學士院，真宗忽夜召見於一小閣，深在禁中。既見，賜茶，從容者久之。因出文藁數篋以示億，云：「卿識朕書蹟乎？皆朕自起草，未嘗命臣下代作也。」億

〔二〕微，原作「細」，張泰本同，據馮孜本改。

皇恐不知所對，頓首再拜而出，由是佯狂，奔于陽翟。是時，億以文章擅天下，然性剛特寡合，故惡之者得以事譖之。帝性好文，初待億眷顧無比，晚年恩禮漸衰，亦由此也。

臣從彥辨微曰：楊億文章擅天下，真宗使處翰林，則是億有文章而帝有億也。孔子曰：「天何言哉？四時行焉，百物生焉。」以億之才藝，其處翰林之日非不久也，不能納其君以文章，融於性與天道，使間言得行，何所歸咎耶？

景德五年正月三日，天書降於左承天門。帝召群臣對崇政殿西序，諭其事。王旦曰：「陛下以至誠事天地，以仁孝事祖宗，恭己愛人，夙夜求治，是以干戈偃戢，年穀屢豐。臣等嘗謂天道不遠，必有昭報。今者神授秘文，實彰上穹佑德之應。然兹事簡册所無，又未審所諭之事，啓封之際，當屏左右，不欲顯示於衆也。」帝曰：「天若謫示闕政，固與卿等祇畏改悔；若誥戒朕躬，亦當克己自修。豈宜隱之使人不知乎？」遂啓其書讀之。帝曰：「朕德微薄，何乃天降明命昭灼若此？」旦等曰：「昔龍圖授羲，龜書錫禹，非常之應，惟聖主得之。陛下應天立極，振古稱首，上帝所以申錫秘檢，示治國大中之道，此萬世一時也。」改元大中祥符。

臣從彥辨微曰：昔堯、舜、重黎絶地天通，罔有降格，恐人神雜揉故也。使天書之降果真有之，蓋已非堯舜之治矣。以理考之，穹然默運於無形之中，而四時行焉，百物生焉，此天之理也。天豈諄諄然有物以命之乎？遠求前古，未之或聞；下驗庶民，無所取信。而王旦乃以「龍圖授羲，龜書錫禹」比之，使帝之精誠一寓於非所寓，可勝惜哉！

祥符元年四月，天書降禁中齋閣，造昭應宫。兖州父老僧道吕良等詣闕請封禪。帝命宣諭之曰：「封禪大禮，歷代罕有，難遂爾等所請。」良等進曰：「國家受命五十餘年，功成治定，已致太平。天降祥符，以顯盛德，固宜告成岱岳，以報天地。」是時朝臣亦有請者。及知兖州邵曄亦率官屬，奉表陳請。從之。

臣從彦辨微曰：「封禪非古也，其秦漢之侈心乎？」善乎王通之言也。古者祭天有封禪者有之矣，謂其理起於黄帝，曰黄帝封泰山、禪梁父，則失之矣。以唐韓愈之賢，猶溺於習俗，又况其下者乎？本朝太平興國中，百官三請封泰山，而迫於供頓之不暇。祥符之初，兖州父老詣闕陳請，遂踵行之，此亦當時用事者之過也。夫堯舜三代之君所以稱太平、頌成功者，皆載在詩書。詩書所無有，則亦無所攷證。故不以堯舜三代之君爲法者，皆妄作也。

豫章羅先生文集卷第四

豫章羅先生文集卷第五

集録

遵堯録四

仁宗

仁宗爲皇太子時，賓客李迪等常侍燕東宫，見帝容止端莊，雖優戲在前，亦不甚顧。他日，因奏事言之，真宗曰：「平時居内中，亦未嘗妄言笑也。」帝既監國，大臣會議，必秉笏南面而立，聽其議論，謂輔臣曰：「但盡公道則善矣。」

天聖七年，玉清昭應宫灾，帝以守衛者不謹所致，詔付御史臺推劾，皆欲戮之。御史中丞王曉上疏曰：「昔魯僖二宫灾，孔子以爲僖等親盡當毁。漢遼東高廟灾，及高園便殿灾，董仲舒曰：『高廟不當居陵旁，故天灾。』今玉清之興，不合經義。

先帝信方士邪巧之説，蠹耗財用無紀。今天焚之，乃戒其侈而不經也。願思有以上應天變。」帝感悟，遂薄守衛者罪。

仁宗嘗觀國史，見章聖東封西祀，及修玉清昭應、景靈土木之役，極天下之巧，過爲奢侈，謂輔臣曰：「此雖爲太平盛事，然亦過度，當時執政大臣及修造者不得不任其責。」宰相呂夷簡曰：「府庫一空，至今不充實者，職此之由。」帝曰：「如此之事，朕當戒之。」

真宗時撰皇王帝霸論，又撰良臣忠臣論等。仁宗嘗觀之，因謂大臣曰：「凡爲臣當爲良臣、忠臣，無爲姦臣、權臣。」宰相等奏曰：「願陛下行皇王之道，而不行霸道，臣等待罪宰相，敢不奉聖訓。」

臣從彦釋曰：孟子曰：「以力假仁者霸，霸必有大國；以德行仁者王，王不待大。」又曰：「霸者之民，驩虞如也；王者之民，皞皞如也。」善乎，孟子之言！昔孔子没，孟子繼之，惟孟子爲知霸王者也。夫學至於顔、孟，則王道其幾之矣。故知聖人之學者，然後可與語王道；不知聖人之學，不可與語也。不知聖人之學，驟而語之，曰此霸道也，此王道也，必惑而不信矣。聖人不作。自炎漢以來，有可稱者，莫不雜以霸道，漢宣之言是也。若唐貞觀中，海内康寧，帝曰「此魏徵勸我行仁義之效也」，蓋亦假之者也。神宗時，以司馬光之學，猶誤爲之説，又况其下者乎？然則霸王之道，要須胷中灼然，當時宰相未必能知也。

仁宗嘗謂輔臣曰：「朕自臨御以來，命參知政事多矣，其間忠純可紀者，蔡齊、魯宗道、薛奎而已。宰相王曾、張知白皆履行忠謹，雖時有小失，而終無大過。李迪亦忠朴自守，第言多輕發耳。」宰相龐籍等對曰：「才難，自古而然。」帝復曰：「朕於諸臣，記其大，不記其小，皆近世之名臣也。」

慶曆三年，宰相呂夷簡有疾，帝憂之，使内侍勞問不絶。聞其未愈，歎曰：「古人云髭可療疾，信必有之。」因剪髭以賜夷簡，曰：「以此爲藥，庶幾有瘳。」又使疏可以大用者數人。久之，猶不能朝，許乘馬至殿門，命内侍取杌子輿以前，夷簡不敢當。帝命二府即其家議政事。

至和中，陳執中罷相，而用文彦博、富弼二人。二人者，久有人望，一旦復用，朝士往往相賀。歐陽脩時爲學士，後數日奏事垂拱，帝問：「新除彦博等，外議如何？」脩以朝士相賀爲對。帝喜曰：「古人用人，或以夢卜，苟不知人，當從人望。」於是脩作彦博批答云：「永惟商周之所紀，至以夢卜而求賢，孰若搢紳之公言，從中外之人望。」蓋述上語也。

明道中，宰相欲除親舊二人爲正言、司諫。帝謂：「祖宗法制，臺諫官須自宸選，今不可壞弛祖宗法度。臺諫自大臣除，則大臣過失無敢言者。」執政等恐懼稱死罪，流汗浹背，再拜下陛。

太子中舍同正員王文度，摹勒真宗御書賜紫服，且求佩魚。帝謂輔臣曰：「先帝嘗命伎術官毋得佩魚，所以別士類也，宜申明之。」其後文度又乞换正官出職。帝曰：「伎術人若除正官，則漸亂流品矣。」如舊制，遷同正官而已。

李淑爲翰林學士，其父若谷爲樞密直學士，淑請班父下。帝曰：「父子同朝，宜有以異之。」遂從其請。

孔延魯爲右正言，法當遷官，願不遷，而爲其父尚書祠部郎中致仕勉求紫章服。帝曰：「子爲父請，可從也。」特賜勉紫章服。宰相等曰：「延魯所陳，足以厚風俗，陛下曲從其請，實資孝治。」

仁宗嘗謂張士遜曰：「帝王之明，在於擇人、辨邪正，則天下無不治矣。」士遜曰：「惟帝其難之。若選用得才，又使邪正分，則二帝三王不易此道也。」

仁宗嘗謂近臣曰：「人臣雖以才適於用，要當以德行爲本。苟懷不正，挾僞以自蔽，用心雖巧，而形迹益彰。朕以此觀人，洞見邪正。」宰相等對曰：「孔子第其門人，而顏回以德行爲首。陛下所言，知人之要，盡於此矣。」

仁宗嘗謂輔臣曰：「比來臣寮請對，其欲進者多矣，求退者少，何也」？王曾曰：「士人貪廉，繫時之用舍。惟朝廷抑奔競，崇靜退，則庶幾有難進之風。」帝然之。

諫官韓絳嘗因對而言曰：「天子之柄不可下移，事當間出睿斷。」帝曰：「朕固不憚自有處分，所慮未中於理而有司奉行，則其害已加於人，故每欲先盡大臣之心而行之。」

仁宗嘗謂輔臣曰：「知州、通判，民之表也。今審官院一以名次用人，可乎？」宰相王曾曰：「不次用人，誠足以勸群吏，然須更爲選任之法，乃可遵行。」帝然之。

仁宗嘗謂輔臣曰：「朕觀古者求治之世，牧民之吏多稱其官，而百姓得安其業。今求治之路非不廣也，而吏多失職，未稱所以爲民之意。豈今人才之少而世變之殊哉？殆不得久於其官故也。蓋智能才力之士，雖有興利除害、禁姦勸善之意，非稍假以歲月，則其吏民亦且婾而不爲之用，欲終厥功，其路無繇。今夫州縣恃以爲治者，守令也，察其能者，使得久於其官，而褒賞以勸之。今所謂先務者，無以過此。」遂詔：「今後守令有清白不擾而政績殊異有惠於民者，本路安撫、轉運使副、判官、提點刑獄司，同罪保舉再任。中書別加察訪，審如所舉，即與推恩。」

仁宗退朝，嘗命侍臣講讀於邇英閣。賈昌朝時爲侍講，講春秋傳，每至諸侯淫亂事，則略而不說。帝問其故，昌朝以實對，帝曰：「六經載此，所以爲後世鑒戒，何必諱也。」

臣從彥釋曰：愚聞之師曰：「春秋之書，百王不易之通法也。」自周道衰，聖人慮後世聖王不作，而大道遂墜也，故作此一書，若語顏淵爲邦之問是也。此書乃文質之中，寬猛之宜，是非之公也。而後世之爲春秋者，特三傳耳。彼昌朝略而不說者，果經意耶？抑左氏之僻耶？

真宗嘗覽前代經史，摭其可以爲後世法者，著正說五十篇。帝於經筵命侍臣日讀一篇。及侍讀丁度等講春秋，讀正說終篇，帝謂曰：「春秋所述，皆前世治亂，敢不鑒戒。正說，先帝訓言，敢不遵奉。」度曰：「陛下德音若此，誠天下之幸。」

帝每御經筵，以象架庋書策外嚮，以便侍臣講讀。

仁宗嘗賜及第進士王堯臣等聞喜宴於瓊林苑，遣內侍賜以御詩，又人賜中庸書一軸，自後遂以爲常。初，帝將以中庸賜進士，命輔臣録本。既上，使宰相張知白讀之，至修身治人之道，必命反復陳之，帝傾聽終篇始罷。

臣從彦釋曰：中庸之書，孔子傳之曾子，曾子傳之子思，子思述所授之言以著于篇。中者，天下之大本；庸者，天下之定理，故以名篇。此聖學之淵源，六經之奥旨者也。漢唐之間，讀之者非無其人，然而知其味者鮮矣。自仁祖發之，以其書賜及第進士王堯臣等，厥今遂有知之者。昔者堯、舜相授不越乎此，而天下大治。天其或者無乃有意斯文，將以啓悟天下後世故耶？

皇祐中，宗室叔韶獻所爲文，召試學士院，文中等，賜進士及第，遷右領軍衛將軍。入謝，命坐，賜茶。帝謂曰：「宗室好學無幾，爾獨能以文章進士及第，前此無有也。朕欲使天下之人知宗室中亦有賢者，爾勉之，無忘舊學。」

天聖初，仁宗薦享景靈宫、太廟及祀圓丘。大禮使王曾言：「皇帝衮冕執圭酌獻，廟則七室，每室奏樂章；圓丘之樂則六變，陟降者再，恐難立俟，請節之。」帝不可，曰：「三年一饗，朕不敢憚勞也。」

皇祐二年，大饗明堂。帝每遇神主行禮畢，即鞠躬却行，須盡縟位，始改步移向。贊導從升者皆約其數。令侍臣徧諭獻官及進徹俎豆者，悉安徐謹嚴，毋忽遽失恭。質明而禮畢，方他時行禮，加數刻之緩云。

仁宗嘗謂輔臣曰：「今公卿之家，專殖産業，未聞有立廟者。豈朝廷勸戒有所未至耶？將風教陵遲，訖不可復耶？當攷諸古制，議其可施於今者行之。」宰相等曰：「陛下慶曆初郊祀赦書，嘗許群臣立家廟矣。有司不能推廣上恩，因循顧望，遂踰十載。王公薦享下同閭巷，衣冠昭穆雜用家人。緣偷襲弊，恬不爲怪。睿心至意，形于歎息，臣實愧之。夫子親廟序昭穆，別貴賤之等，所以爲孝。雖有過差，是過於爲孝矣。殖産營利，或與民爭利，反不以爲恥。逮夫立廟，則曰不敢。是敢於爭利而不敢於爲孝也。」於是下兩制，與禮官參議。惜夫有君無臣，久之終不克定。

仁宗一夕既寢，聞樂聲，命燭興坐，使內侍審之，曰：「磬樓百姓飲酒樂聲也。」帝欣然曰：「朕爲天下父母，得百姓長如此，足矣。」聽徹乃就寢。

吏有過失或枉殺人者，終身不忘其名。他日，有司論赦擬官，輒曰：「此人曾非法殺朕赤子，忍復使從殿政乎？」

仁宗愛民恤物出於聖性。其於断獄，必求以生，嘗謂輔臣曰：「朕未嘗詈人以死，況敢濫刑罰乎？」

至和初，京師大疫，帝出犀二株付太醫合藥以療民。解之，則其一通天犀也。內侍李舜舉馳奏曰：「此犀之美者，請以爲御所服帶。」帝曰：「朕以爲帶，曷若以療民疾乎？」命立碎之。

仁宗愛重民力，其於宮室池臺尤謹興作。三司嘗欲以玉清昭應宮故地爲御苑，帝曰：「吾奉先帝苑囿，猶以爲廣，何用此以資游觀之侈哉？」

景祐四年，司天上言：「明年正旦日食，此所謂三朝之始，人君尤忌之。請移閏月以避之。」帝以問大臣。參知政事程琳曰：「日者，衆陽之長，人君之象。如有食，恐陛下乾剛之道有所虧而致。惟修德可以免之。」帝曰：「卿言極是。不如自責以答天變。」

慶曆六年，帝謂輔臣曰：「比臣僚有言星變者。且國家雖無天異，亦當自修警，況因譴見者乎？夫天之譴告人君，使懼而修德，亦猶人主知臣下之過失，示以戒勑，使得自新，則不陷於咎惡。此天心之仁也，敢不祗畏奉承之。」

壽州長史林獻可上書論國家休咎之事。帝謂輔臣曰：「朝廷政事得失在於任人，得賢則治，否則亂。若堯舜之世，雖有灾異，不爲害；桀紂之世，雖有祥瑞，不爲福。今小人多託虛名以爲直，規求進取，不可不察也。」

知無爲軍茹孝標嘗獻芝草三百五十本。帝曰：「朕每以豐年爲瑞，賢臣爲寶。至於草木蟲魚之異，豈足尚哉？」孝標特放罪，仍戒天下自今毋得以此聞。

天聖七年，契丹大饑，流民過界河，監司以聞。帝謂輔臣曰：「彼雖境外之民，皆朕赤子也，盍多方賑救之？」乃詔：「契丹流民所過，人給米二升，分送唐、鄧、襄、汝四州，以閒田處之。」

慶曆中，仁宗謂輔臣曰：「自元昊請和，西兵解嚴。然犬戎之心不保其往，深慮邊臣浸失爲備。可詔陝西、河東經略司及北京夏竦，密戒所部，遠爲斥候，廣蓄儲廩，訓練士卒，繕葺城池，如對嚴敵焉，庶無倉卒之患。」

天聖初，監修國史王曾言：「唐史官吴兢於正史、實録外，採太宗與群臣問對之語，爲貞觀政要。今欲采太祖、太宗、真宗實録、日曆、時政記、起居注，擇簡易事迹不入正史者，命史官別爲一書，與正史並行。」帝從之，詔呂夷簡專其事，書成，今所謂三朝寶訓是也。

慶曆三年，樞密副使富弼言：「臣歷觀古帝王理天下，未有不以法制爲首務。法制立，然後萬事有經，而治道可濟也。宋有天下八十餘年，太祖始革五代之弊，創立制度；太宗克紹前烈，紀綱益明；真宗承兩朝太平之基，謹守成憲。近年紀綱頗紊，隨事變更，兩府執政便爲成例。施行於天下，咸以爲非，而朝廷安然奉行，不思劃革。至使民力殫竭，國用空匱，吏員冗而政道缺，賞罰無準，夷狄外侵，寇盜充斥。如此百端，不可悉數。其所以然者，蓋法制不立，淪胥以至於此也。臣今欲選官置局，將三朝典故及尋討久來諸司所行可用文字，分門類聚，編成一書，置在兩府，俾爲模範，庶幾元綱稍振，弊法漸除。此守基圖、救禍亂之根本也。」帝嘉其奏，命歐陽脩等四人同共編脩，詔弼總領之，分別事類，凡若干門，於逐事之後各釋其意，意之相類者止釋一事〔二〕。書成，今所謂太平故事是也。

臣從彦釋曰：仁宗承平之久，紀綱不振，蓋因循積習之弊耳。然能爲太平天子四十二年，民到于今稱之，以德意存焉故也。况德意既孚于民，而紀綱又明，則其遺後代宜如何耶？此弼之所以奮然欲追祖宗、思剗革也。

章聖皇帝之末有上也，嘗遣内侍往泰山茅仙禱祈。内侍遇異人，言：「王真人已降生爲宋第四帝耳。」内侍問：「王真人者何人？」異人曰：「古之燧人氏是也。」時章懿皇后亦夢羽衣數百人從一仙官自空而下，謂曰：「此託生於夫人。」覺而奏其事，真宗甚説。及帝生，火光屬天，佳氣滿室。帝方五六歲，常持槐木片，以筯鑽之。

〔二〕意，原脱，張泰本、馮孜本同，據正誼堂本補。續資治通鑑長編、玉海載此事則有「意」字無「之」字，亦通。

真宗問曰：「何用？」曰：「試鑽火爾。」真宗謂后妃曰：「所謂燧人氏，信不虛爾。」臣從彦辨微曰：二氣五行交運，雖剛柔雜揉，美惡不齊，然聖人之生，必得其氣之純粹而不偏者，此理之常也。自古帝王下至庶人無子，祈禱而得者有之矣，皆出於至誠之所感。感必有應，此亦理之常也。夫事無證不信，不信民弗從。若內侍之遇異人，章懿皇后之夢，所謂無證者也。無證而言，啓詐妄之道，君子不取也。或曰：「高宗夢得説，載在商書，古人不以爲非，何耶？」曰：「高宗賢君也，傅説賢臣也。以至誠之君思得賢臣，故夢賚良弼，理亦有之，此亦感通之理也。」今其言曰「皇后夢羽衣數百人從一仙官自空而下」，曰「此託生於夫人」，則非理矣。非知道者孰能識之？

仁宗初選郭氏爲皇后，甚有姿色，然剛妬無子，又嘗與向美人爭毆。帝以爲不可母天下，廢爲庶人。右司諫范仲淹諫曰：「后者，所以長陰教而母萬國，不宜以過失輕廢立。且人孰無過，陛下當諭后失，置之別館，擇嬪妃老者勸道之，俟其悔而復宮。」書奏不納。明日又率其屬伏閤論列。帝遣中人押送中書商量，宰相以漢唐有廢后故事。仲淹曰：「上天姿堯舜，相公奈何以前世弊法累盛德？」御史中丞孔道輔又極論其不可。明日，留班與宰相廷辨是非，仲淹等得罪，后遂廢，居瑶華宮。

臣從彦辨微曰：古者天子立六官、三公、九卿、二十七大夫、八十一元士，以聽天下之外治。天子后立六宮、三夫人、九嬪、二十七世婦、八十一御妻，以聽天下之内治。故曰天子聽男教，后聽女順，天子理陽道，后治陰德，終身不變者也。禮有七出，爲大夫以下者言之。天子無廢后之文，諸侯無廢夫人之事。是以關雎樂得淑女以配君子，憂在進賢，不淫其色。采擇之法，在審其初而已，所以防色慾，窒讒間，杜僭亂。治亂禍福之機在於此矣。仁宗時，郭后以無子，願避后位入道，理之所不可者也。故仲淹等爭之，至伏閤論列。當時執政之人不知以堯舜待其君，乃引其君使蹈漢唐弊法，可勝惜哉！

郭后廢之明年，章獻明肅皇后服未除，而宰相等勸帝復娶曹后。范仲淹進曰：「又教陛下做一不好事。」他日，宰相語韓琦曰：「此事外人不知。劉既上仙，官家春秋盛，郭后、向美人皆以失寵廢，以色進者不可勝數，不立后，無以止之。」

臣從彦辨微曰：男女之配，終身不變者也。故禮，天子、諸侯不再娶。説者謂天子、諸侯内職具備，后、夫人亡，可以攝治，故無再娶之禮。唐啖氏亦曰：「古者諸侯一娶九女，元妃卒，則次妃攝行内事，無再娶之文。」故春秋之法，仲子不得爲夫人。由是言之，則天子可知矣。明道中，郭后入道，宰相等勸帝復娶曹后，其累盛德蓋不特章獻服未除也。後之爲人君者，可不戒哉！可不戒哉！

景祐中，太平日久，仕進之人皆依託權要，以希進用，奔競成風。又臺官言事瑣碎，不根治體，多挾仇怨以害良士。一日，帝謂宰相曰：「古者卿大夫相與避於朝，士庶人相與避於道。下至漢文之時，恥言人過。今士人交詆，浸成黨與。」乃下詔戒勑之。詔既下，邪柔者頗愧焉。

臣從彥辨微曰：孟子曰：「仁言不如仁聲之入人深也。」仁言、仁聲有以異乎？曰仁言，爲政者道其所爲；仁聲，民所稱道，此不可不知也。夫天子所爲，要須有以風動天下，如漢光武起循吏卓茂而以太傅處之，魏以毛玠爲尚書，唐以楊綰爲宰相是也。區區命令，非所以感人也，彼漢唐之君何足道哉，然一時之間所爲合理，尚足以感動，況以堯舜之道革易天下者乎？

慶曆三年，帝以晏殊爲相，范仲淹爲參知政事，杜衍爲樞密使，韓琦與富弼副之，以至臺閣多一時之賢。天子既厭西兵，閔天下困弊，奮然有意，遂欲因群才以更治，數詔大臣條天下事。方施行十未及一，而小人權幸者皆不便。明年秋，會殊以事罷，而仲淹等相次亦皆去，事遂已。

臣從彥辨微曰：小人之權幸可畏也久矣。以仁宗之英明，急於圖治，晏殊爲相，群賢在朝，天下拭目以望太平，而富、范等各條具其事，以時所宜先者方施行之。歐陽脩又以天子更張政事，憂憫元元，而勞心求治之意載于制書，以諷曉訓敕在位者，可謂一時之良。而衄於讒間，不果其志，何耶？古者人君立政立事，君臣相與合心同謀，明足以照之，仁足以守之，勇足以斷之，爲之不暴而持之以久，故小人不得以措其私，權幸不得以摇其成。若慶曆之事，鋭之於始而不究其終，君臣之間毋乃有未至耶？致治之難，古今之通患也，可勝咤哉！

誕節，太祖曰「長春」，太宗曰「壽寧」，真宗曰「承天」，仁宗曰「乾元」，英宗曰「壽聖」，神宗曰「同天」，哲宗曰「興龍」。

臣從彦辨微曰：誕節，古無有也，自唐開元中源乾曜等啓之耳。説者謂唐太宗不以生日宴樂，以爲父母劬勞之日也。乾曜等乃以人主生日爲節。夫節者，陰陽氣至之候，不可爲也。明皇享國日久此以下闕文〔二〕

豫章羅先生文集卷第五

〔二〕姜文魁本、正誼堂本、黄植京本補作：侈心漸生，致臣下以逸欲導之耳，乃立誕節虚名宴樂，蓋欲誇示四海，非所以垂訓後世也。我朝太祖以下諸君踵而行之，各立誕節之名，亦獨何哉？

豫章羅先生文集卷第六

集録

遵堯録五

李沆

太宗時，以著作佐郎直史館，賜五品服。雍熙中，左拾遺王化基上書，大言自薦。帝謂宰相曰：「李沆、宋湜皆佳士也，可并試之。」明日，並命爲右補闕、知制誥。沆位二人之次，特升于上。未幾，召入翰林，充學士，賜金紫，弼違獻可，多沃上心。天子知其才，乃有意於大用。淳化二年，拜給事中、參知政事。帝乃循名責實，沆勵翼一心，將明庶政，名器有倫，人無僥倖。四年，以本官罷去。

真宗即位，拜户部侍郎、參知政事。明年，以本官平章事。沆在中書，未嘗密進封章。帝詰其故，沆曰：「臣備位宰相，公事當公言之。苟背同列，密有啓奏，非讒即佞。臣每嫉此，豈復自爲之耶？」帝嗟賞之。

將詔庶官上封直言，有指中書過失請行罷免者。帝覽之不悦，謂沆曰：「此輩皆非良善，止欲自進，當譴責以警之。」沆曰：「朝廷比開言路，苟言之當理，宜加旌賞，不則留中可也。况臣等非才，備員台輔，倘蒙見黜，乃是言事之臣有補朝廷。」帝曰：「卿真長者耳。」

臣從彦釋曰：自古諫官論事，執政者多忌之，又惡聞過失，杜塞天下之口。惟唐之裴垍與李沆二人不然。垍之相憲宗也，諫官有論事者，必獎激之，使盡言。而章聖時，有指中書過失者，帝欲責之，沆曰「朝廷比開言路，顧言之當理與否耳」，歸咎於己而自謂非才。非忠於事君，以天下國家爲一體者，其孰能之？

咸平五年春，帝以上元御楼，見人物繁盛，因命舉酒賜侍臣，曰：「天下富庶如此，嘉與卿等，共舉此觴。」沆辭避至數四，訖不受，帝爲之色變。翌日，王旦謁之，遂巡語及力辭酒事，沆曰：「天下庶事尚多有未濟者，人主豈得言治安？」遂極論治體，以爲：「自古人主好尚之弊有三：不好色則好兵，不好兵則好神仙。以沆觀之，聖性如此，必無好色、好兵之累，第恐異日爲方士所惑。沆老矣，思念相公適當之耳。」

景德初，北戎寇邊。沆當居守之任，坐鎮京國，令行禁止，不戮一人，使天下無南顧之憂，同德一心，光輔大政。明年，進門下侍郎王旦，前此已任參知政事。及是西、北二方猶梗，羽書邊奏無虚日，每延英晝訪，王命急宣，或至旰昃，不遑暇食。旦謂沆曰：「安得企見太平，吾輩當優游燕息矣。」沆曰：「國家强敵外患，適足爲警懼。異日天下燕安，人臣率職，亦未必高拱無事，君奚念哉？」

臣從彦釋曰：常人之情，方當有警時不能隨事應酬，或至失措，及太平多暇則怠忘，而不知變生無形。沆以「國家强敵外患，適足爲警懼。異日天下晏安，未必無事」，則其所見過於常人遠矣。

沆内行修謹，識大體；外居大位，接賓客，常寡言。馬亮與沆同年生，又與其弟維善，因以語維，維乘間達亮語。沆曰：「吾非不知也。然今之朝士得升殿言事，上封論奏，了無壅蔽，多下有司，皆見之矣。若邦國大計，北有强虜，西有戎遷，日旰條議，所以備禦之策非不詳究。搢紳中若李宗諤、趙安仁，皆時之英秀，與之談論，猶不能啓發言意。自餘通籍之子，坐起拜揖，尚周章失措。即席必自論功，以希寵獎，此有何可採而與之接語耶？苟屈意與相親，則世所謂籠罩。籠罩之事，僕病未能也。爲我謝馬君。」沆常言：「居重位，實無補萬分，惟中外所陳利害，一切報罷，此少足以報國耳。朝廷防制，纖悉備具，或徇所陳請，施行一事，即所傷多矣。」議者謂此正唐人陸象先「庸人擾之」之論也。

臣從彦釋曰：李沆之言，以常人觀之，甚得太平宰相之體，必不至若張湯輩，取祖宗法度紛然更張，以擾天下之民。然太宗好論錢穀，吕端、寇準等不能言，而張觀能之；真宗崇信天書，王旦等不能言，而張竦能之。尺有所短，寸有所長，豈可厚誣以天下皆無人？堯曰「稽于衆，舍己從人」，又況其下者乎？此皆沆之失也。

沆之相也，是時丁謂尚爲兩制，寇準屢薦之，未及進用。準一日言於沆曰：「如丁謂之才，搢紳無幾，相公不用，何也？」沆曰：「丁今已爲兩禁，稍進用則當國矣。若此人者，果可使當國乎？」準曰：「然相公自度，終能抑之乎？」沆曰：「唯唯，行且用之，他日願勿悔也。」及謂秉政，未幾而準有南遷之禍。

初沆當無事時，當與王旦語及方士之説。及西、北二方有警，又曰：「異日天下宴安，人臣率職，亦未必高拱無事。」其後北鄙和好，西戎款附，不十年間，西祀東封。旦講禮儀，治財賦，力不暇給。追憶其言，使人即其家圖像拜之，服其先識。

寇準

太宗時，以通判鄆州召見。帝謂曰：「知卿有謀，試與朕決一事，令中外不驚擾。此事已與大臣議之矣。」準請示其事，帝曰：「東宮所爲不法，他日必爲桀紂之行，欲廢之，則宮中已自有兵甲，恐召亂。」準曰：「請某月日令東宮於某處攝行禮，其左右侍衛皆令從之，陛下搜其宮中，果有不法之器，俟還而示之，隔下左右勿令入，但一黄門力爾。」帝以爲然。東宮服事，遂廢之。

太宗久不豫，時準在魏，驛召還，問以後事。準謝曰：「知子莫若父，臣愚不敢與也。」帝曰：「以卿明智不阿順，故以問卿，卿不應辭避。」準再拜請曰：「臣觀諸皇子，誠無不令。至如壽王，得人心深矣。」帝大悦，遂定策，以壽王爲太子，躬行告廟，及還，六宮皆登御楼以觀之。時李后在焉，聞百姓皆歌呼曰：「吾帝之子，年少可愛。」后不悦，歸以告帝。帝召準責曰：「萬姓但知有太子而不知朕，卿悮朕也。」準曰：「太子萬世祀社稷之主，若傳之失其人，誠爲可憂。今天下歌其得賢，臣敢以爲賀。」帝始解。自是眷注益厚，累爲諫議大夫、樞密副使、參知政事。

真宗即位，併三司爲一使，始命準爲之。景德元年，同平章事。會契丹寇澶淵，時大臣議宜戒嚴京城，益兵圖西南之幸。準面折之曰：「王欽若江南人，故請陛下幸金陵。陳堯叟蜀人，故請陛下幸成都。皆淺議耳，不足取也。今虜涉吾地，莫敢前却，陛下若親征，賊當膽裂，惡在他圖哉？」帝至澶淵，賊猶未退。準曰：「六軍心膽在陛下身上，若今登城，禽賊必矣。」帝從之。將吏驩呼，萬弩齊發，射殺賊將王統軍者，軍聲大振，賊勢蹙，遂乞通和。帝以問準，準畫策進曰：「如能用臣此策，可保數百年無事。不然，四五十年後，恐賊心又生矣。」帝曰：「朕不忍生靈受困，不如聽其和。蓋五十年後，安知無能捍塞者乎？」虜遂得和。準在軍中，詔令有所不從，及事平，謝曰：「使臣盡用詔令，豈得事成之速哉？」帝笑而勞之曰：「卿顧爲誰？」初，帝幸澶淵，乘輿方渡河，虜騎充斥，至于城下，人情詾詾。帝使人微覘準所爲，而準方酣寢於中書，鼻息如雷。人以其一時鎮物比之謝安。

臣從彥釋曰：人才各有所用，自非大賢，不可責備。若準多私意强辨，誠可惡。至契丹寇澶淵，折陳堯叟、王欽若乖謬之謀，勸帝親征，赫然立大功於世，蓋非庸庸者所能及也。非才各有用故耶？

準好賢樂善，於知人尤明，其所推薦若种放、孫何、丁謂之徒，皆出其門。嘗語其親厚者曰：「丁生誠奇才，然殆不堪重任。」其後自永興軍復拜中書侍郎、平章事，是時丁謂爲佐。一日，會食政事堂，羹污準鬚，謂起與拂之。準曰：「君爲參預大臣，而親爲官長拂鬚者乎？」謂顧左右，大愧恨之。帝既倦政，而丁謂姦佞，迎合太后，有臨朝之謀。準便殿請對曰：「太子睿德天縱，足以任天下之事，陛下胡不協天人之係望，講社稷之丕謀？若丁謂負才而挾奸，曹利用恃權而使氣，皆不可以輔少主，恐亂陛下家事。」因俯伏流涕，帝命中人扶起，慰謝之。明日，謂之黨以急變聞，飛不軌之語以中準，坐是罷相。乾興元年二月，貶雷州司户參軍。

臣從彦釋曰：古之用人，以德器爲先。才大而德不足，祗爲累耳。準始薦丁謂於李沆，沆不可。準曰：「若丁謂之才，相公自度終能抑之乎？」及謂當國，又不能容之，斥其挾姦，不可以輔少主，遂取南遷之禍。準之南遷可也，然使謂無所忌憚，得結雷允恭以圖不軌，皆準之由。後之爲大臣者，貪人之才而不究其德，可少戒哉？

初，真宗問兩府曰：「朕欲得一人爲馬步軍都指揮使，卿等擇之。」方議其事，吏有以文籍進者。準曰：「爲何文字？」曰：「例簿也。」準叱之曰：「朝廷欲用一衙官尚須檢例，則安用我輩哉？夫壞國政，損王道，正由中書屑屑檢例耳。」準在中書，凡有爲多不用舊例，皆此類也。然三入相而不能久於位者，多以此爲累。

帝方不豫，謂侍臣曰：「能成吾子爲帝而不朕虞者，惟寇準、李迪可矣。」

王旦

真宗時，累爲翰林學士，人謂有宰相器，嘗奏事下殿，帝目送之曰：「與朕致太平者，必斯人也。」

景德二年，拜平章事。時契丹初請盟，趙德明納誓約，願守河西。二邊兵罷不用，帝遂欲以無事治天下。旦以謂宋興三世，祖宗之法具在，故其爲相，務行故事，謹所改作，進退能否，賞罰必當，群工百司各得其職。

趙德明納誓約，願守河西，已而以民飢爲言，求糧百萬斛。大臣皆言德明新納誓而敢違，乞以詔書責之。帝以問旦，旦曰：「不可。請降詔書諭之曰：『爾土災饉，朝廷撫御遠方，固當賑救。然邊塞芻粟屯戍者衆，自要支持。今勑旨有司，具粟百萬於京師，可自遣衆飛輓。』」帝大喜。德明得詔，慚且拜曰：「朝廷有人矣。」

時契丹征高麗。帝語旦曰：「萬一高麗窮蹙，或歸於我，或來乞師，何以處之？」旦曰：「當顧其大者。契丹方固盟好，高麗貢奉累歲不至。」帝曰：「然。可諭登州，如高麗使來乞師，即語累年貢奉不入，不敢達於朝廷；如有歸，款存撫之，亦不須以聞。」

帝一日謂宰相曰：「方今四海無虞，而言事者謂和戎之利不若克定之功也。」旦曰：「祖宗平一區宇，每興工動衆，皆非獲已。先帝時，頗已厭兵。今柔服異域，守在四夷，蓋帝王之盛德也。且武夫悍卒小有成功，過求爵賞，威望既盛，即須姑息，往往不能自保功名。輕議兵戎，不可不察也。」

臣從彦釋曰：師旅之興，必有謂也。在易師之六五曰：「田有禽，利执言，無咎。」蓋謂戎夷猾夏，寇賊姦宄，以害生民，不可懷來也，然後奉辭以討之，猶之禽獸在田，侵害苗稼，然後獵之，如此而動，乃得無咎。不然，則其咎大矣。執言，奉辭也，蓋明其罪而討之也。書有甘誓、費誓，詩有采薇、采芑，亦以此也。後世失之，乃有和戎、克定之説。至漢武帝時，韓安國、王恢爭辨紛紛，不足尚。古者天子有道，守在四夷，詩曰「莫敢不來享，莫敢不來王」是也。及其爲中國患也，則亦驅之出境而已，詩曰「薄伐玁狁，至于太原」是也。爲害則獵而取之不卹也，易之言是也。此聖人之格言，萬世不易之理也。王旦之對章聖皇帝也，善則善矣，然其理未明，其事無證。謂武夫悍卒小有成功，過求爵賞，不能自保功名，是亦利之而已矣，豈知言哉？

祥符八年，帝謂旦等曰：「人言中書罕言事，稀接賓客，政事亦多稽留。」旦曰：「中書當言者，惟進賢退不肖，四方邊事，郡縣水旱，官吏能否，刑法枉直。此數事動稟進止，外人不知，是臣等無漏言也。稀接賓客，誠亦有之，如轉運使副、提點刑獄、切要藩郡知州及非常委任者，臣等未嘗見。其有携牘至中書者，多是徼求恩渥。大約中書事簡，加以動守程式，不敢隨意增損。循常細務，應報或有緩急，亦無踰日限。此外，思慮不至，事有未便，不免重煩聖斷耳。」帝再三慰諭之。旦嘗因便座奏事。帝語及一省郎姓名，且曰：「斯人履行才幹俱有可采，今方典郡，宜與甄擢。」旦等皆素知其爲人，因共稱薦之。自是屢加歎賞，令俟歸朝，擢以爲轉運使，徐更別議陞陟。既而代還，會外計闕官，旦即與同列擬定名氏，約以次日奏補。及晚，其人投刺來謁，旦以方議委任，辭弗見。詰朝入對，具道本末，請授以轉漕。帝默然不許，退而歎駭者久之，乃知昨暮造請雖弗見，已爲伺察者所糾矣。每戒同列以私謁之嫌當須謹避，庶幾免於悔吝。

臣從彥釋曰：人主於宰相疑則勿任，任則勿疑，昔謝泌言之詳矣。旦以外計闕官除一轉運使，且大臣所嘗共薦者，帝用伺察者之言而不聽，非至誠委任大道也。夫君臣，一體者也。爲旦計者，苟情有不通，當力言之，以除壅蔽可也，奈何以私謁之嫌欲自免於悔吝？天下之事有大於一轉運使者多矣，每每如此，則其爲悔吝可勝言哉？此旦之失也。

初，旦在中書，帝獨倚任。凡有議事，帝必曰：「曾與王旦議否？」事無大小，非其言不決。自景德以來，襲二聖休德之後，謹守成憲，務在安靖，外無夷狄之虞者十餘年，兵革不用，議者謂得太平宰相之體。

旦於用人，不以名譽，必求其實。苟賢且才矣，必久其官，衆以爲宜某職，然後遷。其所薦引，人未嘗知。寇準爲樞密使，當罷，使人求使相，旦大驚曰：「將相之任豈可求耶？且吾不受私請。」準深恨之。已而制出，除武勝軍節度使、同中書門下平章事。入見，泣曰：「非陛下知臣，何以至此？」帝具道旦所以薦者。準始愧歎，以爲不可及。

旦任事久，有於上前謗之者，輒引咎，未嘗自辨。至他人有過失，可辨者辨之，必得而後已。榮王宮火，延前殿，有言非天災，請置獄劾火事，當坐死者百餘人。旦獨請見，曰：「始失火時，陛下以罪己詔天下，而臣等皆上章待罪。今反歸咎於人，何以示信？且火雖有迹，庸知非天譴耶？」由是坐者皆免。

旦嘗以任中正知成都代張詠，言者以爲不可。帝以問旦，旦曰：「非中正不能守詠之成規，若他人往，必妄有變更矣。」帝然之，言者亦伏旦之能用人也。宦者劉承珪以恭謹得幸，病且死，求爲節度使。帝以語旦曰：「承珪待此以瞑目。」旦執以爲不可，曰：「他日將有求爲樞密使者，奈何？」至今内臣官不過留後。

王曾

真宗景德中，授著作佐郎、直史館。時朝廷與契丹修好，詔遣使以「北朝」稱之。曾抗疏論列，當稱契丹，不當稱北朝。帝尤加賞激，朝論韙之，然使者已行，遂已。累遷諫議大夫、參知政事。

帝好神仙，築昭應、景靈宫，用大臣領使。以曾爲景靈宫使，不拜，忤旨罷政，出知南京。曾之罷也，日往候故太尉王旦。屬旦疾困，辭弗見，既而語之曰：「王君介然，他日勳業德望甚大，顧某不得見之耳。」且曰：「王君昨以辭避景靈宫使，拂帝意，然進對詳雅，詞直氣和，了無所懾。某自循省在政府幾二十年，每進對稍忤，即蹙縮不自容，以是知其器度矣。」

天禧二年，召爲平章事。初，真宗不豫者久之。莊憲太后方有臨朝之望，仁宗居儲邸，於資善堂決事，物議籍籍，咸有所去就。會曾再貳鈞席，語錢惟演曰：「皇儲沖幼，非中宮不可獨立。中宮非倚皇儲之重，則人心不附矣。」惟演以劉氏之姻亟入白之，兩宮由是益親，遂無間言。

臣從彦釋曰：周成王嗣位之初，攝政者周公而已。炎漢以來，乃有太后臨朝之事，而後世襲其例，遂以「兩宮」稱之，或曰「二聖」，皆非治世典禮也。天禧中，物議籍籍，咸有所去就，蓋母后聽從小人之利，此安危禍福之機也，而世常蹈之，何耶？若曾之言，蓋亦救其末而已。

乾興二年，以章聖遺制，皇太后權處分軍國事，聽斷議式久未定。丁謂每欲議大政，則皇太后坐後殿朝執政，朔望則皇帝坐前殿朝群臣，其餘庶務獨令入内押班雷允恭禁中附奏，傳命中書、樞密院平決之。衆議以爲不可。上下隔絶，中外惴恐。曾時判禮儀院，乃采蔡邕獨斷所述東漢故事，皇帝在左，母后在右，同殿垂簾坐，中書、樞密院以次奏事如儀。議既定，人心乃安。

景祐元年，拜樞密使，遷右僕射、門下平章事，曾始參大政。屬太尉王旦當國，每進用朝士，必先望實。或告之曰某人才、某人賢，則曰：「誠知此人，然歷官尚淺，人望未著，且俾養望。歲久不渝而後擢任，則榮塗坦然，中外允愜。」曾嘗誌之，及執政之日，遵行其言，人皆心服。

臣從彦釋曰：古之士者，自十五入學，至四十而後仕。其意若曰善道以久而後立，人材以久而後成。故處之以燕閒之地，而寬之以歲月之期，俾專其業。俟其志一定，則其仕也不遷於利，不屈於欲。道之於民而民從，動之於民而民和，天下被其澤矣。後世怵於科舉，自童稚間已有汲汲趨利之意。一旦臨民，則亦何所不至也？王旦章聖時在中書最久，每進用朝士，必先望實。苟人望未孚，則雖告之曰某人才、某人賢，不驟進也。此真救弊之良圖也。曾之當國也，遵行其言，人皆心服，非已行之驗故耶？

曾德器深厚而寡言，當時有得其題品一兩句者，莫不榮之。是時韓琦爲諫官，因納劄子，曾忽云：「近日頻見章疏，甚好，只如此可矣。向來如高若訥輩多是擇利，范希文亦未免近名。要須純意於國家事耳。」後琦果爲名臣。

尹洙初入館，編校四年，欲得一差遣，遂到中書，援錢延年例。曾徐曰：「學士自待何爲在錢延年等列耶？」洙終身以爲愧恨，其畏之如此。

曾當國時，門下未嘗見顯拔一人者。范仲淹時爲司諫，乘間諷之曰：「明揚士類，宰相之任也。公之盛德，少此耳。」曾徐應之曰：「恩若己出，怨使誰當？」仲淹憫然自失，退而嘆曰：「真宰相也。」

臣從彦釋曰：宰相之職，在於進賢退不肖。古之人有舉之至於同朝而人不以爲德，有廢黜之終其身而人不以爲怨者，合於至公故也。故舉一賢，使天下之人知如是者皆可勉；去一不肖，使天下之人知如是者皆可懲，無非教也。夫以「明揚士類」爲宰相之任，此諷言也。曾答之曰「恩若己出，怨使誰當」，則是避嫌者也。避嫌，非至公之道也。仲淹聞而嘆之，蓋亦得之於初而失之於末矣。曾嘗語人曰：「昔楊億有言：『人之操履，無若誠實。』竊欽佩之。苟執之不渝，夷險可以一致。及當國，内外親戚，可任者言之於上，否者厚卹之以金帛，終不以名器私所親。」

豫章羅先生文集卷第六

豫章羅先生文集卷第七

集録

遵堯録六

杜衍

仁宗時，以樞密直學士知永興軍。初，夏人叛命，天下苦於兵，自陝以西尤病。吏緣侵漁，調發督迫，民至破業不能足，往往自經、投水以死。及衍至，語其人曰：「吾不能免汝，然可使汝不勞爾。」乃爲之區處計校，量物有無貴賤、道里遠近，寬其期會，使得次第輸送。由是物不踴貴，車牛芻秣宿食如平時，而吏束手無所施，民比它州費省十六七〔二〕。

〔二〕省，原作「者」，張泰本、馮孜本同，據正誼堂本、黄植京本改。

慶曆二年，遷吏部侍郎、樞密使。吏部審官，主天下吏員，而居職者類以不久遷去，故吏得爲姦。衍始視銓事，一日，選者三人爭某闕，衍以問吏，吏受丙賕，對曰「當與甲」。乙不能爭，乃授他闕。居數日，吏教丙訟甲負某事，不當得。衍悟，召乙問之，乙謝曰：「業已得他闕，不願爭。」衍不得已與丙，而笑曰：「此非吏罪，乃吾未知銓法爾。」因命諸曹各具格式科條以白，問曰：「盡乎？」曰：「盡矣。」明日，勅諸吏無得升堂，使坐曹廳行文書而已。由是吏不得與銓事，予奪一出於己。居月餘，聲動京師。衍掌銓之明年，以本官同中書門下平章事，苞苴寶貨不敢到其門。是時，帝厭西兵之久出而民弊甚，亟用丞相富弼、樞密韓琦及范仲淹，而三人者乃欲盡革衆事以修紀綱，而小人權幸者皆不悅，獨衍與相左右。

臣從彥釋曰：昔唐明皇開元初，盧懷謹與姚崇同秉政，自以才不及崇，每事推之，但具位而已。其後司馬光作資治通鑑，深取之，曰：「賢知用事，爲同僚者〔一〕，專固以分其權，娼疾以毀其功，是誠罪人。崇，唐之賢相。懷謹與之同

〔一〕同，底本爲一字墨釘，據張泰本、馮孜本補。

心戮力，以濟明皇〔二〕

仁宗自慶曆中，力止内降之弊，時有權幸干之者，曰：「朕與内降不難，然宰相衍公正介執，必不出勅。」忽有不得已而降聖旨者，衍皆收之，俟及十數，則連封而面還之。帝嘗謂歐陽脩曰：「外人知杜衍封還内降耶？吾居禁中，有求恩澤者，每以杜衍不可告而止者，多於所封還也，其助我多矣。」初，帝嘗謂杜衍曰：「朕宫中被宦官、女子求恩澤不得已降旨者，但止勿行。」衍降拜賀曰：「陛下爲宗廟社稷發此盛德之言，天下幸甚，臣敢不奉詔？」退坐中書，召當直史官，具道聖語，使書之。韓琦聞之曰：「杜公可謂能釘鉸上詔矣。」

嗚呼！若衍，殆庶幾矣，亦豈讓於姚崇與懷慎者哉？

〔二〕「明皇」後闕文，姜文魁本、正誼堂本、黄植京本補作：「中興之治。」故崇則有應變救時之稱，懷慎有坐鎮雅俗之譽。當時以爲奇遇，後世以爲美談，不亦可嘉也哉？我朝慶曆時，杜衍位登樞府，職典銓衡。當韓琦、富弼、范仲淹三賢並用之日，乃欲盡革弊政以修舉紀綱，而權幸小人皆不悦。獨衍與相左右，略無爾我之嫌。書曰：「同心同德。」傳曰：「其心休休焉，其如有容焉。」

衍執政不久，才百日輒罷去。衍之罷相也，以太子太保家居〔一〕，然聖眷不衰。及將祀明堂，帝謂文彦博曰：「朝廷耆老之在外者，朕欲致之以相大禮，因以示古人尊事黄耇之意。」乃詔衍與太子少傅任布等二人陪祀，衍以羸老不任就道，具表謝，以不得與觀盛禮爲恨，帝復優詔勞之。後王洙謁告歸南京，入辭，帝曰：「杜衍在彼，卿爲朕問其安否。」

韓琦嘗語人曰：「杜祁公存心至公，而樂與人爲善。既知其人，無復有毫髮疑間者。始某爲樞密副使，而杜公爲太尉，其輒論難一二事，杜公不樂，人或諷解之，則曰：『某長渠三十歲耳，尚有誤耶？』久之既相亮，即每事問曰：『諫議看來未？但曾經諫議看，便將來押字。』某益爲之盡心，不敢忽也。以此見杜公存心至公，不以必出於己爲勝，賢於人遠矣。」

臣從彦釋曰：世俗之人，莫不喜人同乎己，而惡人異於己也。同於己而欲之，異於己而不欲者，以出乎衆爲心也。以出乎衆爲心，則以其不大故也。唯大爲

〔一〕家，原作「聖」，張泰本、馮孜本同，據姜文魁本、岳徐李本改。正誼堂本、黄植京本作「里」，亦通。

能有容，善者共説之，不善者共改之，宜無彼己之異。故舜曰大舜，禹曰大禹者，明乎此而已矣。若衍存心至公，而樂與人爲善，不以必出於己爲勝，其舜禹之徒與。詩云「唯其有之，是以似之」，此之謂也。

衍爲人尤潔廉自尅。其爲大臣，事其上以不欺爲忠，推於人以行己取信，故其動靜纖悉謹而有法。其立於朝廷，天下國家以爲重。其治吏事，如其爲人。其聽獄訟，雖明敏而審覈愈精，故屢決疑獄，人以爲神。其簿書出納，推析毫髮，終日無倦色。至爲條目，必使吏不得爲姦而已；及其施於民，則簡而易行。居家見賓客，必問時事；聞有善，喜若己出；至有所不可，憂見於色，或夜不能寐，如任其責者。

韓琦

仁宗景祐中，擢左司諫。是時宰相王隨、陳堯佐皆老病不和，中書事多不決，參政韓億、石中立又頗以私害公。琦連疏其失，久之不報。又請下御史臺，集百官決是非。帝迫於正論，於是同詔罷執政者四人。琦既攻退四執政，朝議欲以知制誥寵其盡言，琦曰：「諫行足矣，因取美官，非本意也，人其謂何？」語聞遂寢。

臣從彦釋曰：凡爲天下國家者，其安危治亂、是非得失，必有至當之論、至正之理，而宰相行之，臺諫言之，其揔一也。至於宰相或取充位，則臺諫不可以無言；臺諫或非其人，則宰相不得以緘默，趨於至當而已矣。仁宗景祐中，中書事多不決，而參政二人又以私害公。琦爲司諫，連疏其失，帝迫於正論，遂罷執政者四人，此其職也。朝議欲以知制誥寵其盡言，則非矣。夫臺諫官正可以觀人，其德量器識足以當大任者莫不皆見。可則用之，不可則去之，奚屑屑然以知制誥寵之哉？琦曰：「諫行足矣，因取美官，非本意。」若琦之言則是也。非有大器識者，其孰能之？

慶曆中，以工部尚書同中書門下平章事。仁宗方倚左右大臣，以經太平之務。琦自得選勑，羣吏百司奉法循理，各安其職，而天下晏然。是時范仲淹、富弼與琦同在二府，上前爭事議論不同，然下殿來不失和氣，如未嘗爭也。議者謂琦等三人輔政，正如推車子，蓋其心皆主於車可行而已，不爲己也。

仁宗在位四十一年，皇嗣未立，天下以爲憂，大臣顧避畏縮莫敢言。琦乘間進曰：「皇嗣者，天下安危之所繫。自昔禍亂之起，由策不早定也。今陛下春秋高，未有建立，何不擇宗室賢者而定之，以爲宗廟社稷之計乎？」不聽。他日又進言之，乃以英廟判宗正寺。琦既得請許立嗣矣，而宮人、宦者環泣於內，大臣、小臣横議於外，帝意復動，臨朝默然不樂。琦每伺顔色，不知身之所容也。洎英廟謙避久之，而帝意尤懈，乃曰：「不如且放下。」琦遂從容對曰：「于下人已知之而中輟，非朝廷舉動也。」帝悟，遂立爲皇子。

英廟既即位之數日，初掛服於柩前，哀未發而暴疾作，連聲大呼，其語言人所不可曉。左右皆反走，大臣輩駭愕癡立，莫知其措。琦亟投杖於地，直趨至前，抱持入簾，曰：「誰激惱官家，且當服藥。」内人驚散，呼之，徐徐方來，遂擁帝以授之，曰：「須用心照管官家。」再三慰安以出，因戒見者曰：「今日事，惟某人見，外人未有知者。」復就位哭泣，處之若無事時。歐陽脩歸以語所親曰：「韓公遇事，真不可及。」

英宗之疾，中外莫知其誠僞。且遇内侍少恩禮，左右不説，多道禁中隱匿者，雖大臣亦惑，顧未敢發口耳。獨琦屹然不爲衆説動，一日昌言曰：「豈有前殿不曾差了一語，入宫門乃有許多錯耶？」自爾不敢妄有傳語言者。

英廟既驟自外來，又方寢疾不預事，人情傾向在太后。琦慮宫中有不可測者，一日因對簾下曰：「臣等只在外面見得官家，裏面保護全在太后。若官家失照管，太后亦未得安穩。太后照管，則衆人自當照管。」同列爲縮頸汗流。既出，吴奎長文曰：

「語不太過否？」琦曰：「不如此不得。」

琦在嘉祐、治平間，當昭陵未復土，英廟未親政，中書文字日盈於前，一一從頭看，看了即處置了。接人更久，處事更多，精神意思定而不亂，靜而不煩，如終日未嘗觸事者。

神宗即位，拜司空兼侍中，爲英廟山陵使。既還，引故事固請罷，遂以節鎮出。訖熙寧八年，凡兩判相州，一判永興軍，一鎮大名。王安石用事，嘗上疏極論新法，又論青苗，其言切至。帝感悟，欲罷其法，安石稱疾求去，乃已之。

琦之爲諫官也，凡中外事，苟在所知，未嘗不言。其啓迪上心，則又每以明得失、正紀綱、親忠直、遠邪佞爲急。其在相府也，事有當然、不當然者，必堅立不動，反復論列，須正而後退，不敢取次放過。每見人文字有攻人隱惡者，即手自封之，未嘗使人見。嘗自言：「作相極有難處事。蓋天下事無有盡如意者，須要包忍，不然不可一日處也。」

歐陽脩在政府時，有自陳不中理者，輒峻折之，故人多怨。至琦作相，從容諭以不可之理。同列有不相下者，語嘗至相擊，琦待其氣定，每爲平之，使歸于是，雖喜勝者亦自默也。

北都大内壁間有太宗詩，意在燕薊，辭甚壯。琦之來也，得旨修護之。既而客有勸以此詩進者，曰：「修之則已，安用進爲？」客亦莫諭其意。及韓絳來，遂模本進，琦聞之，歎曰：「昔豈不知此耶？顧上方鋭意西事，老臣不當更導之耳。」

初，富弼嘗薦王安石爲翰林學士，琦不聽。弼曰：「若安石經術才行，乃不用耶？」曰：「安石經術才行，某所備知。此人豈可使長在人主左右，必生事也。」已而果然。在相州時，雖老病不忘社稷，每聞安石更祖宗一法度、朝廷一紀綱，憂見於色，或至終日不食。

臣從彦釋曰：王安石以高明之學、卓絶之行，前無古人，其意蓋以孟子自待。自世俗觀之，可謂名世之士矣。故熙寧初，富弼屢薦，琦乃謂此人不可使長在人主左右。其後安石入翰林，每奏對黼座之前，惟事彊辨。及其大用也，變更祖宗法度，創爲新説，以取必天下之人，茅靡其心而鑿其耳目，毒流後世。嗚呼異哉！所爲貴於鑑明者，爲其不可以形遁也；所爲貴於衡平者，爲其不可以輕重欺也。觀李沆之於丁謂，琦之於安石，不啻鑑衡。然不知二人獨何以見之如此其審？此其可貴也已。

范仲淹

仁宗天聖初，擢右司諫。當太后臨朝，至日大會前殿，帝將帥百官爲壽。仲淹言：「天子無北面，且開後世弱人主以强母后之漸。」其事遂已。及太后崩，有遺命立楊太妃代之。仲淹曰：「太后，聖母也，自古無代立者。」由是罷其册命。是時大旱蝗，奉使安撫東南，還，會郭后廢，率諫官、御史伏閤下爭，不能得，貶知睦州。仲淹自睦州徙知蘇州，歲餘，以禮部員外郎、天章閣待制召還，論事益切。執政者忌之，命知開封府，欲撓以繁劇而使他議之不暇也。仲淹明敏，決事如神，事日益簡，乃取古今治亂安危爲上開說。時宰相得君，權無與比，或以己意任人，人不敢言。仲淹因對而言曰：「君當任人，臣當任事。若進用賢傑，選擢近輔，顧出自聖意，不宜專委宰相。」帝曰：「我不能盡記，卿可作一文書來。」仲淹又爲百官圖以獻，曰：「任人各以其材，而百職修，堯舜之治不過此也。」因指其遷進遲速次序曰：「如此而可以爲公，可以爲私，亦不可不察。」由是吕丞相怒，至交論上前，坐是落職知饒州。司諫高若訥言貶黜猶輕，歐陽脩貽書責之，亦得罪。余靖、尹洙皆以朋黨出黜。於是，蔡襄作四賢一不肖詩以播其事。仲淹之知開封也，嘗曰：「侍臣當輔翼天子之政教，固宜朝夕論思以圖稱職。如開封，乃一郡之事耳，政使如趙、張輩，功績何足爲報？」

臣從彦釋曰：帝王之興，尋常所謂才智藝能之士，足以效一官一職者，非無其人，於千官百辟中求其最者，若兼善澤民，以天下爲心，不忘王室者，何其艱哉？仲淹以侍臣命知開封，謂趙、張不足爲，惟以輔翼天子政教爲念，則其賢可知也已。傳曰：「器博者無近用，道長者其功遠。」仲淹有焉。

寶元中，趙元昊叛。帝以仲淹才兼文武，復職知永興道，授陝西都轉運使，遷龍圖閣直學士。時延安新被圍，朝廷擇將皆畏不行。仲淹奏請兼延安事以待寇至，帝嘉而從之。閱兵得萬八千，遣六將軍俾領之。日夕訓練，號爲精兵，賊聞之，戒曰：「無以延州爲意，今小范老子腹中自有數萬兵甲，不比大范可欺。」慶曆三年春，召爲樞密副使，既至數月，以爲參知政事。仲淹每進見，帝必以太平責之。仲淹歎曰：「上之用我者至矣，然事有先後，而革弊於久安，非一朝可也。」既而再賜手詔，趣使條天下事，又開天章閣召見，賜坐，授以紙筆，使疏于前。仲淹皇恐避席，始退而條列時所宜先者十餘事。其詔天下興學、取士先德行不專文辭、革磨勘例遷以別能否、減任子之數而除濫官、用農桑考課守宰等。事方施行，而磨勘任子之法，僥倖之人皆不便，因相與騰口。而嫉仲淹者亦幸外有言，喜爲之左右。會契丹與元昊爭銀甕族，於是麟、府奏警，仲淹乃有請[二]，出爲河東陝西宣撫。二虜聞之，皆不敢動。

初，晏殊、杜衍皆居相府，而仲淹、富弼、韓琦皆進用，以至臺閣多一時之賢。太子中允石介作慶曆聖德詩以褒貶大臣，分别邪正，累數百言。仲淹與韓琦適自陝西來，道中得之。仲淹撫股謂琦曰：「爲此鬼怪輩壞了也。」琦曰：「天下事不可如此，如此必不成。」

臣從彦釋曰：易大有之象曰：「火在天上，大有。君子以遏惡揚善，順天休命。」夫當大有之時，善者揚，惡者遏，不使並進，固君子所以順天休美之命也。然忠佞大分，善惡察察，不知有包荒之義，則小人權倖者將無所容，而交結黨扇，何憚而不爲也？仁宗時，群賢在朝，石介作慶曆聖德詩以褒貶大臣[三]，失之於此。此仲淹等之所以見忌，而太平之功不成，抑有由矣。嗚呼！仲淹可謂明也已。

〔二〕有，正誼堂本、黄植京本作「自」。
〔三〕慶，原作「聖」，張泰本、馮孜本同，據正誼堂本、黄植京本改。

仲淹爲將，務持重，不急近功小利。在延州時，築青澗城，墾營田，復承平、永平廢寨，熟羌歸業者數萬户。在慶州時，城大順，以據要害，奪賊地而耕之。又城細腰、胡盧，於是明珠、滅臧等大族皆去賊，爲中國用。自邊制久隳，至兵與將常不相識。仲淹始分延州兵爲六將，訓練齊整，諸路皆用以爲法。方元昊窺邊，其主謀張元輩聞朝廷命將若韓琦等，但嘻笑而已，獨聞仲淹至，則相顧有憂色。

富弼

仁宗時，以開封府推官擢知諫院。康定元年，日食正旦，弼請罷燕徹樂，虜使在館亦宜就賜飲食而已。執政不從。及北虜行之，帝以爲悔。初，宰相惡聞忠言，下令禁越職言事。弼因論日食，以謂應天變莫若通下情，遂除其禁。

臣從彦釋曰：宰相，以天下爲己任者也，推公心，由直道，務使下情通以防壅蔽，不亦善乎？而惡聞忠言，則其人可知已。仁宗時，執政者禁越職言事，弼因論日食，請除其禁，此亦堯舜「明四目，達四聰」之意，而治亂之機也。

自西方用兵以來，吏民上書者甚衆，初不省用。弼言：「知制誥本中書屬官，可選二人置局中書，考其所言，可用用之。」宰相以付學士。弼曰：「此宰相偷安，欲以天下盡付他人。」乞與廷辯。又言：「邊事係國安危，不當專委樞密院。周宰相魏仁浦兼樞密使，國初范質、王溥亦以宰相參知樞密院事。今兵興，宜使宰相以故事兼領。」帝曰：「軍國之事，當盡歸中書，樞密非古官。」然未欲遽變，内降令中書同議樞密院事，且書其檢。宰相以内降納上前，曰：「恐樞密院謂臣奪權。」弼曰：「此宰相避事耳，非畏奪權也。」

慶曆三年，兩除樞密副使。弼言：「虜既通好，議者便謂無事，邊備漸弛，萬一敗盟，臣死且有罪。非獨臣不敢受，亦願陛下思夷狄輕侮中原之恥，坐薪嘗膽，不忘修政。」因以誥納上前。逾月，復除前命，弼不得已乃受。時晏殊爲相，范仲淹爲參知政事，杜衍爲樞密使，韓琦與弼副之，歐陽脩、余靖、蔡襄爲諫官，皆天下之望。弼既以社稷自任，而帝獨責成弼與仲淹，望太平於朞月之間，數以手詔，使條具其事。又開天章閣，召弼等坐，且給筆札，使書其所欲爲者，遣中使二人更往督之。且命仲淹主西事，弼主北事。弼與仲淹各上當世之務十餘條，又自上河北安邊十三策，大略以進賢退不肖、止僥倖、去宿弊爲本，欲漸易諸路監司之不才者，使澄汰所部吏。於是小人始不悦矣。小人既怨，而大臣亦有以飛語讒之者。帝雖不信，弼因保州賊平，求爲河北宣撫使以避之。

至和中，召拜中書門下平章事，與文彦博並命。宣制之日，士大夫相慶於朝。弼之爲相，守格法，行故事，而附以公議，故百官任職，天下無事。以所在民力困弊，賦役不均，遣使分道相視，謂之寬卹民力。又弛茶禁，以通商賈，務省刑獄，天下便之。六年，丁秦國太夫人憂，詔爲罷春宴。故事，執政遇喪皆起復。弼以金革變禮，不可用於平世。仁宗五遣使起之，卒不從命。

神宗熙寧□□〔二〕，召拜左僕射、平章事。弼既至，未見。有於上前言灾異皆天數，非人事得失所致者。弼聞之，嘆曰：「人君所畏唯天，若不畏天，何事不可爲者？去亂亡無幾矣。是必姦臣欲進邪説，故先導上以無所畏，使輔拂諫諍之臣無所復施其力，此治亂之機也。」即上書數千言，雜引春秋及古今傳記、人情物理，以明其決不然者。時方苦旱，群臣請上尊號及作樂，帝不許。群臣固請作樂，弼言：「故事，有灾變皆徹樂。恐上以同天節，虜使當上壽，故未断其請。臣以爲此盛德事，正當示夷狄，乞并罷上壽。」從之，即日而雨。弼又上疏：「願益畏天戒，遠姦佞，

〔二〕「熙寧」下底本有兩字墨釘，馮孜本同，張泰本作「中」。富弼拜左僕射、平章事，宋史富弼傳、續資治通鑑長編拾補繫於熙寧二年。

近忠良。」帝親書詔，答之曰：「敢不銘諸肺腑，終老是戒。」弼既上疏謝，復申戒不已：「願陛下待群臣不以同異爲喜怒，不以喜怒爲用舍。」弼始見帝，帝問邊事，弼曰：「陛下即位之初，當布德行惠，願二十年口不言兵。」因以九事爲戒。是年八月，弼以疾辭位，拜武寧軍節度使、同中書門下平章事，判河南，改亳州。時王安石用事，行青苗。弼以謂此法行，則財聚於上，民散於下，且富民不願請，願請皆貧民，後不可復得，故持之不行。而提舉常平趙濟劾弼以大臣格法，新法行當自貴近始，若置不問，無以令天下。乃除僕射，□□州〔二〕。弼言：「新法臣所不曉，不可以復治郡，願歸洛養疾。」許之。尋請老。弼雖居家，然朝廷有大利害，知無不言。弼常言：「君子小人如冰炭，決不可以同器。若兼收並用，則小人必勝。薰蕕雜處，終必爲臭。」其爲宰相及判河陽，最後請老家居，凡三上章，皆言：「天子無職事，惟辨君子小人而進退之。君子與小人並處，其勢必不勝。君子不勝，則奉身而退，樂道無悶；小人不勝，則交結黨扇，千岐萬轍，必勝而後已。小人既勝，必遂肆毒於善良，無所不爲，求天下不亂，不可得也。」

〔二〕「州」上底本有兩字墨釘，張泰本、馮孜本同，姜文魁本、正誼堂本、黄植京本作「判汝」。

臣從彦釋曰：堯舜之時，垂拱無爲而天下太平者，以其舉元凱、去四凶也。夫君子與小人，相爲消長。雖文明之世，不能必天下無小人；雖亂世，不能無君子。唯能辨之，使各當其分。此南面之事，而天子之所守者也。故進君子、遠小人，則爲宜其職。忠佞雜處，小人在位，則是曠職矣。天子而曠其職，則亂亡而已矣。故秦之亡也以李斯，漢之亡也以張禹，唐之亂也以林父、國忠，其亡也以綮、朴，不可不察也。富弼之言，其後王之龜鑑歟。

豫章羅先生文集卷第七

豫章羅先生文集卷第八

集録

遵堯録七

司馬光

仁宗時，擢天章閣待制兼侍講，仍知諫院。英廟初，執政建言：「濮安懿王，德盛位隆，宜有尊禮。」詔太常禮院與兩制議。翰林學士王珪等相顧不敢先，光獨奮筆立議曰：「爲之〔一〕後者爲之子，不敢復顧其私親。今日所以崇奉濮安懿王，典禮宜一準先朝封贈期親尊屬故事，高官大爵，極其尊榮。」議成，珪即勅吏以光手藁爲案，至今存焉。時中外詾詾，御史呂誨、傅堯俞、范純仁、呂大防、趙鼎、趙瞻等皆爭之，

〔一〕之，張泰本同，馮孜本作「人」。

相繼降黜。光上疏乞留之，不可，則乞與之皆貶。

神宗即位，首擢光爲翰林學士，光辭以不能四六，帝面諭之，仍遣内臣以告，强之乃受。遂爲御史中丞。初，中丞王陶論宰相不押常朝班爲不臣，宰相不從，陶爭之力，遂罷。光繼之，言：「宰相不押班，細故也，陶言之過。然愛禮存羊，則不可已。頃年宰相權重，今陶復以言宰相罷，則中丞不可復爲。臣願俟宰相押班，然後就職。」帝曰：「可。」

光在英廟時，與吕誨同論祖宗之制：「勾當御藥院常用供奉官以下，至内殿崇班，則出。近歲居此位者，皆暗理官資，食其廩給，非祖宗本意。又故事，年未五十不得爲内侍省押班。今除張茂則，止四十八，不可。」至是，又言之。因論高居簡姦邪，乞加遠竄。章五上，帝爲盡罷寄資内臣，居簡亦補外。光又言：「近者，王中正往陝西，知涇州劉涣等諂事中正，而鄜延鈐轄吴舜臣違失其意。已而涣等進擢，舜臣降黜，權歸中正，謗歸陛下，是去一居簡、得一居簡矣。」上手詔問光所從知。光曰：「臣得之賓客，非一人言。事之有無，惟陛下知之。若無，臣不敢避妄言之罪；萬一有之，不可不察。」

臣從彦釋曰：唐制宦官之法最善，至明皇時不知謹守，因高力士而輕變之。其源一啓，末流不可復塞。自英廟以至神宗之初，光每與吕誨同論祖宗之制，蓋懲於此矣。王安石用事，又復啓之。蔡京恃以爲姦，其權大盛。天下之士爭出其門，根株蟠結，牢不可破，遂爲腹心痼疾，可勝言哉！今則祖宗之法具在，但守之勿失，推之萬世，雖至於無窮可也。

王安石始爲政，創立制置三司條例司，建爲青苗、助役、均輸之政，置提舉官四十餘員，行其法於天下，謂之新法。光邇英殿進讀，至蕭何、曹參事，光曰：「參不變何法，得守成之道。故孝惠、高后時，天下晏然，衣食滋植。」帝曰：「漢常守蕭何之法不變，可乎？」光曰：「何獨漢也？使三代之君，常守禹湯文武之法，雖至今存可也。書曰：『無作聰明，亂舊章。』漢武帝用張湯言，取高帝法紛更之，盜賊半天下。由此言之，祖宗之法不可變也。」後數日，吕惠卿進講，因言：「先王之法有一年一變者，有五年一變者，有三十年一變者。」光以爲不然，且曰：「治天下者譬如居室，弊則更之，非大壞不更造也。大壞而更造，非得良匠美材不成也。今二者皆無有，臣恐風雨之不庇也。公卿侍從皆在此，願陛下問之。三司使掌天下財，不才而黜之可也，不可使兩府侵其事。今爲制置三司條例司，何也？宰相以道佐人主，安用例？苟用例而已，則胥史足矣。今爲看詳中書條例司，何也？」

惠卿不能對，詆光曰：「光爲侍從何不言？言之而不從何不去？」光答曰：「是臣之罪也。」帝曰：「相與論是非耳，何至是？」呂惠卿講畢，群臣賜坐户外，將出，命徙于户内。帝曰：「朝廷每更一事，舉朝訩訩，何也？」王珪曰：「臣疏賤，在闕門之外，朝廷之事不能盡知。借使聞之道路，又不知其虚實也。」帝曰：「聞則面言之。」光曰：「青苗出息，平民爲之，尚能以蚕食下户至飢寒流離，况縣官法令之威乎？」惠卿曰：「青苗法，願取則與之，不願不强也。」光曰：「愚民知取債之利，不知還債之害，非獨縣官不强，富民亦不强也。」帝曰：「坐倉糴米何如？」坐者皆起曰：「不便，已罷之，幸甚。」帝曰：「未罷也。」光曰：「京師有七年之儲，而錢常乏。若坐倉，錢益乏，米益陳，奈何？」惠卿曰：「坐倉得米百萬斛，則省東南百萬之漕，以其錢供京師，何患無錢？」光曰：「東南錢荒而米狼戾，今不糴米而漕錢，棄其有餘，取其所無，農末皆病矣。」侍講吴申曰：「光言至論也。」光曰：「此皆細事，不足煩人主，但當擇人而任之。有功則賞，有罪則罰，此則陛下職也。」帝曰：「然。『文王罔攸兼于庶言、庶獄、庶慎，惟有司之牧夫。』」光趨出。帝曰：「卿得無以惠卿之言不樂乎？」光曰：「不敢。」

韓琦上疏論青苗之害，帝感悟，欲罷其法。安石稱疾求去。會光拜樞密使，上章力辭至六七，曰：「陛下誠能罷制置條例司，追還提舉官，不行青苗等法，雖不用臣，臣受賜多矣。不然，不敢受命也。」帝遣人謂光曰：「樞密，兵事也，官各有職，不當以他事爲辭。」光曰：「臣未受命，則猶侍從也，於事無不可言者。」安石起視事，青苗法卒不罷，光亦卒不受命。尋以書諭安石，三往反，開諭切至，猶幸安石之聽而改也。因以諂諛指惠卿，曰：「覆王氏必此人也。小人以利合，勢傾利移，何所不至？」後六年，惠卿叛安石，上書告其罪。

光求外補，以端明殿學士出知永興軍。頃之，詔移許州，不赴，遂乞判西京留司御史臺以歸，自是絶口不言事。至熙寧七年，帝以天下旱蝗，詔求直言。光讀詔書泣下，欲默不忍，乃復諫六事青苗等法。曰：「此六者尤病民，宜先罷之。」又以書責宰相吴充：「天子仁聖如此，而公不言，何也？」凡居洛十五年，再任留司御史臺，四任提舉崇福宫。

神宗登遐，光赴闕臨。衛士見光入，皆以手加額曰：「此司馬相公也。」民遮道呼曰：「公無歸洛，留相天子，活百姓。」所在數千人聚觀之。光懼，會放辭謝，遂徑歸洛。太皇太后聞之，詰問主者，遣使勞光，問所當先者。光言：「近歲士大夫以言爲諱，閭閻愁苦於下而上不知，明主憂勤於上而下無所訴。此罪在群臣，而愚民無知，歸怨先帝。宜下詔首開言路。」於是下詔牓朝堂，而當時有不欲者，於詔語中設六事以禁切言者。光曰：「此非求諫，乃拒諫也。人臣唯不言，言則入六事矣。」請改賜詔書，從之。於是四方吏民言新法不便者數千人。光方草具所當行者上之，而太皇太后已有旨：「散遣修京城役夫，罷減皇城内覘者，止御前工作，出近侍之無狀者三十餘人。戒勑中外，無敢苛刻暴斂，廢導洛司物貨場及民所養户馬，寬保馬限，皆從中出，大臣不與。」光上疏謝：「當今急務，陛下略已行之矣。小臣稽慢，罪當萬死。」詔除光知陳州，過闕入見，使者勞問，相望於道。至則拜門下侍郎，光力辭，不許。數賜手詔：「先帝新棄天下，天子沖幼，此何時，而君辭位耶？」初，神宗皇帝励精求治，安石用心過當，急於功利，小人得乘間而入，吕惠卿之流以此得志。後者慕之，爭先相高，而天下病矣。帝覺其非，出安石金陵，天下欣然，意法必變。雖安石亦自悔之，欲稍自改。而惠卿之流恐法變身危，持之不肯。然帝終疑之，遂退安石，八年不復召，而惠卿亦再逐不用。元豐之末，天下多故。及哲宗嗣位，天下之民日夜引領，以觀新政，而進説者以爲「三年無改於父之道」，欲稍損其甚者，毛舉數事以塞人言。光慨然爭之曰：「先帝之法，其善者雖百世不可變。若安石、惠卿等所建爲天下害，非先帝本意者，改之，當如救焚拯溺，猶恐不及。況太皇太后以母改子，非子改父。」衆議乃定。

臣從彦釋曰：孔子曰：「三年無改於父之道。」此言孝子居喪，志存父在之道，不必主事而言也。況當易危爲安、易亂爲治之時，速則濟，緩則不及，則其改之乃所以爲孝也。天子之孝，在於保天下。光不即理言之，乃曰「以母改子，非子改父」，以此遏衆議，則失之矣。其後至紹聖時，排陷忠良以害於治，豈亦光有以召之耶？

光嘗謂：「治亂之機在於用人，邪正一分，則消長之勢自定。每論事，必以人物爲先。凡所進退，皆天下之所謂當然者，然後朝廷清明，人主始得聞天下利害之实。」遂罷保甲團教，依義勇法，歲一閲。保馬不復買，見在者還監牧給諸軍。廢市易法，所儲物鬻之，不取息，而民所欠錢皆除其息。京東鑄鐵錢，河北、江西、福建、湖南鹽及福建茶法，皆復其舊。獨川、陝茶，以邊用，未即罷，遣使相視，去其甚者。户部左右曹錢穀，皆領之尚書，凡昔之三司使事有散隷五曹及寺監者，皆歸户部，使尚書周知其數，量入以爲出。

臣從彦釋曰：光之相也，天子幼沖，太皇太后臨朝，天下之事聽其所爲，其所改法令無不當於人心者。惟去元豐間人與罷免役二者失之。夫天下之士，未有甘自爲小人者也，御之得其道，則誰不可使者？今皆指爲黨人，使不得自新，人情天理豈其然乎？故澆風一扇，名实大亂，世所謂善人君子者，特賈禍耳。可勝嘆哉！安石之免役，正猶楊炎之兩税，東南人实利之。若以堯舜三代之法格之，則去之可也，不然，未可輕議也。

程顥

仁宗時，以進士及第，再調江寧上元簿。上元田税不均，比他邑尤甚〔一〕。顥至，爲令畫法，民不知擾，而一邑大均。會令罷去，攝邑事。上元劇邑，訴訟日不下二百，爲政者疲於省覽，奚暇及治道？顥處之有方，不閲月，民訟遂簡。常云：「一命之士，苟存心於愛物，於人必有所濟。」仁宗登遐，遺制官吏成服，三日而除。三日之朝，府尹率群官將釋服。顥進曰：「三日除服，遺詔所命，莫敢違也。請盡今日。若朝而除之，止二日耳。」尹怒不從。顥曰：「公自除之，某非至夜不敢釋也。」一府相視，無敢除者。再朞，移澤州晋

〔一〕比，原脱，張泰本、馮孜本同，據二程集程伯淳行狀補。

城令。

顥之治晋城也，民以事至邑者，必告之以孝悌忠信，入所以事父兄，出所以事長上。澤人淳厚，尤服其教命。於是度鄉村遠近爲伍保，使之力役相助，患難相恤，而姦僞無所容。凡孤煢廢疾者，責之親戚鄉黨，使毋失所。行旅出於其塗者，疾病皆有所養。諸鄉皆有校，暇日親至，召父老而與之語。兒童所讀書，親爲正句讀，不善者，爲易置之。俗始甚野，不知爲學。顥擇子弟之秀者，聚而教之。去邑才十餘年，服儒服者蓋數百人矣。鄉民爲社會，爲立科條，旌别善惡，使有勸有恥。邑幾萬室，三年之間無强盗及鬭死者。

顥自晋城罷，用薦者改著作佐郎，尋以御史中丞吕公著薦，授太子中允，權監察御史裏行。神宗素知其名，召對之日從容咨訪，比二三見，遂期以大用。每將退，必曰：「頻求對來，欲常相見耳。」前後進説甚多，大要以正心窒欲、求賢育才爲先。顥不飾辭辨，獨以至誠感動人主。

帝嘗使推擇人才，顥所薦者數十人，而以父表弟張載暨弟頤爲首。常言：「人主當防未萌之欲。」帝俯身拱手曰：「當爲卿戒之。」及因論人才，曰：「陛下奈何輕天下士？」帝曰：「朕何敢如是？」言之至再三。

時王安石日益信用。顥每進見，必爲帝言君道以至誠仁愛爲本，而未嘗及功利。一日，極陳治道。帝曰：「此堯舜之事，朕何敢當？」顥愀然曰：「陛下此言，非天下之福也。」安石浸行其説，意多不合，事出必論列，數月之間，章數十上，若輔臣不同心、小臣預大計、公論不行、青苗取息等是也。安石與顥二人雖道不同，而嘗謂顥忠信。顥嘗被旨赴中書議事，安石方怒言者，厲色待之。顥徐曰：「天下之事，非一家私議，願公平氣以聽之。」安石爲之愧屈。顥每論事，心平氣和，安石多爲之動。而言路好直者必欲力攻取勝，由是與言者爲敵。

方衆人論新法紛紛之時，安石以數事於上前卜之以決去就，若青苗等議是也。大抵帝不欲抑安石，而安石之意尚亦無必。但立法之始，恐人沮之，謂始不堅定，則其後必不能行，故執之也。顥謂曰：「管仲，霸者之佐也，猶能言出令當如流水，以順人心。今參政苦要作不順人心事，何耶？但作順人心事，人誰不願從也？」安石曰：「此則感賢誠意。」既而有於中書大悖者，安石大怒，遂以死力爭之，而黨與分矣。

帝將黜諸言者，命執政除顥以江西路提刑〔二〕。顥曰：「使臣言是，願行之，如其妄言，當賜顯責。請罪而獲遷，刑賞混矣。」累請得罷，改差僉書鎮寧軍節度判官事。顥復求對見帝，帝曰：「有甚文字？」顥曰：「今咫尺天顔，尚不能少回天意，文字更復何用？」欲去，而上問者數四。顥每以陛下不宜輕用兵爲言，朝廷無能任陛下事者。

哲宗嗣位，覃恩改承議郎。顥雖小官，賢士大夫視其進退以卜興衰。聖政方新，賢德登進，顥特爲時望所屬，召爲宗正寺丞，未行，以疾終。士夫識與不識，莫不悲傷，爲朝廷恨惜。

顥之爲政，治惡以寬，處繁而裕。初，移澤州晉城令，在邑三年，百姓愛之如父母。後僉書鎮寧軍節度判官事，及知扶溝縣事。當法令嚴密之際，未嘗從衆爲應文逃責之事。人皆病於拘礙，憂以爲甚難，而顥處之泰然。雖當倉卒，不動聲色。方監司競爲嚴急之時，其待之率皆寛厚。設施之際，有所賴焉。顥之所爲綱條法度，人可效而爲也，至其道之而從，動之而和，不求物而物應，不施信而民信，則人

〔二〕江，二程集程伯淳行狀作「京」。

不可及也。

顥在扶溝時，扶溝地卑，歲有水，早爲經晝溝洫之法〔一〕，未及興工而去官。他日，顥語人曰：「以扶溝之地，盡爲溝洫，必數歲乃成。吾爲經晝十里之地開其端，使後人知其利，必有繼之者矣。夫爲令，必使境内之民凶年飢歲免於死亡，平居無事有禮義之訓，然後爲盡。故吾於扶溝興設學校，聚邑人子弟教之，亦幾成而廢。夫百里之施至狹也，而道之廢興繫焉。是數事皆不及成，豈非命哉？然知而不爲，徒責命之廢興，則非矣。此吾所以不敢不盡心也。」

初，安石得君，自謂天下學者宗師，以孔孟爲己任，帝眷甚厚。一日，對顥因談安石之學，顥曰：「安石之學不是。」帝愕然，問曰：「何故？」曰：「臣不敢遠引，止以近事明之。臣嘗讀詩，詩稱周公之德云：『公孫碩膚，赤舃几几。』周公盛德，形容如是之盛。若安石者，其身之不能治，何足以及此？」

顥嘗言：「王氏之於道，只是説耳。譬之繞塔説相輪，非真有道者也。有道者言自分明。孟子言『堯舜性之』『舜由仁義行』是也。若乃孔子，則又異焉。孔子於易中止

〔一〕早，馮孜本作「旱」。

曰『立人之道曰仁與義』，則雖『性』字、『由』字已不必道。蓋陰陽、剛柔、仁義，其理一也。」

顥自十五六時，聞汝南周茂叔論道，遂厭科舉之業，慨然有求道之志。而未知其要，泛濫於諸家，出入於釋老者幾十年，反求諸六經而後得之。明於庶物，察於人倫，知盡性至命必本於孝弟，窮神知化由通乎禮樂。辯異端似是之非，開百代未明之惑。秦漢而下，未有臻斯理者也。謂孟子没而聖學不傳，以興起斯文爲己任。其言曰：「道之不明，異端害之也。昔之害近而易知，今之害深而難辯。昔之惑人也乘其迷暗，今之入人也因其高明。自謂之窮神知化，而不足以開物成務。言爲無不周徧，实則外於倫理。窮深極微，而不可以入堯舜之道。天下之學非淺陋固滯，則必入於此。自道之不明，邪誕妖異之説競起，塗生民之耳目，溺天下於汙濁。雖高才明智，膠於見聞，醉生夢死，不自覺也。是皆正道之蓁蕪，聖門之蔽塞，闢之而後可以入道。」其教人自致知至于知止，誠意至於平天下，洒掃應對至於窮理盡性，循循有叙。病世之學者捨近而趨遠，處下而窺高，所以輕自大而卒無得也。其論王霸等篇，繫教化之本原者，附之于左。

論王霸

臣伏謂：得天理之正、極人倫之至者，堯舜之道也；用其私心，依仁義之偏者，霸者之事也。王道坦然，本乎人情，出乎禮義，若履大路而行，無復回曲；霸者崎嶇，反側於曲徑之中，而卒不可與入堯舜之道。故誠心而王則王矣，假之而霸則霸矣，二者其道不同，在審其初而已。易所謂「差之毫釐，謬以千里」者，其初不可不審也。故治天下者，必先立其志。正志先立，則邪說不能移，異端不能惑，故力進於道而莫之禦也。苟以霸者之心而求王道之成，是衒石以爲玉也。陛下躬堯舜之資，處堯舜之位，必以堯舜之道自任，然後爲能充其道。漢唐之君有可稱者，論其人則非先王之學，攷其時則皆駁雜之政，乃以一曲之見幸致小康，其創法立統非可繼於後世者，皆不足爲也。然欲行仁政，而不素講其具，使其道大明而後行，則或出或入，終莫有所至也。夫事有小大，有先後。察其小，忽其大，先其所後，後其所先，皆不可以適治。且志不可慢，時不可失，惟陛下稽先聖之言，察人事之理，知堯舜之道備於己，反身而誠之，推之以及四海，擇同心一德之臣與之共成天下之務，則天下幸甚。

論正學禮賢

臣伏謂：君道之大在乎稽古正學，明善惡之歸，辯忠邪之分，曉然趨道之止，固在乎君志先定。君志定而天下之治成矣。所謂定志者，正心誠意，擇善而固執之者也。夫義理不先盡，則多聽而易惑；志意不先定，則守善而或移。惟在以聖人之訓爲必當從，先王之治爲必可法，不爲後世駁雜之政所牽滯，不爲流俗因循之論所遷惑，信道極於篤，自知極於明，必期致治如三代之隆而後已也。然天下之事，患常生於忽微，而志亦戒乎漸習。故古之人君，雖出入從容閒燕，必有誦訓箴諫之臣，左右前後，無非正人，所以成其德業。伏願陛下禮命老臣賢儒，不必勞以職事，俾日視便坐，講論道義，以輔養聖德。又擇天下賢俊，使得陪侍法從，朝夕進見，開陳善道，講磨治體，以廣聞聽。如此則聖知益明，王猷允塞矣。今四海靡靡，日入偷薄，末俗譊譊，無復廉恥，蓋亦朝廷尊德樂義之風未孚，而篤誠忠厚之教尚鬱也。惟陛下稽聖人之訓，法先王之治，正心誠意，體乾剛健而力行之，則天下幸甚。

論養賢

臣竊以議當代者，皆知得賢則天下治，而未知所以致賢之道也。是雖衆論紛然，未極其要，朝廷亦以行之爲難而不爲也。三代養賢，必本於學，而德化行焉，治道出焉。本朝踵循唐舊，而館閣清選，止爲文字之職，名实未正，故招賢養材以輔時贊化〔一〕，將何從而致之也？臣歷觀古先哲王所以虚己求治，何嘗不盡天下之才以成己之德也？故曰：「大舜有大焉，善與人同，樂取於人以爲善。」今天下之大，豈爲乏賢？而朝廷無養賢之地以容之，徐察其器能高下而進退之也。臣今欲乞朝廷設延英院以待四方之賢。凡公論推薦及巖穴之士，必招致優禮，視品給俸，而不可遽進以官。凡有政治，則委之詳定，凡有典禮，則使之討論，經畫得以奏陳，而治亂得以講究也。俾群居切磨，日盡其才。使政府及近侍之臣，互與相接。陛下時賜召對，訪以治道，可觀其才識器能也。察之以累歲，人品益分，然後使賢者就位，能者任職，或委付郡縣，或師表士儒。其德業尤異，漸進以師臣職司

〔一〕故，正誼堂本、二程集論養賢劄子作「欲」。

之任[二]，爲輔弼，爲公卿，無施之不稱也。若是，則引彙並進，野無遺賢。陛下尊賢待士之心，可無負於天下矣。

豫章羅先生文集卷第八

[二] 師，正誼堂本、二程集論養賢劄子作「帥」。

豫章羅先生文集卷第九

集録

遵堯録別録

周衰，孔子没，道學不明，楊朱墨翟乃以其所學扇天下。天下之言，不歸楊則歸墨，楊墨之道盛行。當是時也，闢之者，孟子一人而已。自漢以來至於唐，而釋老之徒又以其所學扇天下。當是時也，闢之者，韓愈一人而已。釋老之害過於楊墨，韓愈之賢不及孟子，然愈猶能闢之，異代同功，至今賴以爲功者也。昔者孔子道既不行，懼人之溺於禽獸也，懼夷狄之亂於中國也，於是作春秋，故春秋一書獨謹嚴。本朝熙寧初，粤有儒者起自江寧，以孔孟之道倡於時，以管商之法施於政，顛倒舜跖，奪其義心，混一莊楊，蕩於不法。正道荒蕪，士風一變。使蔡氏階之以濟其亂，則其爲害，不特釋老與楊墨爾。所以發天下之瞶瞶，瑩天下之晦晦者，當在陛下。比雖詔毁其像，未能曠如，故臣别録司馬光、陳瓘二人之言以著其罪。

司馬光論王安石

仁宗嘉祐中，糾察在京刑獄。會帝升遐，而安石亦丁憂，服滿不起。其在江寧，平居淡然，一無所嗜好，唯以講學爲事，其朋遊有自四方來者。神宗即位，嘗一令赴闕，未幾擢翰林學士，遂大用之。安石既得君，且恃其材，棄衆任己，變更祖宗法度，汲汲然以斂民財爲意。其所薦引，多非其人。言路之臣攻之者甚衆，而翰林學士司馬光之言尤爲至切。帝不用。光又以書諭安石，三往反，不聽。熙寧七年，天下旱蝗，詔求直言。是時光判西京留司御史，於是上言，復以六事爲言，其大略曰：

臣伏讀詔書，喜極。以謂〔一〕：昔成湯以六事自責，今陛下既已知之，群臣夫復何云？曾子曰：「尊其所聞，則高明矣；行其所知，則光大矣。」陛下誠知其如是，斷然不疑，不爲左右所移，則安知今日災沴，不如大戊之桑穀、高宗之鼎雉，更爲

〔一〕謂，續資治通鑑長編卷二百五十二、皇朝文鑑卷五十并作「泣」。

生民宗社之福乎？臣竊觀陛下英睿之性，希世少倫。即位以來，勵精求治，恥爲繼體守文之常主。擢俊傑之才使之執政，言無不從，計無不用，所舉者超遷，所毀者斥退，垂衣拱手，聽其所爲，推心置腹，人莫能間。雖齊侯之管仲、蜀先主之諸葛亮，殆無以過也。執政者亦悉心竭力，以副陛下之所欲，恥爲碌碌守法循故事之臣，每以周公自任。固宜百度交正，四民豐樂，頌聲旁洽，嘉瑞沓至，乃其效也。六年之間，百度紛擾，四民失業，怨憤之聲所不忍聞，災異之大古今罕有，其故何哉？豈非執政之臣所以輔陛下者，未得其道故耶？所謂未得其道者，在於好人同己，惡人異己是也。陛下既全以威福之柄授之，使之制作新法以利天下，是宜與天下共之，舍短取長，以求盡善。而獨任己意，惡人攻難，羣臣有與之同者，則擢用不次；有與之異者，則禍辱隨之。常人之情，誰肯去福而取禍，棄榮而就辱？由是，躁於富貴者，翕然附之，立得美官；其忠直有守者，皆擯斥廢棄，或罷罪譴，一身之無所容。至於臺諫之官，天子耳目，所以規朝政之闕失，糾大臣之專恣。此陛下所當自擇，而使執政擇之。彼專其所親愛之人，或小有違忤，則加貶逐，以懲後來，得諂諛之尤者，然後使爲之。然則執政之愆謬，羣臣之姦詐，下民之疾苦，遠方之冤抑，陛下何從得見之乎？又奉法訪利害於四方者，亦其所親愛之人，皆先禀其旨意，憑其氣勢，以驅迫州縣之吏。善惡繫其筆端，升沉由其口吻。彼州縣之吏迎承奉順之不暇，何暇與之講利害、立同異哉？及其入奏，則云州縣之守宰莫不以其所爲爲便，經久可行。陛下但見其文書燦然可觀，以爲法之至善，諮謀僉同，豈知其在外之所爲哉？或者更增爲條目，務求新巧，互陳利害，各事更張，使畫一之法日殊月異，久而不已，吏民莫知所從，蓋由襲舊則無功，出奇則有賞故也。又令使者督責所在監司，監司督責州縣，上下相驅，競爲苛刻。奉行新法稍有不盡力，則謂之非材不職，及沮壞新法，立行停替。或未熟新法，誤有違犯，皆不理赦，降去官與犯贓罪者同，而重於犯私罪者。州縣之吏，惟奉行文書求免罪累之不暇，民事不復留心矣。又遣邏卒，聽市道之人謗議者，執而刑之。又出榜立賞，募人告捕誹謗朝政者。臣不知自古明王之政固如是乎？昔堯「稽于衆，舍己從人」，舜戒群臣「予違汝弼，汝無面從，退有後言」。此其所以爲帝王稱首也。秦惡聞其過失，殺直諫之士，禁偶語之人，及其禍敗，行道之人皆知之矣，而己獨不知。此其所以爲萬世戒也。衛侯言計非是，而群臣和者如出一口。子思曰：「以吾觀衛，所謂君不君、臣不臣者也。」人主自臧，則衆謀不進。事是而臧之，尚却衆謀，况和非以長惡乎？夫不察事之是非而説人之讚已，暗莫甚焉；不度理之所在而阿諛以求容，諂莫甚焉。君暗臣諂，以在民上，民不與焉，若此不已，國無類矣。」子思言於衛侯曰：「君之國事，將日非矣。君出言自以爲是，而卿大夫莫敢矯其非；卿大夫自以爲是，而士庶莫敢矯其非。君臣既自賢矣，而群下同聲而賢之，賢之則順而有福，矯之則逆而有罪。如是則善安從生？」今執政立新法，而群下同賢之，有以異於衛國之政乎？是以士大夫憤懣鬱結，視屋竊嘆而口不敢言；庶人飢寒憔悴，怨歎號泣而無所控告。此則陛下所謂忠言讜謀鬱於上聞，而阿諛壅蔽其私者也。苟忠讜退伏，阿諛滿側，而望百度之正，四民之富，頌聲之洽，嘉瑞之臻，固亦難矣。今朝廷之缺政，其大者有六而已：一曰廣散青苗，使民負債日重，而縣官實無所得；二曰免上户之役，斂下户之錢，以養浮浪之人；三曰置市易司，與細民爭利，而實耗散官物；四曰中國未治，而侵擾四夷，得少失多；五曰排結保甲，教習凶器，以擾農民；六曰信狂狡之人，妄興水利，勞民費財。若其他瑣細，不足爲陛下道也。舍其大而言其細，舍其急而言其緩，外有獻替之迹，内懷附會之心，是姦邪之尤者，臣不敢爲也。陛下左右前後之臣，日譽新法之善者，其心亦知其不可，但欲希望聖心，附會執政，以盜竊富貴。一旦陛下之意移，則彼之所言異矣。臣今不敢復費簡札，叙六者利害以煩聖聽，但陛下勿問阿諛之黨，勿徇權臣之意，斷志罷之，必有能爲陛下言其詳矣。此六者之中，青苗爲害尤大。又聞青苗之法，災傷及五分則當倚閣，官吏不仁者止放四分以下税，此尤可罪也。臣在冗散之地，若朝廷小小得失，固不得與聞。今坐視百姓困於新法如此，竊爲朝廷深憂〔一〕，而陛下曾不知之。今年以來，臣衰病日增，萬一溘先朝露，有所不盡，長抱恨於黄泉，用是冒死爲陛下言之。陛下猶忽而不之信，此則天也，臣不敢復言之矣。

臣從彦釋曰：異哉，安石之爲人也！觀其平時抗志羲黄之上，其學聖人必造孔氏淵源，其經術文章下視雄愈。及其立朝也，登對從容，每告其君，必以堯舜爲法，而自任以夔龍。神宗眷遇特厚，遂大用之，言無不聽，計無不從。一時之間，可謂明良相際矣。然攷其所存則自私，論其所爲則自專，必求其實效則捕風摶影之爲。原安石之心，其初實以儒者爲之，而其效一不應，其功烈曾不足以比管仲，是何也？易曰：「差之毫釐，謬以千里。」古人有之，安石無乃失之於此故耶？非臣愚所及知也。唯興舍法，以經義易詞章，訓釋三經，挽天下

〔一〕深，原作「除」，張泰本、馮孜本同，據黄植京本改。

學者從之，以爲先王一道德、同風俗之意果在於此，鼓之以名，導之以利。當是時也，安石方名重，自謂一世宗師，天下之人誰不願從？故唱者雷震，應者風靡，遺風餘澤，淪入肌骨不可去。民無有被其澤者，至今野叟能言其非，而誦其説於都人邑士之前，不笑以爲狂則必怒也。蓋其所以入之者非朝夕也，此不足怪。大抵安石類伯鯀，才辯過人。初自江寧來，天下傾想，既以才名擅天下，而又得君，遂謂海内無人，棄衆任己。執政未踰年，御史中丞呂誨奏疏極詆其非。然傷於太刻，有不當於人心者。今掇其衆所共知顯顯者數事，著之于篇，庶幾以悟宸衷，且使天下後世有所攷證云。誨之言曰：「安石自居政府，事無大小，必與同列異議。或因奏對，留身進説，多乞御批自中而下，以塞同列。是則歸善於己，非則斂怨於君。此衆人之所同知也。宰相，以道佐人主者也，於事無所與。旬日差除，安石皆自親之。凡近臣之不附己者，皆逐之使外補，乃以爲出自聖意，矯誣不恭，作威害政。此亦衆人之所同知也。安石嘗奏對黼座之前，不攷情實，唯事誣辯，比與唐介論謀殺刑名，以至諠譁。介忠勁之人，務守大體，不能以口舌勝之，不勝憤懣，發疽而死。自是同列罔不忌憚，雖丞相亦退避，不敢與校。此亦衆人之所同知也。安石初入翰林，未聞進士之賢者。

有弟安國，人望未孚，仍使同列共薦之，朝廷以狀元恩例處之，猶謂之薄；文卷不優，而主試之人遂罹中傷。及居政府，曾不半年，竊弄威福，無所不至，自鬻希進者奔走其門，怙勢招權，浸成黨與。此亦衆人之所同知也。上方稽唐堯睦親之意，友愛其弟以風天下。爲大臣者當務將順，反納小人章辟光建言，以惑聰明，意在離間，遂成其事。此亦衆人所同知也。」其終結之曰：「臣指陳猥瑣，未免干犯。誠恐陛下説其才辯，日久歲深，情僞不得知，邪正無復辯，群陰彙進，小人衆多，則賢者必遯，禍亂必至矣」又曰：「臣推安石之迹，固無遠略，惟以立異於人。誤天下蒼生者必此人也。若安石久居廟堂，必無安靜之理。」其大略如此。已而果然。是以天下旱蝗詔求直言，而司馬光所陳略盡之矣。方安石未用之時，天下顒然，謂必可致太平。於是時也，知其不可用者三人而已：韓琦、吴長文與誨是已。而司馬光不與焉。此三人者以經術文章較之，皆出安石之下遠甚；以政事言之，則此三人者決不爲安石所爲。然則安石之經術文章，秪以爲不祥之具而已。故相繼論列者多矣，唯誨與光獨任其責焉。彼二人之言，其理昭然，不可不謂至也。然帝不能用，卒使禍亂成於蔡京之手，庸非天乎？

陳瓘論蔡京

哲宗時，京與其弟卞俱在朝廷。是時章子厚執政，威福自己出，京、卞二人實贊道之，姦德相濟。太上皇即位，擢京爲翰林承旨。京陰結權貴，專務不德。帝將有大用之意，中外詾詾。右司諫陳瓘力言之，章十上，其尤切至者。曰：

臣聞盡言招禍，古人所戒，言路之臣，豈能免此？臣伏見翰林學士承旨蔡京，當紹聖之初，弟兄在朝，贊道章子厚，共作威福。卞則陰爲謀畫，子厚則果斷力行，且謀且行者京也。哲宗篤於繼述，一於委任，事無大小，信子厚不疑。卞於此時，假繼述之說，以美私史；子厚於此時，因委任之篤，自明己功。京則盛推安石之聖，過於神考；又推定策之功，毀滅宣仁，以取合二人。子厚之矜伐，京爲有助；卞之乖悖，京實贊之。當此之時，言官常安民屢攻其罪，京與子厚、卞共怒安民，協力排陷，斥爲姦黨。而孫諤、董端逸、陳次升因論京，相繼黜逐。哲宗晚得鄒浩，不由進擬，置之言路。浩能忘身徇節，上副聖知。京又因其得罪而擠毀之。七年之間，五害言者，掙朝廷之耳目，成私門之利勢。言路既絶，人皆鉗默，凡所施行，得以自恣，遂使當時之所行，皆爲今日之所蔽。臣請略指四事，皆天下之所以議京者也。蔡卞之薄神考，陛下既知其惡矣。伯仲相符，塤篪如一，事無異議，罪豈殊科？一黜一留，人所未論。此天下之所以議京者一也。邢恕之累宣仁，陛下既察其罪矣，於是司馬光、劉摯、梁燾等皆蒙叙復。京嘗奏疏，請誅摯等家族。審如京言，則所以累宣仁者豈特邢恕一人而已哉？在恕則逐之，在京則留之，何以塞邢恕不平之口，而慰宣仁在天之靈乎？此天下之所以議京者二也。章子厚自明定策之功，追貶王珪。京之門人皆謂京於此時禁制宣仁，京亦自謂元豐末被命，帶開封劊子攜劍入内，欲斬王珪。今陛下雪珪之罪，還其舊官，則是以珪之貶於子厚爲非也。在子厚則非之，在京則留之，如是則子厚有辭矣，珪有憾矣。此天下之所以議京者三也。子厚之初，篤信京、卞，傾心降意，隨此二人，假繼述之説以行其私，三人議論如出一口。自紹聖三年九月，卞爲執政，於是京始大怒，而與子厚絶矣。自今觀之，京之所以與子厚絶者，爲國事乎？爲己事乎？此天下之所以議京者四也。陛下即位之初，以用賢去邪爲先，而京之蒙蔽欺罔曾無忌憚。陛下必欲留京於朝者，其故何哉？臣知陛下之意本無適莫，而京之所以據位希進、牢不可拔者，則以韓忠彦、曾布不能爲國遠慮，輕率自用，激成其勢故也。京、卞同惡，天下所共知。若用天下之言以合公議，則顯正二人之罪不難也。忠彦等不務出此，託之師謀而出之太原，雖加以兩制學士之職，而實以詭計除之。想當進擬之時，必有不情之奏。用奇設策，不由誠心，二聖安得而無疑，公議亦以爲未允。及京之留，布復爭辯，再三之瀆，無以取信。相激之勢，因此而成。陛下進賢退邪，法則堯舜，然天下之心皆疑陛下有大用京之意者，以京之復留故也。京之所以復留者，以忠彦等去之不以其道故也。去之不以其道，則留之者生於相激，萬一京果大用，則天下治亂自此分矣。崔羣謂唐之治亂，在李林甫、張九齡進退之時。今京欺蔑先帝，與卞無異[一]，而又歸過於先烈，賣禍於子厚、卞，曲爲自安之計，而陛下果留之矣。今既可以復留，則後不可以大用。天下治亂之勢繫於一京，崔羣之言可不念哉？臣恐後之視今，亦猶今之視昔，禍亂之機，亦不可以不早辨也。陛下嗣位之初，首開言路，可謂知所先後矣。臣愚首預兹選，明知京在朝必爲大患，而不能以時建言，萬一有意外不慮之變，陛下幡然悔悟，誅責當時言事之臣，則臣雖碎首陷胸，何補於事？此臣之所以憤懣而不敢默也。臣嘗爲卞所薦，與京無纖介之隙，所以言之者，爲國事爾。非特爲國事也，亦爲蔡氏也。且京、卞用事以來，籠絡薦引天下之士，處要路、得美官者不下數百

[一] 卞，原作「京」，張泰本、馮孜本同，據皇朝文鑑改。

千人。其間材智藝能之士、可用之人誠爲不少，彼皆明知京、卞負國，欲洗心自新，捨去私門，顧朝廷未有以招之耳。臣謂京在朝廷，則此數百千人皆指爲蔡氏之黨；若去朝廷，則此數百千人皆反爲朝廷之用。所以消去朋黨，廣收人才，正在陛下果於去京而已，此亦已用之術。在昔熙寧之末，王安石、呂惠卿紛爭以後，天下之士分爲兩黨。神考患之，於是自安石既退、惠卿既出後，不復用此兩人，而兩門之士亦兼取而並用之也。當時天下之士有王黨、呂黨，而朋黨之禍終不及於朝廷者，以此。然則消去朋黨之術，唯在去京而已。今京關通交結，其勢益牢，廣布腹心，共成私計，羽翼成就，可以高飛，愚棄朝廷，有同兒戲。陛下若不早悟，漸成孤立，後雖悔之，亦無及矣。自古爲人臣者，官無高下，干犯人主，未必得禍，一觸權臣，破碎必矣。或以爲離間君臣，或以爲賣直歸怨，或託以他事陰中傷之，或於已黜之後責其怨望。此古人之所以不免也，臣豈敢自愛其身？若使臣自愛其身，則陛下不得聞京之罪矣。國家内外無事一百四十一年矣，古所無有，甚可畏也。譬如年老之人，康强無疾，日服温暖，猶恐氣衰，至於保養陰邪，必成腹心之疾。伏望陛下謹保祖宗之業，獨持威福之柄。断自宸衷，果於去惡，則天下幸甚。取進止。

帝以瓘之所論不根，罷右司諫，添差監揚州糧料院，尋改差知無爲軍。瓘復上章條其事件，曰：

臣上件所言，在既責揚州糧料院以前。陛下若以臣言爲是，則當如臣所請，按京之罪，明正典刑，然後改臣差遣，以示聽納；若以臣言爲非，則當重加貶竄，乃得允當。今京桀驁自肆，無所畏憚，而臣章屢上，並未蒙降出，則是陛下不以臣言爲信。不信其言，而輕於改命，傳之天下，人必駭惑。其爲聖政之累，無大於此。且京久在朝廷，專以輕君罔上爲能，以植黨任數爲術，挾繼述之説爲自便之計，稍違其意，則以不忠不孝之名加之，脅持上下，決欲取勝而後已。主威不行，士論憂恐，京若不去，必爲腹心之患，宗社安危未可知也。臣之一身，遷貶榮辱，何足道哉？所有差知無爲軍勅命，臣不敢祗受，迤邐乘船，前去揚州，聽候指揮。

臣從彦釋曰：揚子稱樗里子之智也，曰「使知國如知葬，則吾以疾爲蓍龜」，以甚言知國之難也。陳瓘之論蔡京，其吉凶禍福莫不兆見，可爲國之蓍龜者矣。然京終大用，鞠爲禍胎，瓘言不售，終斥逐流落以死於外。王黼繼之，遂召金人犯闕之變，豈不甚可憫哉！

台衡録

按遺藁，先生所著有台衡録，今不存。

豫章羅先生文集卷第九

豫章羅先生文集卷第十

集録

二程先生語録

凡看書各有門庭，詩、易、春秋不可逐句看，尚書、論語可以逐句看。

「赤舄几几」，只是形容周公一箇氣象，乃孟子所謂「睟面盎背，四體不言而喻」之意。「雍雍在宮，肅肅在廟」，亦只是形容文王氣象。大抵古人形容聖人多此類，如「倬彼雲漢，爲章于天」，亦是形容聖人也。

「不識不知」，言文王化其民，日用不知，皆由天理也。

「與子游聞之」，當作「於子游聞之」。若兩人同聞，安得一箇知，一箇不知？

「利」字不聯「牝馬」爲義。如云「利牝馬之貞」，則坤便只有三德。陰必從陽，然後「乃終有慶」也。

「黄」中色，「裳」宜在下，則「元吉」。他卦皆有悔、凶、咎，惟謙未嘗有。他卦有待而亨，惟謙則便亨。謙，君子所以自終，故不言吉。裒取其多而增益其寡，天理也。「六二，鳴謙」，處中得正而有德者，故鳴謙者乃「中心得也」。「上六，鳴謙」，乃有求者也，有求之小，止於征國邑而已，故曰「志未得也」。「蹇，以反身修德」，故往者在外也，在外必蹇；來者在内也，在内則有譽。「無尤」「來連」「朋來」「來碩」，皆反身修德之謂也。「蹇蹇」，不暴進，内顧之象也。暴進出外則無事矣。連音平。連則無窮也。朋來則衆來，言朋來未免於有思也。至於來碩，則來處於大人之事也，故曰「從貴」。

闔闢便是易，一闔一闢謂之變。

堯之親九族，以明俊德之人爲先。蓋有天下國家者，以知人爲難，以親賢爲急。善學者，要不爲文字所梏。故文義雖解錯，而道理可通行者，不害也。論語，曾子、有子〔二〕弟子論譔。所以知者，唯曾子、有子不名。伊川

〔二〕子，原脱，張泰本同，據馮孜本補。

「學而時習之」，「鷹乃學習」之義。「子路有聞，未之能行，惟恐有聞。」説在心，樂主發散在外。伊川

孝弟本其所以生，乃爲仁之本。孝弟有不中理，或至犯上，然亦鮮矣。孟子曰：「孰不爲事？事親，事之本也。孰不爲守？守身，守之本也。」不失其身而事親，乃誠孝也。推此，亦可以知爲仁之本。明道

「敬事而信」以下事，論其所存，未及治具，故不及禮樂刑政。伊川

「行有餘力」者，當先立其本也。有本而後學文。然有本，則文自至矣。明道

「致身」猶言致力，乃委質也。明道

人安重，則學堅固。伊川

「禮之用，和爲貴」，有不可行者，偏也。伊川

貧而能樂，富而能好禮，隨貧富所治當如此。子貢引切磋琢磨，蓋治之之謂也。若貧而言好禮，則至於卑；富而言樂，則至於驕。然貧而樂，非好禮不能；富而好禮，非樂不能。明道

「爲政以德」，然後無爲。伊川

回於孔子之道無所不説，故「如愚」。退而省其所自得，亦足以開發矣，故曰「不

愚」。

「視其所以」，所爲也；「觀其所由」，所從也；「察其所安」，所處也。察其所處，則見其心之所存。在己者能知言窮理，則能以此察人，如聖人也。明道

「君子不器」，無所不施也。若一才一藝，則器也。伊川

子貢問君子，孔子告以「先行其言而後從之」，而可以爲君子，因子貢多言而發也。伊川

「先行其言而後從之」，謂觀人者，彼能先行其言，吾然後信之。伊川

「周」謂周旋，「不比」謂不相私比也。伊川

「學而不思」則無得，故「罔」。「思而不學」則不進，故「殆」。「博學之，審問之，慎思之，明辨之，篤行之」，五者廢其一，非學也。伊川

「尤」，罪自外至也；「悔」，理自内出也。修天爵則人爵至，「禄在其中」也。子張學干禄，故告之以此，使定其心而不爲利禄動。若顔淵則不然矣。「君子謀道不謀食。學也，禄在其中矣。」然學不必得禄，猶耕之不必得食，亦有餒在其中矣。君子知其如此，故「憂道不憂貧」，此所以告干禄也。伊川

「奢」自文生，文過則爲「奢」，不足則爲「儉」。文者，稱寔而爲飾[一]。文對寔已爲兩物，奢又文之過，則去本遠矣。儉乃文不足，此所以爲「禮之本」。伊川

仁者如射。射而不中，不怨勝己者，反求諸己而已，豈有爭也？故曰「其爭也君子」。伊川

「下而飲」，非謂下堂而飲，離去射位而飲也。若下堂而飲，則辱之甚，無此。伊川

「素」喻質，「繪」喻禮。凡繪，先施素地而加采，如有美質而更文之以禮。伊川

灌以降神，禘之始也。「既灌而往者」，自始以至終，皆無足觀，言魯祭之非禮也。「不知」者，蓋爲魯諱。如自此事而正之，其於天下如指掌之易。伊川

「爲力」猶言爲功。射有五善，而功不一，故曰「不同科」。所謂五善者，觀德行，别邪正，辨威儀云云。伊川

「事君盡禮」，在他人言之，必曰「小人以爲諂也」；聖人道洪，故止曰「人以爲諂也」。伊川

「樂得淑女以配君子，不淫其色」，是「樂而不淫」。「哀窈窕，思賢才」，「求之不

[一] 寔，二程集作「實」。下「文對寔」同。寔、實通。

得，展轉反側」，是「哀而不傷」。明道

「成事不説」至「既往不咎」者，大槩相似。重言之，所以深責之也。如今人嗟惜一事，未嘗不再三言之也。伊川

「成湯放桀，惟有慙德」，武王亦然，故「未盡善」。堯舜、湯武，其揆一也，征伐非其所欲，所遇之時然耳。伊川

「里」，居也，擇仁而處之爲美。明道

「知者利仁」，知者以仁爲利而行之。至若欲有名而爲之之類，是皆以爲利也。知者知仁爲美，擇而行之，是「利仁」也。必有其仁，故曰「利」。伊川

「君子懷德」，惟善之所在；「小人懷土」，惟事之所在。「君子懷刑」，惟法之所在；「小人懷惠」，惟利之所在。伊川

子貢問：「賜也何如？」賜自矜其長，而孔子以瑚璉之器答者，但瑚璉可施禮容於宗廟，如子貢之才可使於四方，可使與賓客言而已。伊川

未能自信，不可以治人，孔子所以説漆雕開之對。明道

子貢常方人，故孔子答以「不暇」，而又問「與回也孰愈」，所以抑其方人也。

「聞一知十」「聞一知二」，舉多少而言也。曰「吾與汝弗如也」，使子貢喻其言，知其

在勉；不喻，則亦可使慕之，皆有教也夫。

「不欲人之加諸我」者，「施諸己而不願」者也。「無加諸人」者，「己所不欲，勿施於人」者也。此「無伐善，無施勞」者能之，故非子貢所及。伊川

「夫子言性與天道，不可得而聞」，唯子貢親達其理，故能爲是歎美之辭，言衆人不得聞也。伊川

蔡與采同。大夫有采地，而爲山節藻棁之事，不知也。山節藻棁，諸侯之事也。伊川

「三月不違仁」，言其久也，然非成德之事。

「祝鮀之佞」，所謂「巧言」。「宋朝之美」，所謂「令色」。當衰世，非此難免。伊川

「上知」，高遠之事，非中人以下所可告，蓋踰涯分也。伊川

民之所宜者務之，所欲與之，悉所惡勿施爾也[一]。人之所以近鬼神而褻之者，蓋惑也，故有「非鬼而祭之」，淫祀以求福，知者則「敬而遠之」。明道

知如水之流，仁如山之安。動靜，仁智之體也，動則自樂，靜則自壽。非體仁智之

[一] 悉，姜文魁本、岳徐李本、黃植京本并二程集作「聚」。

深者，不能如此形容之。明道

觚之爲器，不得其法制，則非觚也。舉一器而天下之物莫不皆然，天下之事亦由是也。伊川

宰我言：「如井中有人，仁者當下而從之否？」子曰：「君子可使之往，不可陷以非其所履；可欺以其方，難罔以非其道。」明道

博學於文而不約之以禮，必至於汗漫。所謂「約之以禮」者，能守禮而由於規矩者也，未及知之也，止可以不畔道而已。「多聞，擇其善者而從之，多見而識之，知之次也」，與此相近。顏淵曰：「博我以文，約我以禮，欲罷不能。」是已知之而進不止者也。明道

中庸之德，不可須臾離，民鮮有久行其道者也。伊川

聖則無大小，至於仁，兼上下大小而言之。「博施濟衆」亦仁也，「愛人」亦仁也。「堯舜其猶病諸」者，猶難之也。博則廣而無極，衆則多而無窮，聖人必欲使天下無一人之惡，無一物不得其所，然亦不能，故曰「病諸」。「修己以安百姓」，亦猶是也。伊川

人於文采，皆不曰「吾猶人也」，皆曰勝於人爾。至於「躬行君子」，則吾未見其人

也。伊川

泰伯知王季之賢，必能開基成王業，故爲天下而三讓之。言其公也。明道

「泰伯三以天下讓」者，立文王則道被天下，故泰伯以天下之故而讓之也。不必革命，使紂賢，文王爲三公矣。伊川

凡人有所計較者，皆私意也。孟子曰：「唯仁者爲能以大事小。」仁者欲人之善而矜人之惡，不計較小大强弱而事之，故能保天下。「犯而不校」，亦樂天順理者也。伊川

「人而不仁」，君子當教養之。不盡教養，而惟「疾之甚」，必至於亂。明道

爲學三年而不至於善，是不善學也。明道

亂，治也。師摯始治關雎之樂，其聲洋洋乎盈耳哉，美之也。明道

「洋洋盈耳」，美也。孔子「反魯，樂正，雅、頌各得其所」。其後自太師而下，入河蹈海，由樂正，魯不用而放棄之也。伊川

「禹，吾無間然矣」，言德純完，無可非間。明道

「子罕言利」，非使人去利而就害也，蓋人不當以利爲心。易曰：「利者，義之和。」以義而致利，斯可矣。「罕言仁」者，以其道大故也。論語一部，言仁豈少哉？蓋

仁者大事，門人一一紀録，盡平生所言如此，亦不爲多也。伊川

「吾有知乎哉？無知也」者，盡以告人，他無知也。與「吾無隱乎爾」同。伊川

叩，就也。兩端，猶曰兩頭，謂終始。告鄙夫也。伊川

「鳳鳥不至，河不出圖，吾已矣夫」者，嗜欲將至，有開必先也。伊川

「可與共學」，所以求之也；「可與適道」，知其所往也；「可與立」者，篤志固執而不變也。權，與權衡之權同，稱物而知其輕重□也〔一〕。人無權衡則不能知輕重，聖人則不以權衡而知輕重矣，聖人則是權衡也。伊川

寢食不當言語，時必齊如也，臨祭則敬也。明道

「色斯舉矣」，不至悔吝。「翔而後集」，審擇其處。明道

山梁雌雉得其時，遂其性，而人逢亂世，反不得其所。子路不達，故共具之。孔子俾子路復審言詳意，故三嗅而起，庶子路知之也。伊川

先進，猶言前輩也；後進，猶言後輩也。「先進之於禮樂」，有其誠意而質也，故曰「野人」。「後進之於禮樂」，習其容止而文者也，故曰「君子」。孔子患時之文弊，

〔一〕「重」下底本有一字墨釘，張泰本同，馮孜本作「者」。

而欲救之以質，故曰「如用之，則吾從先進」，取其誠意之多也。明道

「先進於禮樂，野人也」，謂其質朴。「後進於禮樂，君子也」，謂其得宜。周末文弊，當時之人自謂得宜，而以古人爲質朴，故孔子欲從古人，古人非質朴也。伊川

「從我於陳、蔡者，皆不及門」，言此時皆無及孔子之門者。思其人，故數顏子以下十人，有德行者、政事者、言語者、文學者，皆從於陳、蔡者也。明道

四科，乃從夫子于陳、蔡者爾，門人之賢者，固不止此。曾子傳道而不與焉，故知十哲，世俗之論也。明道

閔子之於父母昆弟，盡其道而處之，故人無非間之言。伊川

「過猶不及」，如琴張、曾皙之狂，皆過也。然而行不掩焉〔一〕，是無实也。明道

才高者過，過則一出一入；卑者不及，則怠惰廢弛。明道

師、商過不及，其弊爲楊、墨。楊出於義，墨出於仁。仁義雖天下之美，然如此者，失之毫釐，謬以千里。伊川

〔一〕焉，原作「馬」，張泰本同，據馮孜本改。

曾子少孔子，始也魯。觀其後明道，豈魯也哉？明道

善人，非豪傑特立之士不能自達者也。苟不履聖賢之迹，則亦不入其奧，故爲邦必至於百年，乃可以勝殘去殺也。孟子以樂正子爲善人、信人。有諸己之謂信，能充实之可以至於聖賢，然其始必循轍迹而後能入也。論篤，言之篤厚者也。取於人者，惟言之篤厚者是與。君子者乎？色莊者乎？未可知也。不可以論篤遂與之，必觀其行事乃可也。明道

「一日克己復禮，天下歸仁」者，言一旦能克己復禮，則天下稱其仁，非一日之間也。伊川

子路之言信，故「片言可以折獄」。伊川

宿，謂預也，非一宿之宿也。伊川

子張少仁，無誠心愛民，則必倦而不盡心者也，故孔子因問而告之。伊川

「先之，勞之」者，昔周公師保萬民，易曰：「以左右民。」師保左右，先之也。勞，勉也，又勞勉之。伊川

子路問政，孔子既告之矣，及請益，則曰「無倦」而已，未嘗復有所告，姑使深思之也。明道

凡有物有形則有名，有名則有理。如以大爲小，以高爲下，則言不順，至於民無所措手足也。伊川

「如有用我者[一]，朞月而已可也，三年有成。如何？」曰：「昔在經筵時嘗説，因言陛下若以朞月之事問臣，臣便以朞月之事對；若以三年之事問臣，臣便以三年之事對。『朞月而已』者，整頓大綱也。若夫『有成』，則在三年也。然朞月、三年之説，今世又不同，須從頭整理可也。漢公孫弘言『三年而化，臣切遲之』，李石對唐文宗以謂『陛下責治太急』，皆率爾之言，本不知朞月、三年之事。」伊川

三十年爲一世，三十壯有室也。「必世而後仁」，化浹也。伊川

冉子謂季氏之所行爲政，孔子抑之曰：「其事也。」言季氏之家事而已，謂之政者，僭也。如國有政，吾雖不用，猶當與聞之也。伊川

「言不必信，行不必果，唯義所在」，大人之事；「言必信，行必果，硜硜然」，小人之事。小人對大人爲小，非爲惡之小人也，故亦可以爲士。明道

剛者堅之體，發而有勇曰毅，木者質朴，訥者遲鈍。此四者比之巧言令色則近於仁，

[一] 如，二程集作「苟」。

亦猶不得中行而與狂狷也。伊川

「切切」如體之相磨，「偲偲」則以意。此言告子路，故曰「切切偲偲，怡怡如也」。明道

「善人教民七年，亦可以即戎」，聖人度其時可矣。如「小國五年，大國七年」云〔一〕。伊川

原憲，孔子高弟，問有所未盡。蓋「克伐怨欲」四者無，然後可以爲仁；有而不行，未至於無，故止告之以「爲難」。伊川

「邦有道，穀；邦無道，穀，恥也」，此汎舉也。「直哉史魚」，不若「君子哉蘧伯玉」。然則「危言危行」「危行言遜」，乃孔子事也。危，猶獨也，與衆異，不安之謂。邦無道，行雖危，而言不可不遜也。明道

「直哉史魚」，不若「君子哉蘧伯玉」。「卷而懷之」，乃「危行言遜」也。危行者，嚴厲其行而不苟，言則當遜。伊川

「晉文公譎而不正，齊桓公正而不譎」，此爲作春秋而言也。晉文公实有勤王之心，

〔一〕孟子離婁上：「師文王，大國五年，小國七年，必爲政於天下矣。」

而不知召王之爲不順，故譎掩其正；齊桓公伐楚，責包茅，雖其心未必尊王，而其事則正，故正掩其譎。孔子言之以爲戒。正者，正行其事耳，非大正也。亦猶管仲之仁，止以事功而言也。伊川

「桓公殺公子糾，管仲不死而從之。殺兄之人，固可從乎？」曰：「桓公、子糾，襄公之二弟也，桓公兄而子糾弟也。襄公死，則桓公當立，此以春秋知之也。春秋書桓公，則曰齊小白，言當有齊國也；於子糾則止曰糾，不言齊，以不當有齊也。不言子，非君之嗣子也。公、穀并注四處皆書『納糾』，左傳獨言『子糾』，誤也。然書『齊人取子糾殺之』者，齊大夫嘗與魯盟于蔇，蔇欲納糾以爲君，又殺之，故書子，是二罪也。管仲始事糾，不正也，終從于正，義也。召忽不負所事，亦義也。如王珪、魏徵不死建成之難，而從太宗，可謂害於義矣。」伊川

「君子固窮」者，固守其窮也。伊川

「知及之，仁不能守之」，此言中人以下也。若夫真知，未有不能行者。伊川

民於爲仁，甚於畏水火。水火猶有蹈而死者，言民之不爲仁也。伊川

爲仁在己，無所與讓也。明道

諒與信異。自大體是信，亮必爲也。明道

諒，固執也，與亮同，古字通用。孟子曰：「君子不亮，惡乎執？」伊川

「性相近」，對「習相遠」而言。相近，猶相似也。上智、下愚，才也，性則皆善。自暴自棄然後不可移，不然則可移。伊川

「吾其爲東周乎？」若用孔子，必行王道。東周衰亂，所不肯爲也，亦非革命之謂也。明道

「恭則不侮」，蓋一恭則仁道盡矣。又寬以得衆，信爲人所任，敏而有功，惠以使人，行五者於天下，其仁可知矣。明道

佛肸召，子必不徒然，其往義也，然終不往者，度其不足與有爲也。

六言六蔽，正與「恭而無禮則勞」「寬而栗，剛而無虐」之義。蓋好仁而不好學，乃所以愚。非能仁而愚，徒好而不知學乃愚。明道

二南，人倫之本，王化之基，苟不爲之，則無所自入。古之學者，必「興於詩」，「不學詩，無以言」，故猶「正墻面而立」。明道

孟子曰：「教亦多術矣。予不屑之教誨也，是亦教誨之而已矣。」孔子不見孺悲，所以深教之也。明道

「君子不施其親」，施，與也，言其不私其親暱也。伊川

與人交際之道，則子張爲廣，聖人亦未嘗拒人也。明道

「日知其所亡，月無忘其所能」，此可以爲人師法矣，非謂此可以爲人師道。

學不博則不能守約，志不篤則不能力行。切問近思在己者，則仁在其中矣。明道

「望之儼然」，秉天陽高明氣象。「即之也溫」，中心和易而接物也。溫，備人道也。「聽其言也厲」，則如東西南北正定地道也，蓋非禮勿言也。君子之道，三才備矣。明道

「大德不踰閑」，指君臣父子之大義。「小德」，如援溺之事。更推廣之。伊川

學既優則可以仕，仕既優則可以學。優裕、優閑，一也。伊川

「子張既除喪而見，予之琴，和之而和，彈之而成聲，作而曰：『先王制禮，不可不至焉。』」推此言之，子張過於薄，故「難與並爲仁矣」。明道

「子貢言性與天道」，以夫子聰明而言；「綏之斯來，動之斯和」，以夫子德性而言。伊川

「因民之所利而利之」，若耕稼陶漁，皆因其順利而道之。明道

知言之善惡是非，乃可以知人，孟子所謂「知言」是也。必有諸己然後知言，知之則能格物而窮理。伊川

今之城郭，不爲保民。明道

君子道宏，故可大受，而不可小小知測，此孟子所以「四十不動心」。小人反是。明道

有若等自能知夫子之道，假使污下，必不爲阿好而言，謂其論可信也。伊川

惻惻然隱，如物之隱應也，此仁之端緒。「赤子入井」「其顙有泚」，推之可見。伊川

墨子愛其兄之子猶鄰之子，墨子書中未嘗有如此等言。但孟子拔本塞源，知其流必至於是，故直之也。伊川

「廣居」「正位」「大道」，一也。不處小節，即是廣居。

事親若曾子而曰可者，非謂曾子未盡善也。人子事親，豈有大過曾子，孟子之心皆可見矣。明道

「君仁莫不仁，君義莫不義」，天下之治亂，繫乎人君仁不仁耳。離是而非，則「生於其心，必害於其政」，豈待乎作之於外哉？昔者孟子三見齊王而不言事，門人疑之，孟子曰：「我先攻其邪心。」心既正，然後天下之事可從而理也。夫政事之失，用人之非，知者能更之，直者能諫之。然非心存焉，則一事之失，救而正之，後之失者，將不勝救矣。格其非心，使無不正，非大人其孰能之？伊川

君子小人，澤及五世者，善惡皆及後世也。伊川

「可以仕則仕，可以止則止，可以久則久，可以速則速」，皆時也，未嘗不合中，故曰：「君子而時中。」伊川

命皆一也。「莫之致而至者」，正命也。「桎梏而死者」，君子不謂命。伊川

恕者，入仁之門。伊川

仁，理也；人，物也。以仁合在人身言之，乃是人之道也。伊川

「充實而有光輝」，所謂「修身見於世」也。伊川

帶，蓋指其近處。下，猶舍也，離也。古人於一帶，必皆有意義。「不下帶有道存〔二〕」，猶云只此便有至理存焉。此一段伊川語，得之馬時仲〔三〕。

「經德不回」，乃教上等人。禍福之說，使中人以下知所畏懼修省，亦自然之理耳。若釋氏怖死以學道，則立心不正矣。明道

按龜山先生答胡康侯書云：「伊川先生語録，在念未嘗忘也。但以兵火散失，

〔二〕孟子盡心下：「君子之言也，不下帶而道存焉。」

〔三〕中華書局二程集校按：「伊川弟子馬伸字時中。此本『仲』字，當爲『中』之誤。」

收拾未悉，舊日惟羅仲素編集備甚，今仲素已死於道途，行李亦遭賊火，已托人於其家尋□[二]。若得五六，便下手矣。」又書云：「伊川先生語録，昔嘗集諸門人所問，以類相從，編録成帙，今皆失之。羅仲素舊有一本，今仲素已死，託其壻尋之未到。」沙陽志亦云：「先生所輯有程先生語録，不存。」今所録一百四十九條，見程氏外書，晦庵先生所序次也，題曰羅氏本拾遺。蓋已見於諸篇者不復録，元本固不止此也。今元本不可見，姑從外書録之如右云。

龜山先生語録

按沙陽志：「先生所輯有楊文靖公語録一卷。」今考之龜山語録凡□卷[三]，未知所録何卷。行實云：「第三卷先生所録。」然卷中所明，每稱仲素，疑書於他人之筆。或者但見此卷記先生所問爲多，遂以爲先生所録耳。又第四卷毗陵所聞注云：「辛卯七月自沙縣來，至十月去。」蕭山所聞注云：「壬辰

[二]「尋」下底本有一字墨釘，張泰本、馮孜本作「之」。
[三]「凡」下底本有一字墨釘，張泰本、馮孜本作「四」。

五月又自沙縣來，至八月去。」或疑此卷先生所録。然先生受學龜山在政和二年壬辰，則辛卯所録亦非先生筆。意者陳默堂所録，亦自可知。今既不知所録，□□□□□□[一]，以俟知者。

豫章羅先生文集卷第十

[一]「録」下底本有六字墨釘，馮孜本同，張泰本爲六字空格，姜文魁本補作：「姑存其槩於此」。

豫章羅先生文集卷第十一

雜著

議論要語

人主讀經則師其意，讀史則師其迹。然讀經以尚書爲先，讀史以唐書爲首。蓋尚書論人主善惡爲多，唐書論朝廷變故最盛。

朝廷立法不可不嚴，有司行法不可不恕。不嚴則不足以禁天下之惡，不恕則不足以通天下之情。漢之張釋之、唐之徐有功，以恕求情者也。常衮一切用法，四方奏請莫有獲者，彼庸人哉！天下後世典獄之官，當以有功爲法，以衮爲戒。

人主欲明而不察，仁而不懦。蓋察常累明，而懦反害仁故也。漢昭帝明而不察，章帝仁而不懦，孝宣明矣而失之察，孝元仁矣而失之懦。若唐德宗則察而不明，高宗則懦而不仁。兼二者之長，其惟漢文乎？

祖宗法度不可廢，德澤不可恃。廢法度則變亂之事起，恃德澤則驕佚之心生。自古德澤最厚莫若堯舜，向使子孫可恃，則堯舜必傳其子；至於法度莫若周家之最明，向使子孫世守，則歷年至今猶存可也。

仁義者，人主之術也。一於仁，天下愛之而不知畏；一於義，天下畏之而不知愛。三代之主，仁義兼隆，所以享國至於長久。自漢以來，或得其偏，如漢文帝過於仁，宣帝過於義。夫仁可過也，義不可過也。

名器之貴賤以其人，何則？授於君子則貴，授於小人則賤。名器之所貴，則君子勇於行道，而小人甘於下僚；名器之所賤，則小人勇於浮競，而君子恥於求進。以此觀之，人主之名器可輕授人哉？

周厲王監謗，秦始皇偶語者棄市，徒能禁於一時，豈能禁於萬世？觀厲王之惡，至秦之世而不可禁；始皇之惡，至漢之世而不可禁。非惟不能禁於後世，而又必有明白其是非者。賢君所以專務修德而樂聞善言，當時之臣故亦樂告以善道，而成一代之治安。彼二主不達此，規規然徒禁一時之論難，行事不善，使人不敢議其非，或致亡於一朝，而取譏評於萬世，不亦誤哉？然想當時未必其身親爲不善也，必有奸佞之臣濟之，此可以爲世戒。

「可愛非君，可畏非民。」後世荒淫之君所爲不善，故君不知民可畏，而知民可虐；民不知君可愛，而知君可怨。是君民爲仇也，安得無顛覆之禍？

仁義禮智，所以爲立身之本而闕一不可。故孟子以惻隱之心爲仁之端，而無惻隱之心則非人；以羞惡之心爲義之端，而無羞惡之心則非人；以辭讓之心爲禮之端，而無辭讓之心則非人；以是非之心爲智之端，而無是非之心則非人。李林甫爲宰相，在廷之臣皆非人也。掊克生靈，無惻隱之心；阿附宦官，無羞惡之心；勢利相傾，無辭讓之心；上下雷同，無是非之心。夫一端之亡，亦非人矣，況四端俱亡，安得謂之人？宜乎有天寶之亂也。

君明君之福，臣忠臣之福。君明臣忠，則朝廷治安，得不謂之福乎？父慈父之福，子孝子之福。父慈子孝，則家道隆盛，得不謂之福乎？俗人以富貴爲福，陋哉！

老子曰：「禍兮福所倚，福兮禍所伏。」指國家而言。故晉武平吳，何曾知其將亂；隋文平陳，房喬知其不久。禍福倚伏者，其在兹乎？

唐德宗之惡過於紂。孟子曰：「賊仁者謂之賊，賊義者謂之殘，殘賊之人謂之匹夫。」何則？仁義，所以治天下之本，而紂皆殘賊之，遂失天下。觀德宗之惡，詎止於賊仁義哉？社稷不亡，幸矣。

姦邪之人亂國政，李林甫是也；庸鄙之士弱國勢，張禹是也。荀子曰：「權出於一者强。」謂權出於一，則主勢不分，而君道尊矣。後世宰相，侵君之權而不令終者多，賢如李文饒尚不能免此，況李林甫之徒哉？爲人臣者，視此以爲戒。

秦暴如火，天下怨之，怨而不離者，扶蘇在焉。及扶蘇死，二世立，而秦亡。賢主之國家爲何如？

王者富民，伯者富國。富民，三代之世是也；富國，齊、晋是也。至漢文帝行王者之道，欲富民而告戒不嚴，民反至於奢；武帝行伯者之道，欲富國而費用無節，國乃至於耗。

教化者朝廷之先務，廉恥者士人之美節，風俗者天下之大事。朝廷有教化，則士人有廉恥；士人有廉恥，則天下有風俗。或朝廷不務教化而責士人之廉恥，士人不尚廉恥而望風俗之美，其可得乎？

君子在朝，則天下必治。蓋君子進，則常有亂世之言，使人主多憂而善心生，故天下所以必治。小人在朝，天下必亂。蓋小人進，則常有治世之言，使人主多樂而怠心生，故天下所以必亂。

正者天下之所同好，邪者天下之所同惡。而聖賢未嘗致憂於其間，蓋邪正已明故也。

至於邪正未明，則聖賢憂之。觀少正卯言僞而辯，行僞而堅，孔子則誅之。楊墨一則爲我，一則兼愛，孟子則闢之。皆邪正未明而惑人者衆，此孔孟之所汲汲。繼志述事，禮記獨指武王、周公，不可執此而行。使宣王繼厲王志，述厲王事，可乎？

石守道採摭唐史中女后、姦臣、宦官事，各以其類，作三卷，目之曰唐鑑，而言曰：「巍巍巨唐，女后亂之於前，姦臣壞之於中，宦官覆之於後。」考其所論，可爲萬世鑑，惜乎不推其本而言之。故人主欲懲三者之患，其本不過有二：以内則清心，以外則知人。能清心，則女后不能亂之；能知人，則姦臣不能壞之，宦官不能覆之。請借明皇一君而論。開元能清心矣，能知人矣，武后、惠妃、蕭嵩、楊思勉豈能易其志？及天寶之際，不能清心矣，不能知人矣，而楊貴妃、李林甫、高力士遂亂其心。清心、知人，其人主致治之本歟？

天下之變不起於四方，而起於朝廷。譬如人之傷氣，則寒暑易侵；木之傷心，則風雨易折。故内有李林甫之姦，則外有禄山之亂；内有盧杞之邪，則外有朱泚之叛。易曰：「負且乘，致寇至。」不虛言哉！

三代法度，秦盡變之，然獨不去肉刑。以此用心，安得不遽滅？

漢宣帝詰責杜延年治郡不進，乃善識治體者。夫治郡不進，非人臣之大罪，而宣帝必欲詰責之，何耶？蓋中興之際，内之朝廷，外之郡縣，法度未備，政事未修，民人未安堵。或治郡不進，則百職廢矣，烏可不責之？夫一郡尚爾，況天下乎？予謂漢唐帝識治勢。

漢武帝知汲黯之賢而不用，唐太宗知宇文士及之佞而不去，何其誤耶。夫人主知賢而不能用，未若不知之爲善；知佞而不知去，未若不知之爲愈。苟知賢而不能用，則善無所勸；知佞而不能去，則惡無所懲。雖然，武帝知賢而不用，猶愈於元帝知蕭望之之賢而反罪焉；太宗知佞而不去，猶愈於德宗知盧杞之奸而復用焉。觀元帝、德宗之與武帝、太宗，豈不相寥絶哉？

三代之治在道而不在法，三代之法貴实而不貴名。後世反之，此享國與治安所以不同。

士之立朝，要以正直忠厚爲本。正直則朝廷無過失，忠厚則天下無嗟怨。二者不可偏也，一於正直而不忠厚，則漸入於刻；一於忠厚而不正直，則流入於懦。汲黯正直，所以闕公孫弘之阿諛；忠厚，所以闕張湯之殘刻。武帝享國五十五年，其臣之賢，獨此一人而已。武帝反不用，其爲君可知。

立朝之士，當愛君如愛父，愛國如愛家，愛民如愛子。然三者未嘗不相賴也。凡人愛君則必愛國，愛國則必愛民，未有以君爲心而不以民爲心者。故范希文謂：「居廟堂之上則愛其民，處江湖之遠則憂其君。」諒哉！

士之立身，要以名節忠義爲本。有名節，則不枉道以求進；有忠義，則不固寵以欺君矣。

朝廷大姦不可容，朋友小過不可不容。若容大姦，必亂天下；不容小過，則無全人。

孔子曰：「道之以政，齊之以刑，民免而無恥。」以君言之，則宣帝、明帝；以臣言之，則趙廣漢、張敞得之。又曰：「道之以德，齊之以禮，有恥且格。」以君言之，則文帝、景帝；以臣言之，則龔遂、黄霸得之。君臣優劣，於此可見。

聖人無欲，君子寡欲，衆人多欲。

路温舒之見高矣。宣帝初立，政之寬猛，中外未嘗見之，而路温舒首以尚德、緩刑爲戒，援引古今至於千言。其後蓋寬饒、楊惲以無罪見戮，果符温舒之言。嗚呼！人臣見幾而能諫，人主聞善而能從，然後君臣兩盡其道。温舒見而能諫矣，宣帝聞善不能從，惜哉！

昔季氏伐顓臾，孔子曰：「吾恐季孫之憂，不在顓臾，而在蕭牆之内也。」其後陽貨果因季桓子。聖人之言可不爲萬世法哉？自三代而下，人主不師孔子之言，不戒季氏之事，而被蕭牆之害者，多矣。

成湯處心過於武王。成湯放桀于南巢，惟有慙德，曰：「予恐來世以台爲口实。」武王以受罪浮于桀，曰：「今朕必往。」則豈復有慙德哉？又湯誓、湯誥數桀之惡淺，而泰誓數紂之惡深。善乎！古人謂紂雖無道，不如是之甚者，誠知武王之心歟？

人君納諫之本，先於虛己。禹拜昌言，故能納諫；德宗强明自任，必能拒諫。

人之立身可常行者在德，不可常行者在威。蓋德則感人也深而百世不忘，威則格人也淺而一時所畏。然德與威不可偏廢也。常使德勝威，則不失其爲忠厚之士；苟威勝德，則夫免爲鍛錬之流。觀羊祜與杜預俱守襄陽，後人思祜之深而思預之淺者，豈祜尚德而預尚威乎？

中人之性，由於所習。見其善則習於爲善，見其惡則習於爲惡。習於爲善，則舉世相率而爲善，而不知善之爲是，東漢黨錮之士與夫太學生是也。習於爲惡，則舉世相率而爲惡，而不知惡之爲非，五代君臣是也。

西漢人才可與適道，東漢人才可與立，三國人才可與權。杜欽、谷永可與適道而不可與立，故附王氏；陳蕃、竇武可與立而不可與權，故困於宦官；至於諸葛孔明，然後可與權。夫人才至可與權，則不可以有加。

張良近太公之材畧，諸葛近伊尹之出處。然良佐高祖，論其時則宜，語其德則合。亮處三國，則材大任小，惜哉！

議論要語不止於此，僅録得遺藁三十九段。

豫章羅先生文集卷第十一

豫章羅先生文集卷第十二

雜著

春秋指歸序

余聞伊川先生有緒言曰：「三王之法，各是一王之法。春秋之法，乃百王不易之通法也。聖人以謂三王不可復回，且慮後世聖王之不作也，故作此一書以遺惠後人，使後之作者不必德若湯武，亦足以起三代之治也。」大略如此。春秋誠百王之通法邪？先儒之說春秋不然。先儒紛紛不足道，此處有誤。孟子於聖門蓋得其傳者也，曰：「王者之迹熄而詩亡，詩亡然後春秋作。」又曰春秋「其事則桓、文」，「孔子成春秋，而亂臣賊子懼」。此孟子之說春秋者也，然未嘗以春秋爲百王之通法也。伊川何從而得之哉？已而反求諸其心，不立一毫，不失不曠，一以其言徵之，豁若夢覺。曰：「春秋之爲春秋也尚矣，乃今知之。自周室板蕩，宣王撥亂反正，其詩美之，小有吉日、鴻鴈，大有崧高、烝民，不幸繼以幽王，而驪山之禍作焉。然而文武之澤未殄也，故平王東遷，人猶望其復興也。及其久也，政益衰，法益壞，黍離變爲國風，陵遲極矣。方是時也，去文王已五百餘歲矣，冠履顛倒，夷狄亂華，天生聖人又不見用。春秋於此時儻不復作，天下不胥爲夷狄禽獸者，吾不敢信也。故夫子因魯史十二公，始隱終麟，以二百四十年之事，創爲一代之典，善善而惡惡，是是而非非，寬不慢，猛不殘，文不華，實不陋，久而彌光，可以垂後世，傳無窮，眞後王之懿範也。所謂考諸三王而不謬，百世以俟聖人而不惑者，其此書之謂乎！」或者曰：「春秋其事則桓、文，孔子成春秋而亂臣賊子懼，其信然乎？」曰：「春秋自隱公以來，征伐四出，盟會紛然，迨莊歷僖，楚人大爲中國患。于時尊天子，攘夷狄，使天下不遂左衽者，桓、文二公之力也。故伐楚之役，齊桓稱爵；城濮之戰，文公以霸。自後世言之，二公之功烈莫盛焉；自三王之時言之，不免爲罪也，首止之會、河陽之狩是也。夫子因其事而辭之，以明王道，故曰春秋其事則桓、文。古之聖人，能以天下爲一家，中國爲一人者，非有甚高難行之行、卓異之術也，君君臣臣、父父子子而天下治矣。書曰：『天叙有典，勑我五典五惇哉！天秩有禮，自我五孔有庸哉！』蓋典也禮也，皆天也。堯舜之治天下，不越乎君臣父子之間，而禮以文之者也。故春秋誅一世子止，而天下之爲人子者莫敢不孝；戮一大夫盾，而天下之爲人臣者莫敢不忠。故曰：『孔子成春秋而亂臣賊子懼。』孟氏之言，抑有由也。」或曰：「孔子删詩、書，定禮樂，讚易道，三王之道盡於此矣，而又作春秋，何也？」曰：「五經論其理，春秋見之行事。春秋，聖人之用也。龜山嘗告人曰：『春秋，其事之終歟？學者先明五經，然後學春秋，則其用利矣。』亦以此也。久矣哉，春秋之揜於傳註也。猶鑑揜於塵，不有人焉刮垢摩光以還其明，則是後之學者將終不覩聖人之心，天下生靈將終不見三代之治，而夫子生平之志將終不行。理必無是也，此伊川之所以有春秋傳也。」近世説春秋者多矣。政和歲在丁酉，余從龜山先生于毗陵，授學經年，盡裒得其書以歸，惟春秋傳未之獲覩也。宣和之初，自輦下趨郟鄏，門人尹焞出以授予。退而玫合於經，驗之以心，而參之以古今之學，蓋其所得者十五六。於春秋大義，譬如日月經天，河海帶地，莫不昭然。微詞妙旨，譬如璣衡之察，時有所見。用是掇其至當者，作指歸。又因前人纂集之功，分别條章，裁成義例者，作釋例。未知中否，要須雍容自盡於燕閑靜一之中，遲之以歲月，積之以力久，優而游之，使自求之，饜而飫之，使自趨之，則於春秋之學，其庶幾乎！

韋齋記

宣和三年，歲在癸卯之中秋，朱喬年得尤溪尉，嘗治一室，聚群書，宴坐寢休其間。後知大學之淵源，異端之學無所入於其心，自知辯急害道，名其室曰「韋齋」，取古人佩韋之義。泛觀古人有以物爲戒者，有以人爲戒者。所謂佩韋，以物爲戒者也。人之大患在於不知過，知過而思自改，於是有戒焉。非賢者孰能之乎？予始以困揜未能遂志，因作舫齋陸海中，且思古人所以進此道者，必有由而然。久之，乃喟然嘆曰：「自孟軻氏没，更歷漢、唐，寥寥千載，迄無其人有能自樹立者，不過注心於外，崇尚世儒之語而已。與之游孔氏之門，入於堯舜之道，其必不能至矣。」夫中庸之書，世之學者盡心以知性，躬行以盡性者也。而其始則曰「喜怒哀樂之未發謂之中」，其終則曰「夫焉有所倚？肫肫其仁，淵淵其淵，浩浩其天」。此言何謂也？差之毫釐，謬以千里，故大學之道「在知所止」而已。苟知所止，則知學之先後；不知所止，則於學無自而進矣。漆雕開之學曰「吾斯之未能信」，曾點之學曰「異乎三子者之撰」，顔淵之學曰「回雖不敏，請事斯語矣」，而孔子悦開與點，稱顔回以庶幾，蓋許其進也。此予之所嘗自勉者也。故以聖賢則莫學而非道，以俗學則莫學而非物。

喬年才高而智明，其剛不屈于俗，其學也方進而未艾。齋成之明年，使人來求記於余，余辭以不能則非朋友之義，欲蹈襲世儒之語則非吾心，故以其常所自勉者併書之，使人知其在此而不在彼也。或曰：「古之人固有刻諸盤杅，銘諸几杖，置金人以戒多言，置欹器以戒自滿，聖人皆有取焉。苟善取之，則韋齋之作不無補也。」

延平先生答晦翁云：「承録示韋齋記，追往念舊，令人凄然。某中間所舉中庸始終之説，元晦以謂『肫肫其仁，淵淵其淵，浩浩其天』即全體，是未發底道理，惟聖人盡性能然。若如此看，即於全體處何處不是此氣象？第恐無甚氣味爾。某竊以謂『肫肫其仁』以下三句，乃是體認到此達天德之效處。就喜怒哀樂未發處存養至此氣象，儘有地位也。」

誨子姪文

東鄰有千條家，子孫不肖，博弈飲酒，馳馬試劍，挾彈持弩，與群小爲伍，見士人則逃遁。西鄰有百貫家，子孫不羞里巷，不顧父母，日復如是。諸子前行，路人肉杖之，曰：「爲人子孫，固如是乎？」二家之長一日聚議曰：「吾二家子孫，不肖如是之深，治之恐傷骨肉之情，不治之則恐敗先君之業。若之何而爲是乎？」旁有客曰：「此乃至愚至賤之徒，終遭刑責而後已。吾將拉汝二人，訪諸南鄰萬斛之丈人，請問訓子孫之術矣。南鄰萬斛之家數十人，入孝出悌，文行忠信。口不絶吟於六藝之文，手不停披於百家之篇。闈門之内，肅肅如也；闈門之外，雍雍如也。君之子孫若是，夫何爲而至是也？」南鄰萬斛丈人曰：「吾之誨子孫也，非鞭非笞，非詬非駡，但寫唐文人杜牧示小姪阿宜二句，又寫本朝宰執諸公倣杜牧示姪聯句，又寫范文正公家訓題東軒壁句，時人謂之「東壁句」，吾將示之。倣傚寫于東壁，示子孫尤佳。」東西二丈曰：「敬聞命矣，願得本以寫于壁焉。」

杜牧曰：「願汝出門去，取官如驅羊。」富鄭公曰：「願汝出門去，錦綉歸故鄉。」韓魏公曰：「願汝出門去，早早拜員郎。」范文正公曰：「願汝出門去，翰林著文章。」曾公亮曰：「願汝出門去，錦綉爲肝腸。」□□□□曰〔二〕：「願汝出門去，柱

〔二〕「曰」上底本有四字墨釘，張泰本、馮孜本作陳了齋。

石鎮岩廊。」□□□□曰〔二〕：「願汝出門去，德行重八方。」其後蘇東坡打諢示子蘇邁曰：「願汝出門去，毋玷辱爺娘。」

羅古人，即仲素先生也。族有不肖子數人，撰此以勉之，況其親子弟乎？此見仲素先生仁也。故曰：「仁人之言，其利博哉！」族人羅綽敬跋。

羅仲素先生，無書不讀，深造聖經之奧旨，有志於學，無志於仕，不求人知，人自知之。遠近之士，聞風慕道，重跡而前，肩摩而袂屬也。予嘗得之誨子弟文，藏之以爲家寶。今鏤板以廣其傳，幸觀覽者誦其文而究其義，師其言而尊其人，爲尊長者勸焉，爲子弟者勉焉，其有補於風教豈細也哉？傳有之曰「君子之言，信而有證」，其先生之謂乎？然則信斯言也，宜書諸紳。隆興元年六月十五日，左奉議郎致仕賜緋魚袋孫大中敬跋。

〔二〕「曰」上底本有四字墨釘，張泰本、馮孜本作真德秀。但真氏生年晚於羅氏一百多年，且按之行文，此人似應先於蘇東坡、後於曾公亮。

與陳默堂書

從彦承喻：「聖道甚微，有能於後生中得一箇半箇可以與聞於此，庶幾傳者愈廣，吾道不孤，又何難之不易也。」從彦聞尊兄此言，尤着意詢訪。近有後生李愿中者，向道甚鋭，曾以書求教，趨向大抵近正。謾録其書并從彦所作小詩呈左右，未知以爲然否？

豫章羅先生文集卷第十二

豫章羅先生文集卷第十三

詩

觀書有感

靜處觀心塵不染，閑中稽古意尤深。周誠程敬應粗會，奥理休從此外尋。

自警

性地栽培恐易蕪，是非理欲謹於初。孔顏樂地非難造，好讀誠明靜定書。

示書生

知行蹊徑固非艱，每在操存養性間。此道悟來隨寓見，一毫物慾敢相關。

顔樂齋

山染嵐光帶日黄，瀟然茅屋枕池塘。自知寡與真堪笑，賴有顔瓢一味長。

邀月臺

矮作垣墻小作臺，時邀明月寫襟懷。夜深獨有長庚伴，不許庸人取次來。後改云也知鄰鬬非吾事，且把行藏付酒杯。

延平先生云：「羅先生山居詩，侗記不全，今只據追思得者録去邀月臺詩云云。侗見先生出此詩，後兩句不甚愜人意，嘗妄意云：『先生可改下兩句，不甚渾然。』先生别云〔二〕：『也知鄰鬬非吾事，且把行藏付酒杯。』蓋作此數絶時，正靖康間也。」

送南劍王守歸

三年政化被生民，甘雨祥風溢劍津。解組幡然賦歸去，攀轅無計可留恂。

未把陽關三疊吟，且將謬句寫離心。千尋浩浩鐔溪水，别恨不知誰淺深。

勉李愿中五首

愿中以書求道甚力，作詩五首以勉其意。然借視聽於聾盲，未知是否。

聖道由來自坦夷，休迷佛學惑他岐。死灰槁木渾無用，緣置心官不肯思。學道以思爲上。孟子曰：「心之官則思。」書曰：「思曰睿，睿作聖。」「惟狂克念作聖。」佛法一切反是。

〔二〕别，張泰本同，馮孜本作「改」。

不聞雞犬鬧桑麻，仁宅安居是我家。耕種情田勤禮義，眼前風物任繁華。

今古乾坤共此身，安身須是且安民。臨深履薄緣何事，祇恐操心近矢人。外吾聖人之學，申、韓、佛、老，皆有書，在決擇也。

彩筆畫空空不染，利刀割水水無痕。人心但得如空水，與物自然無怨恩。吾道當無疑於物〔二〕。

權門來往絶行蹤，一片閑雲過九峯。不似在家貧亦好，水邊林下養疏庸。

自述

松菊相親莫厭頻，紛紛人世只紅塵。自憐寡與真堪笑，賴有清風是故人。

〔二〕疑，張泰本同，馮孜本作「礙」。

題一鉢庵

可憐萱草信無憂，誰謂幽蘭解結愁。欲得寸田断荆棘，只消一作「衹應」長伴赤松游。

挽吉溪吴助教 二首

室富真儒業，門多長者車。明經方教子，得第已榮家。性守仍知分，天然不愛奢。百年成古昔，行路亦咨嗟。

新生誇躑躅，舊德嘆凋零。冷帶商岩月，光凌處士星。布衣難得禄，白首易窮經。追想今何在，溪流對洞庭。

顔樂亭用陳默堂韻

平時仰止在高山，要以亭名樂内顔。顛倒一生渾是夢，尋思百計不如閑。心齋肯與塵汙染，陋巷寧容俗往還。堅守簞瓢心不改，恐流乞祭向墦間。

寄傲軒用陳默堂韻

自嗟踽踽復凉凉，糊口安能仰四方。目送歸鴻心自遠，門堪羅雀日偏長。家徒四壁樽仍緑，侯户千頭橘又黄。我醉欲眠卿且去，肯陪俗客語羲皇。

濯纓亭用陳默堂韻

十載猶緇京洛塵，歸歟那復厠朝紳。君今談笑青油幕，我但巍峩烏角巾。江漢更從尼父濯，衣冠寧羡屈原新。欲賡孺子滄浪詠，會意須還舍瑟人。

題靜亭

鼎創新亭靜更幽，四時景象鎮長留。端如和氣裹談笑，恍若春風中泳游。排闥山供藍色重，憑欄水擁壁光浮。我來登賞無窮趣，好把篇詩與唱酬。

送延年行 延年，弟子也，不知何姓。以詩辭歸，先生因用韻而餞其行。

聖言天遠海潭潭，獨在潛心久泳涵。猥念百家非己好，妄將一貫與君談。賢如賜也才知二，學若陳亢只得三。此道誤來因自足，却隨鵬鳥話圖南。

再用韻送延年

心源寂靜映寒潭，每欲操存更養涵。顧我日思攀劇論，荷君時與得高談。眼前舊識知多少，物外深交没二三。幸久相親頻握手，遽成分別又東南。

和延年岩桂

幾樹芬芳檀與沉，枝枝若占郄家林。風摇已認飄殘菊，日照渾疑綴散金。仙窟移來成美景，東堂分去結清陰。我今不願蟾宫折，待到蟾宫向上吟。

題德士退庵

牛頭山頂鏁煙霞，簷月松風即我家。筏渡有情新活計，袋空無物舊生涯。已將黃葉分雙手，却擴白茅占一窊。會得懶慵歸去路，索然忘鳥更忘花。

賀田溪張公遷居

華構經營占地靈，濃嵐環合數峯青。苟完公子方成室，趨訓兒孫已過庭。豈止一時誇壯麗，定知百世享安寧。顧惟善頌非張老，祗貢湯盤往日銘。

和張公叙別古風

良工創新第，瀟洒侔洞府。經營未畢工，四面方興堵。蛟龍忽夜徙，空中震雷雨。親舊賀于門，主人迎孔户。連喚鳳兒來，藏書幾多部。爲我張廣筵，酬賓酌以旅。人謂主公賢，敦朴嗤峻宇。規模出心匠，務卑由乃祖。欲圖久安逸，勿辭暫勞苦。

忠孝闡門家，詩禮光族緒。居室云苟完，謙沖彌自處。玉石不分別，鶴雞謾爲侶。
顧予局促輩，鄉評少推許。嘗遊莊嶽間，喜作齊人語。何幸天相之，憣然交鄒魯。
早年欽大名，馳書聊以序。比來揖清風，談笑揮玉麈。見之名利盡，久侍豈無補？
素志以深酬，青眼猶相與。默念湯盤頌，未爲傾肺腑。何當惠古風，錦綉施牋楮。
妙曲誠寡和，取則憑柯斧。

先生曰：「白雲亭、獨寐龕、寄傲軒，皆有詩及銘記數篇。以紙蠹朽，録不能全。俟後搜尋真本，當得其録。」旹嘉定己卯中春，屏山羅棠君美敬書。

豫章羅先生文集卷第十三

豫章羅先生文集卷第十四

附録上

事實

先生諱從彦，字仲素，劍浦之羅源人。羅源，昔曰上團，先生遠祖遷于是鄉，聚族百餘，皆羅姓也，故改曰羅源。出先生曾祖文弼墓志碑。曾祖文弼，祖世南，父神繼，皆隱身不仕。先生自幼穎悟，不爲言語文字之學。及長，堅苦刻厲，篤意求道。初從審律先生吴國華游，已而聞龜山先生得伊洛之學於河南〔一〕，遂往學焉。迺知舊日之學非也，三日驚汗浹背，曰：「幾枉過了一生。」龜山倡道東南，從游者千餘人，然語其潛思力行、任重詣極如先生，一人而已。嘗講易至乾九四一爻，龜山云：「曩聞

〔一〕南，原作「李」，張泰本、馮孜本同，據姜文魁本、元季恭本改。

伊川先生説得甚好。」先生遂鬻田裹糧，至洛見伊川，其所聞亦不外龜山之説。及歸，於是盡心力以事龜山，摳衣侍席二十餘載，盡得不傳之秘。龜山語録第三卷則先生所編也。同門友默堂陳幾叟與先生俱游龜山門，情好尤密，定交幾四十年。默堂嘗云：「憶初從龜山，龜山以孟子『飢者甘食，渴者甘飲』與夫『人能無以飢渴之害爲心害，則不及人不爲憂矣』令先生思索，且云：『此語若易知易行，而有無窮之理。』先生思之數日，疏其義以呈龜山，曰：『飲食必有正味，飢渴害之則不得正味而甘之，猶學者必有正道，不悦於小道而適正焉，則堯舜人皆可爲矣，何不及之有哉？』龜山云：『此説甚善，更於心害上一着猛省，則可以入道矣。』」先生一生服膺此語，凡世之所嗜好，一切禁止，故學問日新，尤不可及。先生清介絶俗，雖里人鮮克知之。郡人李愿中、新安朱喬年，聞先生得伊洛之學於龜山之門，遂執弟子禮，從之游。晦庵年譜云：「朱松，字喬年，少以詩聞。從豫章先生羅公遊，則聞龜山所傳伊洛之學。」初，李愿中以書謁先生云：「先生性明而修，行全而潔，充之以廣大，體之以仁恕，精深微妙，多極其至。漢唐諸儒，無近似者。至於不言而飲人以和，與人並立而使人化，如春風發物，蓋亦莫知其所以然也。凡讀聖賢之書粗有見識者，孰不願得授經門下以質所疑？」從之問學，終日相對靜坐，只説文字，未嘗一及雜語。先生極好靜坐，愿中退居室中，亦只静坐。先生令静中看喜怒哀樂未發之謂中，未發時作何氣象，不惟於進學有力，亦是養心之要。相從累年，受春秋、中庸、語、孟之説，從容潛玩，有會于心，盡得其所傳之奥。先生少然可，亟稱許焉。紹興壬子，州學落成。八月上丁，先生以太守周侯綰之命領袖諸生宗昇、張元侯、符藻、廖援、張維、廖拱行釋菜禮，有洙泗斷斷氣象。舍人吕太中以詩叙之，龕諸夫子廟壁。今石刻在禮殿東廡下。先生山居有顔樂齋、寄傲軒、邀月亭、獨寐龕、白雲亭，又池畔有亭曰濯纓。每自賦詩，默堂諸公皆有唱和。嘗曰：「士之立朝，要以正直忠厚爲本。正直則朝廷無過失，忠厚則天下無怨嘆。」又曰：「朝廷大奸不可容，朋友小過不可不容。大奸必亂天下，小過必微全人。」其著遵堯録，歷言我宋一祖開基、三宗紹述，若舜、禹遵堯，相守一道。迨熙寧間王安石用事，管心鞅法，甲倡乙和，卒稔裔夷之禍，未嘗不爲之痛心疾首也。又有春秋解、毛詩解、中庸説、語孟解、議論要語、台衡録、春秋指歸。晚就特科，授惠州博羅縣主簿，卒於官，享年六十有四。子敦叙早殁，無嗣，喪不得歸者數年。其後族人羅友爲惠州判官，遣人扶護以歸，至汀州遇草寇竊發，遂寄菆於郡之開元寺。又數年，其門人李愿中始爲歸葬于本郡羅源黄潒坑之原，母夫人墳之側。教授公革云：「卒于汀之武平縣。」又一本云：「附葬于黄潒坑府君墓之側。」去縣二十里，墓久榛塞。嘉定六年，劉守允濟久聞先生之名，自到任後力加搜訪，遂得春秋解、毛詩解二書墨本，今藏于學。及遵堯録八卷，尚未脱藁。侯於是精加審訂，録遵堯録奏請于朝，乞宣付史館，外賜一謚號，以示褒表儒先之意。又得先生墓於荆榛頽圮之中，重新修甃，立石以表道，架亭以行祀。命教授方大琮率諸生致祭于墳所，每歲展祀無闕。又給官田，差人看守。撥官田計米一十二石一斗六升，令守墳人尤三老自行佃作，却於内以六石輸學中，爲每歲祀事之費，餘以給守墳之人。每歲寒食節，教授率職事生員，備酒殺牲幣，親到墳下行禮。郡撥錢五貫，省助祭。淳祐六年三月十七日，閩憲楊左史棟乞謚羅、李二先生，尋送太常博士陳協撰謚，議云：「道德博厚曰文，言行相應曰質。師友淵源，洞明天理，非道德博厚乎？清介絶俗，著書有聞，非言行相應乎？請謚先生爲『文質』。」上可其奏。丁未冬制書下，戊申春到郡。夏五月，權郡丁倅鎔命推官沈元忠率職事并其子孫詣墳所燎黄，禮畢而歸。

問答

問龜山云：「横渠氣質之性如何？」龜山曰：「人所資禀固有不同者，若論其本則無不善。蓋一陰一陽之謂道，陰陽無不善，而人則受之以生故也。然而善者其常也，亦有時而惡矣。猶人之生也，氣得其和則爲安樂人，及其有疾也，以氣不和而然也。然氣不和非其常，治之而使其和則反常矣。其常者，性也。此孟子所以言性善也。横渠説氣質之性，亦云人之性有剛柔、緩急、强弱、昏明而已，非謂天地之性然也。今夫水清者，其常然也，至於湛濁，則沙泥混之矣，沙泥既去，其清者自若也。是故，君子於氣質之性必有以變之，其澄濁而水清之義歟。」

問：「知微之顯，莫只是戒慎其所不睹，恐懼其所不聞否？」龜山曰：「然。」因言有僧入僧堂，不言而出。或曰：「莫道不言，其聲如雷。」莊周之「尸居而龍見，淵默而雷聲」，可謂善言者也。

龜山語先生云：「今之學者，只爲不知爲學之方，又不知學成要何用。此事體大，須是曾着力來方知不易。夫學者，學聖賢之所爲也，欲爲聖賢之所爲，須是聞聖賢所得之道。若只要博通古今爲文章，作忠信愿慤、不爲非義之士而已，則古來如此等人不少，然以爲聞道則不可。且如東漢之衰，處士逸人與夫名節之士，有聞當世者多矣，觀其作處，責之以古聖賢之道，則畧无毫髮髣髴相似。何也？以彼於道初無所聞故也。今時學者，平居則曰吾當爲古人之所爲，纔有事到手便措置不得。蓋其所學以博古通今爲文章，或志於忠信愿慤、不爲非義而已，而不知須是聞道，故應如此。由是觀之，學而不聞道猶不學也。」

問：「詩如何看？」龜山先生曰：「詩極難卒説，大抵須要人體會，不在推尋文義。在心爲志，發言爲詩，情動於中而形於言，言者情之所發也。今觀是詩之言，則必先觀是詩之情如何。不知其情，則雖精窮文義，謂之不知詩可也。子夏問：『巧笑倩兮，美目盼兮，何謂也？』子曰：『繪事後素。』曰：『禮後乎？』孔子以謂『可與言詩』。如此全要體會。何謂體會？且如關雎之詩，詩人以興后妃之德。蓋如此也，須當想象雎鳩爲何物；知雎鳩爲摯而有别之禽，則又想象關關爲何聲；知關關之聲爲和而通，則又想象在河之洲爲何所在；知河之洲爲幽閒遠人之地，則知如是之禽，其鳴聲如是，而又居幽閒遠人之地，則后妃之德可以意曉矣。是之謂『體會』。惟體會得，故看詩有味。至於有味，則詩之用在我矣。」

語先生云：「西銘只是發明一箇事天底道理。所謂事天者，循天理而已。」

語先生云：「時嘗有數句教學者讀書之法，云：『以身體之，以心驗之，從容默會於幽閑静一之中，超然自得於書言象意之表。』此蓋某所爲者如此。」

又云：「西銘會古人用心要處爲文，正如杜順作法界觀樣。」

先生問：「盡其心者知其性，如何是盡心底道理？」曰：「未言盡心，先須理會心是何物。」又問曰：「心之爲物，明白洞達，廣大靜一，若體會得了然分明，然後可以言盡。未理會得心，盡箇甚？能盡其心，自然知性，不用問人。大抵須先理會仁之爲道，知仁則知心，知心則知性，是三者初無異也。横渠作西銘，亦只是要學者求仁而已」。

晦翁問延平云：「『祭如在，祭神如神在』，熹疑此二句乃弟子記孔子事。又記孔子之言於下，以發明之，曰：『吾不與祭，如不祭也。』」李先生應之曰：「侗嘗聞羅先生曰：『祭如在，及見之者；祭神如神在，不及見之者。以至誠之意與鬼神交，庶幾享之。若誠心不至，於禮有失焉，則神不享矣，雖祭何爲？』」

延平答晦翁書云：「侗自少時從羅先生學問，彼時全不涉世，故未有所入。聞先生之言，便能用心静處尋求。」

延平云：「昔聞之羅先生云：『横渠教人令且留意神化二字，所存者神，便能所過者化，私吝盡無，即渾是道理，即所過自然化矣。』」

又云：「侗幸得早從羅先生遊，自少時粗聞端緒，中年一無佽助[一]，爲世事淟汩者甚矣。所幸比年來得吾元晦相與講學於頽墮中，復此激發，恐庶幾於晚境也。」

李先生云：「舜之所以能使瞽瞍底豫者，盡事親之道，共爲子職，不見父母之非而已。昔羅先生語此云：『只爲天下無不是底父母。』了翁聞而善之曰：『唯如此，而後天下之爲父子者定。彼臣弑其君、子弑其父者，嘗始於見其有不是處耳。』」

先生令愿中靜中看喜怒哀樂未發之謂中，未發時作何氣象，不惟於進學有力，亦是養心之要。

李先生云：「侗昔於羅先生得入處，後無朋友，幾放倒了。」

晦庵年譜云：「朱松，字喬年，甫冠，擢進士第，入館爲尚書郎，少以詩文名。從豫章先生羅某遊，則聞龜山楊氏所傳伊洛之學。」

晦翁云：「羅公清介絶俗，雖里人鮮克知之。」

又云：「羅仲素先生都是著實仔細去理會。」

又云：「羅先生嚴毅清苦，殊可畏。」

[一] 佽，原作「似」，張泰本、馮孜本同，據正誼堂本李延平先生文集改。

龜山先生。脱句。潛思力行、任重詣極如羅公者，一人而已〔一〕。

羅博文云：「延平先生之傳，迺某伯祖仲素先生之道，河洛之學源流深遠。」

晦庵年譜云：「延平先生受學于豫章羅先生，與韋齋爲同門友。」

晦庵門人問云：「李延平先生靜坐之説，聞先生不以爲然，如何？」曰：「此亦難説。靜坐理會道理自不妨，只是討要靜坐則不可。若理會得道理明透，自然是靜。嘗見李先生説：『舊見羅先生云説春秋，頗覺未甚愜意。不知到羅浮極靜後，義理會得如何？』某心嘗疑之，以今觀之，是如此。蓋心下熱閙，如何看得道理出？」

晦翁祭延平文云：「惟時豫章，傳得其宗。一簞一瓢，凛然高風。」

〔一〕晦庵文集卷九十七延平先生李公行狀云：「龜山先生唱道東南，士之遊其門者甚衆，然語其潛思力行、任重詣極如羅公者，蓋一人而已。」

諸儒議論　闕

豫章羅先生文集卷第十四

豫章羅先生文集卷第十五

附録中

繳進遵堯録狀

劉允濟

臣聞言：盡忠而得録於後者，固先賢之素志；事若緩而有切於今者，亦治世所樂聞。山林之士雖弗急於功名，畎畝之中未嘗忘夫君父。言不用世，事或遇時。司馬遷藏史記於名山，以俟後聖；孔安國得尚書于屋壁，悉上送官。人雖無速售之心，道豈有終窮之理。載念湮淪之断簡，果逢熙洽之昌期。臣少挾槧鈆，長遊學校，久聞羅從彦爲閩名士，制行甚高。其在徽廟朝，居鄉授徒，守道尤篤。未得平生言行之實，每識尊聞欽慕之心。昨叨聖上之誤恩，來守延平之偏壘，始知從彦實爲郡人。問其世家，寥絶難迹；咨諸故老，搜索良勤。久而見春秋與詩解之累編中，乃有聖宋遵堯録之八卷，親書楷筆，自爲叙文。大抵以我國家一祖開基，列聖繼統，綱正目舉，無漢唐雜霸之未醇，君聖臣賢，若舜、禹遵堯而不變。備述太宗，凡邊防事機之重，盡守規模。復言仁祖，承封祀宮室之餘，益加恭儉。揄揚丕憲，推本深仁。大而郊廟宮掖之嚴，次而朝廷郡國之政。或釋言以極發明之旨，或辨微以寓諷諫之誠。末陳元豐間改制之因，皆自王安石作俑之過，管心鞅法，創爲功利之圖；章倡蔡隨，浸兆裔夷之侮。痛心疾首，杜門著書，在靖康丙午而已成，值金寇邊塵而莫上。八十九年孤憤之氣，鬱鬱未伸；四萬餘言剴切之文，彬彬可摭。臣以是見從彦道術精粹，議論正平。雖然山澤之寒儒，蔚若臺閣之素宦。義由中激，言不詭隨。生同葵藿之所傾，殁與草木而俱腐。情誠可憫，忠永難磨。臣謹録成書，繳進黼座，欲望萬機之暇，特加乙覽之勤。儻有合於宸衷，幸宣付於史館。仍乞睿慈賜謚，如近朝尹焞、邵雍之儔，庶幾天下歸心，希古者下惠、少連之舉。非特慰遺忠於泉壤，亦將興大道於人心。臣還觀從彦，凡所立言，不愧今古。念無後嗣可續聲猷，所圖斯文遭遇於聖明，庶使其名流傳於永久。言誠狂瞽，罪分誅夷。所有羅從彦元撰聖宋遵堯録八卷，謹繕寫成二册，實封隨狀繳進，須至奏聞者。

貼黄　前人

臣竊見故端明汪應辰、待制朱熹所撰延平李侗行狀、墓志，具言侗師羅仲素，且言故□議龜山楊時[一]，唱道東南，從遊甚衆，語其潛思力行、任重詣極如仲素，一人而已。仲素乃從彦之字，以是知從彦學有源流。臣到郡日，力加搜訪，或云從彦嘗應舉，就特科，爲主簿。緣無子孫，别無證據。今觀所著書，只稱延平羅從彦，尚未脱藁。臣取元本，更加審訂，方敢奏聞，伏乞睿照。

又貼黄　前人

臣照得羅從彦既無子孫，荒墳一所，委之榛莽，深爲可憫。臣比類嘉定五年赦文内「忠臣孝子墳墓，量加封護」一項，已行修飾，量給官田，差人看守，仍牒州學，每歲展祀無闕。如蒙聖慈，從臣所乞，以遵堯録宣付史館外，賜一謚號，即乞頒下本

[一]「故」下底本有一字墨釘，張泰本、馮孜本爲一字空格。

州，遵奉施行，併乞睿照。

請謚羅李二先生狀

楊棟

禮部狀准淳祐六年三月十七日都省批下朝奉郎、直秘閣、福建提刑楊棟狀：臣竊惟欲治天下者先正人心，欲正人心者先正學術。學術不正，則名實淆亂，是非顛倒，上無所折衷，下無所則傚。無所折衷，故上聽惑；無所則傚，故民志亂。民志靡定，則遺親後君之俗興，而天下之患從此始矣。故正學術以正人心，誠當今之急務也。恭惟聖朝天開文治，純公、正公二程先生崛興伊洛之間，聞道於元公周夫子而遂造其至，續孔孟大公之傳，開萬世可久之業，本末一貫，人己俱立，堯舜復起，不易吾言。嗚呼盛哉！二先生没，門人傳其道者曰龜山楊文靖公。文靖傳之羅先生從彦，羅先生傳之李先生侗。時朱文公篤志講學，求師四方。後見李先生，聞所謂「默坐澄心，體認天理」之語，脱然知道之大本在乎是也，從遊累年，往復問辨，而卒傳先生之學。由周、程而來，其所傳授，本末源流，不可誣也。陛下嗣登大寶，首宗朱文公之道以風天下，其門弟子之賢者亦蒙褒表，或賜美謚，甚大惠也。然朱文公之學，實師乎先生，獨未聞有以推尊其師者。豈以其師著書不多，不若諸人之論述詳而發明廣歟？不然，何隆禮於其弟子而反遺其師也？夫天下之至善曰師，師道立則善人多，善人多則朝廷正而天下治。此言爲道義而發，書之多寡初不足計。且聖賢著述，皆非得已。孔子曰：「予欲無言。」孟子曰：「予豈好辯哉？予不得已也。」顔子不著書，實爲亞聖。然而論語必以堯曰終篇，孟子末章歷叙堯、舜至孔子，而韓愈原道之作，所謂「以是傳之」，必謹擇而明辨者，所以示萬世之公傳，率天下以正道，實至重至大之事，不可忽也。觀朱文公所稱羅氏曰：「潛思力行，任重詣極如公，一人而已。」其稱李氏曰：「講誦之餘，危坐終日，以驗夫喜怒哀樂未發之前氣象爲如何而求所謂中者，若是者蓋久之，而知天下之大本在乎是也。」然則朱文公之所得於李先生，李先生所得於羅先生者，厥或在此而有出於文字詞義之表者，可知矣。今天下學士，家有朱氏之書，人誦朱門之語，而其切要遠大，精實中正，得之心而見於行，則知者鮮焉。是徒誦文公所著之書，而不知文公所傳之道。若非明示正宗，使天下曉然識所趨向，以求造夫至善之地，棟恐名實淆亂，是非顛倒，文公之書雖存，文公之道將喪矣。故竊以爲欲明文公之道，莫若尊文公之師。棟濫將明指，咨諏閩部，實在羅、李二先生之鄉。而平生之志，頗知景慕，用敢列其事以聞，欲乞聖慈探聖學之傳，重師道之本，以其所以尊崇朱文公者而推尊其師，等而上之以及羅氏，各賜美謚，昭示寵褒，表勵方來，庶幾伊洛之學不淪於言語，朱氏之書實見於踐行。豈惟二臣潛德發揮，其道光大，而於損文華以崇德行，正學術以正人心，實非小補。尋送太常寺丞、通直郎、太常博士兼景獻府教授陳協撰到羅先生謚議，節文曰「生有爵，死有謚」云云。

謚議

陳協

生有爵，死有謚，故爵隆者然後得謚，所以示其節也。至於蘊德丘園，而其立言有補於當世，可傳於後學，則節惠之典出於朝廷之特命，又不可拘以常制也。若羅公從彥，可謂有德有言之隱君子矣。初，龜山得伊洛之學，倡道東南，士之遊其門者甚衆，其潛思力行、任重詣極輩流中，推公一人而已。當徽廟時，居鄉授徒，守道尤篤。而同郡李公侗傳其學，厥後朱文公熹又得李公之傳，其道遂彰明於世，學者仰之如泰山北斗者，其端皆自公發之。公延平人，既没之後，家無子孫，故其遺言不多見於世。嘉定七年，郡守劉允濟始加搜訪，得公所著遵堯録八卷，進之於朝。其書四萬言，大要謂藝祖開基，列聖繼統，若舜、禹遵堯而不變。至元豐改制，皆自王安石作俑，創爲功利之圖，浸兆裔夷之侮。是其畎畝不忘君之心，豈若沮溺輩素隱行怪之比邪？謹按謚法：「道德博厚曰文，言行相應曰質。」公師友淵源，洞明天理，可謂道德博厚矣；清介絶俗，著書有聞，可謂言行相應矣。請謚公爲「文質」云云。謹議。尋請官覆議。朝散郎、尚書考功員外郎兼禮部郎官周坦撰到故羅先生覆謚議，節文曰云云。

覆謚議

周坦

士有處身隱約，而道德問學足以師表來世，雖生無一命之爵，身没之後，斯道之傳愈久愈光，所以爲人心綱常之標準者，關係甚大，則沿流遡源，節惠之典安可闕也？羅公從彦，不求聞達於世，胷次抱負不少概見。獨得其大者，所謂道德問學之淵源，上承伊洛之正派，下開中興以後諸儒之授受，昭然不可泯也。公受學龜山之門，其潛思力行，任重詣極，同門皆推敬之。義理之學正鬱於時，一綫之緒賴是得以僅存。觀其在羅浮山静坐三年，所以窮天地萬物之理，切实若此。著遵堯録一篇，述皇朝相傳宏規懿範，及名臣碩輔論建謨畫，下及元豐功利之人，紛更憲度，貽患國家。撮要提綱，無非理亂安危之大者。公之學，其明體適用，略可推矣。奉常謚公曰「文質」，於法爲宜。五月二十四日奉聖旨依。

右劄付本家。照會準此。淳祐七年十月。

諡告　闕

豫章羅先生文集卷第十五

豫章羅先生文集卷第十六

附録下

見羅先生書

李侗延平先生

侗聞之，天下有三本焉，父生之，師教之，君治之。闕其一則本不立。古之聖賢莫不有師，其肄業之勤惰，涉道之淺深，求益之先後，若存若亡，其詳不可得而攷。惟洙泗之間，七十二弟子之徒，議論問答具在方册，有足稽焉，是得夫子而益明也。孟氏之後，道失所傳，枝分派别，自立門户，天下真儒不復見於世。其聚徒成群所以相傳授者，句讀文義而已耳，謂之熄焉可也。夫巫醫、樂師、百工之人，其術賤，其能小，猶且莫不有師。儒者之道，可以善一身，可以理天下，可以配神明而參變化，一失其傳而無所師，可不爲之大哀邪？恭惟先生鄉丈服膺龜山之講席有年矣，況嘗及伊川先生之門，得不傳於千五百歲之後，性明而脩，行完而潔，擴之以廣大，與人以和，與人並立而使人化，如春風發物，蓋亦莫知其所以然也。凡讀聖賢之書，粗有識見者，孰不願得授經門下以質所疑？至於異論之人，固當置而勿論也。侗之愚鄙，欲操袚篲以供掃除，幾年于兹矣，徒以習舉子業，不得服役於門下，先生想不謂其可棄也。且侗之不肖，今日拳拳欲求教於先生者，以謂所求有大於利禄也。抑侗聞之，道之可以治心，猶食之充飢，衣之禦寒也。人有迫於飢寒之患者，遑遑焉爲衣食之謀，造次顛沛，未始忘也。至於心之不治，有没世不知慮者，豈愛心不若口體哉？弗思甚矣。然飢而思食，不過乎菽粟之甘；寒而求衣，不過乎綈布之温；道之所可貴，亦不過君臣、父子、夫婦、長幼、朋友之間行之以仁義忠信而已耳。捨此之不務，而必求夫誣詭譎怪可以駭人耳目者而學之，是猶飢寒切身者不知菽粟、綈布之爲美，而必期乎珍異侈美之奉焉，求之難得，享之難安，終亦必亡而已矣。侗不量資質之陋，妄意於此。徒以祖父以儒學起家，不忍墜箕裘之業，孳孳矻矻爲利禄之學，兩終星紀。雖知真儒有作，聞風而起，固不若先生親炙之得於動静語默之間，目擊而意會也。身爲男子，生在中華，又幸而得聞先生長者之風十年，于今二十有四歲矣，茫乎未有所止。燭理不明而是非無以辨，宅心不廣而喜怒易以摇，操履不完而悔吝多，體之以仁恕，精深微妙，各極其至，漢唐諸儒無近似者。至於不言而飲人以和，精神不充而智巧襲，揀焉而不淨，守焉而不敷，朝夕恐懼，不啻猶飢寒切身者求充飢禦寒之具也。不然，安敢以不肖之身爲先生長者之累哉？聖學未有見處，在佛子中有絶嗜慾、捐想念、即無住以生心者，特相與遊，亦足以澄汰滓穢，洗滌垢坌，忘情乾慧，得所休歇。言蹤義路有依倚處，日用之中，不無益也。若曰儒者之道可會爲一，所以窮理盡性、治國平天下者舉積諸此，非自愚則欺也。衆人皆坐侗以此，而不知侗暫引此以爲入道之門也。仰惟先生不言而飲人以和，此句重出恐有誤。接物而與之爲春，未占而孚，無有遠邇，此侗所以願受業於門下，以求安身之要。故吾可舍，今我尚存，昔之所趨無塗轍之可留，今之所受無關鍵之能礙，氣質之偏者將隨學而變，染習之久者將隨釋而融。啓之迪之，輔之翼之，使由正路行，而心有所舍，則俛焉日有孳孳，死而後已。侗當守此，不敢自棄於門下也。

答羅仲素書

胡安國 字康侯，「文定」其謚也。

安國頓首主簿足下：記居南北，尚昧平生。往歲乃辱惠書數千里之外，并示所著春秋指歸。備覽二序，惟賢者欽慕聖門之篤，良慰孤想。書詞宜即報，會兵戈紛擾，久不果。重念雅意不可虚辱，聊有所聞。夫春秋大要明天理，世衰道微，臣子弑君，妾婦乘其夫，夷狄侵中國，天理滅矣。聖人爲是作春秋，戒履霜之漸，明嫡妾之别，謹夷夏之辨。其微辭隱義，抑縱予奪，是非進退，必多求博取，貫通類例，未易以一事明也；必心解神受，超然自得，非可以聞見到也。觀百物，然後知化工之神；聚衆材，然後知作室之用。今足下乃謂「誅一世子止，而天下之爲人子者莫敢不孝；戮一大夫盾，而天下之爲人臣者莫敢不忠」，切恐其言之過矣。且許止以不嘗藥而書弑，趙盾以不越境而書弑，鄭歸生以憚老而書弑，陳乞以流涕不從而書弑。至於欒書，武子親弑其君州蒲而不書，楚公子圍親弑其君郟敖而不書，鄭公子騑親弑其君而不書，邴歜、閻職罪歸齊人而不以盜稱，里克、甯各存其官而不以賊討〔二〕，春秋舉法曷爲輕重不倫如此哉？使後世君子致疑經傳，著論排之，聖人精意愈晦而不明也，則有由矣。春秋大法既晦不明，而謂能使亂臣賊子懼，則亦妄矣。夫聖筆誅亂臣、討賊子，其法至詳，先儒皆秘而未之發也，宜熟思之。足下又謂因孔子答顔淵爲邦之問，而知春秋爲百王不易之通法。不知於二百四十二年間兼用虞、夏、商、周之法，如夏

〔二〕「甯」下疑脱 一「喜」字。

時、商輅、周冕、韶舞之類者，果何事乎？得與指歸備覽，并以見教，以啓發其所未聞，不勝幸甚。安國頓首。

答羅仲素書[一]

陳淵

語孟師説跋

陳淵

予與仲素定交幾四十年，憶初從龜山，龜山以孟子「飢者甘食，渴者甘飲」與夫「人能無以飢渴之害爲心害，則不及人不爲憂矣」令仲素思索，且云：「此語若易知易行，而有無窮之理。」仲素思之累日，疏其義以呈龜山，曰：「飲食必有正味，飢渴害之則不得正味而甘之，猶學者必有正道，不悦於小道而適正焉，則堯舜人皆可爲矣，何不及之有哉？」龜山云：「此説甚善，但更於心害上一着猛省留意，則可以入道矣。」仲素一生服膺此語，凡世之所嗜好，一切禁止，故學問日新，尤不可及。自

[一] 标題左底本有四行墨釘，張泰本爲四行空格。馮孜本「陳淵」下标「原闕」。

非龜山抽關啓鑰，而仲素於言下省悟，何以臻此？使仲素而不死，則其精進此道又豈予之所能知哉？今日李君愿中以其遺書質予，其格言要論自爲一家之書，閱其學益進，誦其言益可喜，信乎自心害而去之也。自仲素之亡，傳此書者絶少，非愿中有志於吾道，其能用心如此之專乎？既録一本，以備玩味。今録其書，併以仲素之所授於龜山者語之，以俟異日觀其學之進，則此語不無助焉。紹興辛酉正月元夕後三日庵山陳淵謹書。

韋齋記跋

石墪

吏郡朱公尉尤溪時，命其燕居之齋曰「韋」。郡之儒先羅公仲素記之，吴郡户曹曹君令德銘之。宣和六年，更兵火，棟宇易置。乾道七年，墪猥當邑寄，公之子編修先生仲晦父適以事來，墪學于先生者，相與訪故韋齋所，得小室，雖非其舊而風景不殊，遐想高蹤，嘆慕不已。先生亦泫然流涕，因出張舍人安國所作「齋榜」二大字，墪請揭之，併刻記銘，以成公志。惟公道學高妙，充之於身，洪纖中節，猶懷辯急之慮，而有佩韋之警。夫子曰：「德之不脩，學之不講，聞義不能徙，不善不能改，是吾憂也。」公之謂歟。

題集二程語孟解卷後

羅革

族兄仲素篤志好學，推研義理，必欲到聖人止宿處。以王氏解經釋字，雖富贍詳備，然終不得聖賢大學之意，遂從龜山游，摳衣侍席二十餘載。獨聞至當，得洛中、横渠語論頗多，乃編成語孟二解，記當時對問之語，不加文采，録其实也。廖仲辰於龜山門下與仲素爲友，得其本録之，庚戌、辛亥中來聚生徒于南齋，羅源南齋也。授予此本。廖諱衙，爲龜山之姪壻，議論尤得壼奥。程氏，西洛人。明道先生，諱顥，字伯淳，明道其號也。伊川，諱頤，字正叔，明道先生之弟。横渠先生，陝西人，姓張，諱載，字子厚，與伊川兄弟同時。龜山，諱時，字中立，在洛中爲入室高弟，仕至工部侍郎，世居將樂。仲素，諱從彦，以特奏中下科，蓋吾族後山之裔，後山乃羅源之後山。享年六十有四歲，自廣回，卒于汀州之武平縣。紹興壬申六月念八日弟革因閲此書記于汀州教授廳云。

題義恩祠壁

盛木

先生姓羅氏，與宗約王從彥，先生名也；仲素，先生字也；博羅主簿，先生官也。先生曾父殿撰公五世兄弟也。先生稔聞伊洛之學，師事龜山楊先生，得所未得，聞所未聞。嘗從龜山講易至乾九四一爻，龜山云：「曩聞伊川先生說得甚好。」先生聞之，鬻田裹糧，至洛見伊川。歸語龜山，其說亦不外龜山，於是盡心力以事龜山，得不傳之妙。此先生之學也。先生無嗣，諸經解遺文在諸從學者家。春秋解昔宗約處見之，此先生之文也。先生同殿撰公肄業於義恩寺，後繪先生遺像，從祀于先世香火之側，蓋其寺先生八世祖捨田所創故也。宗約官桂林，木自廣西從宗約歸延平。宗約西行改秩，館木此寺以俟其歸。嘗聞宗約講及先生道學梗槩，今拜先生遺像，起敬起慕之餘，拾舊所聞，輒敢僭易，書于祠側之壁，復係之以辭云：

先生之學，精一之學。先生之傳，伊洛之傳。至道無文，至學無詞。以心傳心，天地不知。先生之道，天人之師。其道光大，有俟他時。竭來瞻慕，後學得依。

時紹興乙亥十月廿日東里盛木仁叔題。

書議論要語卷後　　羅博文

伯祖先生議論要語得之於眉人石安民大任。其仲父道叟公轍，紹興乙卯嘗爲延平學官，獲此，題云「傳之郡人彭君」。今先生云亡，無所取證，恐兵火之後，飄散未可知。觀其議論高致，真有用之學。致主庇民，脩身養心，盡在於斯，於是知先生之學不爲空言也。歸當以示友人朱元晦而審訂之。旹乾道丙戌十月寓成都燕堂羅博文敬書。

題羅仲素顔樂亭　　陳淵

亭名顔樂枕高山，自有行藏遠契顔。玉陛不求千載遇，蓽門贏得一生閑。簞瓢陋巷堪遊衍，富貴浮雲任往還。更續洛川求所學，會傳餘論落人間。明道先生有顔樂亭銘。

題羅仲素寄傲軒

陳淵

南窗何似北窗凉，寄傲乘風各有方。俯仰尚嫌天地窄，卷舒寧計古今長。酒斟盞裏浮醅緑，菊採籬邊滿眼黄。萬事醉來俱不醒，時飛清夢到羲皇。是日重九，先生置酒，故云。

題羅仲素濯纓亭

陳淵

涉世誰能不混塵，幸無塵土點簪紳。滄浪解洗許由耳，醽醁還澆靖節巾。心地已非汙可染，盤銘自警德常新。此亭要與名俱永，不信西風能汙人。

上舍辭歸

李延年

學道求師久劍潭，豈緣枯朽預濡涵。致知事業同歸理，克己工夫判立談。未借老商顔笑一，已諧韓氏俗重三。過庭若問論詩禮，應問從誰學指南。

和羅仲素寄子靜長篇　見默堂文集　　陳淵

豫章先生遺藁序　闕　　胡清獻

二　　馮夢得

豫章羅先生潛思力行，任重詣極，上接伊川、龜山之傳，下授延平、晦庵之學，東南學者未能或之先也。余後七十歲而生，異時聞先生在羅浮山靜坐三年，所以窮極天地萬物之理。遵堯序録，其言帝王行事之道著焉。春秋等解，其言聖賢製述之意備焉。詩記柬牘，其言講明自得之旨深焉。屬時多故，賫志而歿，道之不行有以也。咸淳庚午十月既望，先生之從孫泰孫，出此編示余於龍津驛舍，且求鄙言序其首。余惟先生之道德學問聞于朝，録于太史，傳誦于天下之經生學士，固不待遺藁而顯，而此藁亦不待此叙而傳。然不辭者，自以生髮未燥時已知敬慕，今六十五年矣。「泰山巖巖，魯邦所瞻。」若獲掛名於文字中，以自託於門人弟子之末，豈非疇曩之至願也哉？「春木之芚兮，援我手之鶉兮。」茫茫九原，愛莫起之。後學馮夢得敢拜手稽首而爲之書。

豫章先生遺藁跋

黄大任

濂洛接洙泗之正傳，蓋漢唐數百年之所未有。考亭集濂洛之大成，所傳聞者龜山，所聞者豫章，所見者延平。三先生皆劍津人，一脉相傳，又他邦之所未見。龜山先生云：「潛思力行、任重詣極如羅公，一人而已。」晦庵祭延平文云：「惟時豫章，傳得其宗，受於前而授於後，猶水木之有本源。」天下知敬豫章先生非一日矣。初心先生所謂「不待遺藁而後顯」，信夫。羅君以其編緝之勤，益求其在我者，使驗之於心，體之於身，無一忝焉。是亦先生之所望於後人也。「孔顔樂地非難造，好讀誠明靜定書」，誦先生之言，以爲君勉，可乎？咸淳六年臘後五日建安黄大任謹書。

二

劉將孫

學記曰：「三王之祭川也，先河而後海，此之謂務本。」至哉言乎！此師友之定論也。

考亭朱氏出延平李氏，延平出豫章羅氏。今朱氏之書滿天下，延平、豫章之遺言緒論未有聞者。將孫一來延平，適兵革之後，慨然求之耆舊間。久乃得延平問答，其詞語渾朴，皆當以三隅反者。且自謂：「不能發揮以文。」又久之，得豫章家集，所傳者寥寥僅見，又非延平比。愚於是益信二先生之所以上接伊洛而下開考亭者。或曰：「其簡也若是，道烏乎傳？」余作而言曰：「茲道之所以傳也。」子曰：「余欲無言。」又曰：「文莫吾猶人也。躬行君子，則吾未之有得。」言語之道盛，而自得之學隱矣。二先生之自得者，有不能得於言也；其所以傳朱氏者，亦不在於言也。朱氏之得於二先生者，亦有不能言者也。而朱氏之所爲言之長者，其所授者無二朱氏也。朱氏之言不得已而言者也，而世之求道者往往必求之言也。則吾爲斯道慨然於此久矣。此集鳩集勞矣，寶守尤不易，正亦不必他求而附益之。先生之所以爲先生者，不在此。蓋嘗拜先生之睟容矣，光風霽月，玉色金聲。劍山青青，劍水流清。徘徊瞻極，何往而不聞金石絲竹之音也。元貞第二春廿有二日廬陵後學劉將孫拜手書先生從孫鄞叔所藏家集後。

三　揭祐民

先生大節，簞瓢如顏，質問如曾，言志如蒧，雍和如仲弓。宜師友相傳，諡議相尚，巍乎冠冕，追祀千載也。間世之姿，遭時之窮，小人在位，君子在野。當王安石用事，先生知其管心鞅法，使正人斥逐，舉綱幾盡。先生明哲保身，時及靖康，有「也知鄰鬭非吾事」句，豈忘乎昔禹稷之心哉？思不出其位，靜交聖賢，遠遡伊洛，不取於彼而詣極於此，安吾素也。著書立言，幽而光，潛而微，充前拓後，而窈冥者，莫可測識。其書初也散亡滅没於鄉里中，莫知所求。惟天不泯斯文，後死者有幸。許氏乃密購遺本於欲燔未燔之際。豫章之美采，干將之寶氣，有藉而存。許源以儒學任南平教職，亟鋟諸梓。□□□□□□□〔一〕適予過揲之年，切朝聞之念，辱舉示教，讀而忘饜，知九原爲重起也。源復語予，以是書當與延平先生文集並行，遂決意藏諸書院之古犧洞，庶託永久。山高石堅，猿聲歲年，呵護之専，誰能舍旃。謹跋。後學盱江揭祐民從年父。

〔一〕「梓」下底本有七字墨釘，張泰本空七字，馮孜本空八字。

四〔一〕

宋遇

豫章羅先生文集卷第十六

〔一〕底本标題左内容缺，作墨釘，張泰本空格。

豫章羅先生文集卷第十七

外集

延平書院志

嗚呼！自龜山没，而斯文之統賴先生以有傳，不幸山頽梁壞，乃在蠻荒數千里之外留滯數十年而後歸葬，是以嘉言善行散失不傳。然朱文公嘗謂：「龜山先生倡道東南，士之遊其門者甚衆，語其潛思力行、任重詣極如羅公者，一人而已。」則先生之學術可知矣。又云：「羅公清介絶俗，雖里人鮮克知之。」則先生之操守可知矣。先生嘗論舜盡事親之道，則曰：「天下無不是底父母。」陳了翁聞而是之，曰：「如此而後天下之爲父子者定。彼子弑其父，臣弑其君，嘗始於見其有不是處耳。」片言之間，足以扶三綱、立五常如此，則其言而世爲天下法者可知矣。遺書有春秋指歸、春秋釋例、春秋集説及遵堯録，其規模之大，條目之詳，該貫之博，考覈之精，使其得志於當世，則舉而措之事業又可知矣。其學一傳而爲李延平，再傳而爲朱文公，始集大成，所以爲天地立心，爲生民立道，繼往聖而惠來世者如此。學者自流泝源，可不知所自哉。

誌釋菜事

教授石公轍

紹興二年壬子，州學落成。八月上丁，惠州博羅縣尉羅從彦，以太守周侯綰之命，領袖諸生宗昇、張元佚、符藻、廖援、張維、廖拱同行釋菜之禮，有洙泗齗齗氣象。而吾友吕居仁舍人以詩見褒，不免有過情之譽，然意在紀实。謹刻石而龕諸夫子廟壁，俾來者有感發焉。會稽石公轍道叟謹誌。

燎黄祝文

通判丁鎔

維淳祐八年歲次戊申五月朔二十六日癸酉，朝散郎、通判南劍州軍州兼管内勸農事、權州事丁鎔恭覩制書，特賜故羅先生謚「文質」。敬委從事郎、南劍州軍事推官、書院錢糧官沈元忠，燎黄于墓下，謹以清酌庶羞之奠而祭之。曰：「生有爵，死有謚。士蘊德，乃特賜。維先生，學楊氏，推詣極，一人已。授延平〔一〕，暨朱子。集大成，公啓秘。丘園湮，恩未賁。昔劉侯，曾表異。録遵堯，請于帝。歲三十，俞音閟。會平舟，適將指。夙景慕，申前議。下太常，考行事。曰文質，公有是。謚告頒，勸善士。鎔攝符，率官吏。告于祠，薦牲醴。兹燎黄，祭掃地。刻堅珉，上賜侈。公不亡，千萬祀。」

祭文

劍守劉允濟

維嘉定六年歲次癸酉十二月丁酉朔二十八日甲子，朝奉大夫、權知南劍州軍州事劉允濟，謹具清酌庶羞之奠，俾迪功郎、南劍州州學教授方大琮，率諸生致祭于有宋羅仲素先生之墓。嗚呼！大道之南，鼎峙鐔津。前後相望，龜山延平。嗣源演流，实維先生。龜山之門，受業者千。潛思詣極，獨推一人。析萬理之精微，測六藝之渺深。

〔一〕平，原作「年」，張泰本同，據馮孜本改。

凡厥立言，大猷是經。遵堯之編，上媲典墳。謂兹成憲，萬祀丕承。推先生之志，豈徒傲睨一世素隱行怪若沮溺之倫哉？曾不百年，莽然遺蹤，豈無他人，子孫繩繩。徒登牲牢於鄉校之從祀，顧遺松楸於空山之悲風。允濟假守此邦，素尊所聞。訊故老之往，實得兆域於將湮。固斬板之舊封，夷隧徑之崎嶔。守冢者復，展祀有亭。庶期先生以妥厥靈，尚髣髴平生之微吟，邀斯月兮濯斯纓。此邦人士，近先生之居、去先生之世未遠，盍興起乎斯文？蕙肴椒漿，聊薦苾芬。

二

石公轍

惟公稟德醇厚，問學淵源。信道之篤，衛道之堅。識與不識，咸稱其賢。士蔽於俗，削方破圓。沉迷利禄，莫之或痊。蕪没道真，離析聖言。心到之學，廢而不傳。公憫斯道，求覺之先。伊水之涯，太白之巔。裹糧擔簦，講貫精研。道志其妙，見此純全。詩書禮易，靡不貫穿。解釋麟經，盈積簡編。褒貶之旨，如鑑蚩妍。往遊羅浮，意氣仙仙。欲成其書，歸胡不遄。孰詰此理，彼蒼者天。嗚呼！不豐其禄，而豐其德，不與其命，而與其年。轗軻一生，其志可憐。了齋之知，龜山之聯。道同志合，與公齊肩。皆達其志，何公獨捐。早慕盛德，心旌已懸。晚官延平，冀奉周旋。弛檐之初，首訪丘園。翩然南遊，日望歸船。遽以訃聞，涕淚潸然。駑駘下乘，誰縶誰鞭。問路莫指，求魚何筌。迎拜公柩，悲深痛纏。自何能轂，起于九原。謹以寓奠，情文曷宣。

三　　　　高斯得

昔在龜山，倡道南服。士遊其門，雲合霧集。顯允羅公，表表獨立。篤學力行，深思默識。飢食渴飲，道所從入。未發之中，靜觀自得。淵源所漸，以有信國。爲萬世師，立我民極。斯得無似，備使于兹。職在勸學，維政之基。舍菜之後，藴藻是持。尊禮風励，存乎其辭。先生如在，其昭鑒之。時寶祐二年八月也。

與教授公書　　　　李侗

侗頓首再拜鼎元秘教尊兄座前：侗不見顔範甚久，咫尺時聞動靜，深以自慰。梅雨方鬱，伏惟燕居爽愷頤神，尊候萬福。侗塊處山樊，絶無曩昔師友，不聞道義之訓，朝夕兀坐，賴天之靈，尚得以舊學尋繹，以警釋貧憊而已，其他亦何足言。苦於無侶，可以縱步前造齋館，以承近日餘論。臨紙馳情未間，伏冀順序，爲遠業加衛，以須陞用，至扣至扣。乘便謹上狀，不宣。重午後一日侗頓首再拜上。

又小簡借遵堯台衡録

李侗

侗向承見喻，舊寫得羅先生遵堯、台衡二録，欲望頒示一觀。若蒙寄附便來，甚望。蓋兀坐絶無過從，正賴師友之説散胸中憒憒耳。有吾兄昔日唱和佳篇，亦冀不外相示，看畢即上納也。侗再拜。

教授公復書

某再拜：仲辰詩甚佳。廖衙，字仲辰，羅先生友人也。不謂志趣如此乃不永年，天於善人何如邪？可歎，可歎！遵堯、台衡二書，乃爲八一哥取去，八一哥，恐是先生之子諱敦叙者。可惜忘録。此子近聞其爲絶世也。既趨向異途，存在罔知，但可太息耳。某再拜。

與教授公書

李侗

侗頓首再拜鼎元秘書契舊：昨便中傳示誨幅，并録示盛製，一覩心畫，如見顔角。玩味以還，慰感未易可言。區區欲即嗣狀，竊聆車馬，近與日者他適，以故未果於奉書，惟積傾仰耳。秋暑尚熾，遠惟即日以還，慶侍尊候，動止萬福。侗塊處山間，絶無過從，賴有經史中古人心迹可以探賾。雖粗能遣釋朝夕，然離群索居，不自知其過者亦多矣，尚何敢疏一二於吾兄者邪？忽得不外，指示所志〔一〕，一一諦思，足見别後造道之深，欽服，欽服！侗文采鄙拙，未嘗輒敢發一語。近爲朋遊見迫，有一二小詩，輒不揆録去，求教取笑而已，非敢以報來辱也。便次有以警誨者，千萬勿吝，至懇，至懇！咫尺未期會合，且冀勉勵，以赴省闈大敵。行席巍科，爲交遊

〔一〕指，原作「損」，張泰本、馮孜本同，據正誼堂本李延平先生文集改。

慶。此外加愛爲禱。七月十四日侗頓首再拜。

答延平先生書　陳淵

仲素晦迹求志，人罕知者。吾友獨能自拔流俗而師尊之，其爲識慮豈淺淺者所能窺測？聖學無窮，得其門者或寡，况堂奥乎？孔子之門，從游者三千，獨得顔子爲殆庶，又不幸短命，道之難也如此。世之儒者捃摭前脩紙上語，自以爲有得於聖人，讙讙訩訩，莫知其非。甚矣！其可哀也。云云。用是慶吾道之不孤，而喜朋友之得人，不獨今日也。

又　陳淵

自仲素老友之亡，龜山先生繼迹，舊學荒廢，無所就正，獲罪於往日從遊之賢者多矣。方兹待盡丘壑，朝廷不知其愚，寘在要地，平日自誑，一旦暴露，益復難處。想雖如吾愿中之恕，恐亦不能揜其惡也。用是日念在朝轉求外補，以畢餘境，尚賴忱誨，洗滌積垢。而來教過獎，何以當之？行親杖屨，遠紙言不能盡。

豫章羅先生文集卷第十七畢

附録

書録

直齋書録解題

［南宋］陳振孫

遵堯録八卷

延平羅從彦仲素撰。從彦師事楊時，而李侗又師從彦，所謂「南劍三先生」者也。從彦當靖康初，以爲本朝之禍起於熙豐不遵祖宗故事，故採四朝事爲此録，及李沆、寇準、王旦、王曾、杜衍、韓琦、范仲淹、富弼、司馬光、程顥名輔巨儒十人言行附於其後。末有别録一卷，專載司馬光論王安石、陳瓘論蔡京奏疏。欲上之朝，不果，嘉定中，太守劉允濟得其書奏之，且爲版行。

宋史藝文志

羅從彦宋遵堯録八卷

宋史新編　［明］柯維騏

羅從彦宋遵堯録八卷

萬卷堂書目　［明］朱睦㮮

豫章文集十七卷　羅從彦

百川書志　［明］高儒

豫章先生書一卷

宋文質公羅從彥仲素著。

内閣藏書目録 ［明］張能傳 張萱

豫章文集三册，全。

宋豫章先生羅從彥著，凡十三卷，附録三卷，外集一卷。

又二册，全。

又二册，全。

澹生堂藏書目 ［明］祁承爜

羅氏尊堯録二册 八卷，二册，載羅延平集，羅從彥。

尊堯別録 一卷，羅從彥。

羅豫章集 十七卷，三册，羅從彥。

徐氏家藏書目　［明］徐𤇆

羅從彦豫章集十七卷

千頃堂書目　［清］黄虞稷

羅從彦豫章文集十七卷　正集十三卷，外集一卷，附録三卷。元揚州路判官同邑曹道振編。

宋史藝文志補　［清］倪燦

羅從彦豫章文集十七卷

傳是樓書目 ［清］徐乾學

豫章先生文集 十七卷 宋羅從彦 二本

又一部 二本

欽定續文獻通考

羅從彦豫章文集十七卷

從彦字仲素，沙縣人，以薦授博羅縣主簿，淳祐間追謚「文質」，事蹟具宋史道學傳。

欽定續通志

豫章文集十七卷 宋羅從彦撰

四庫全書總目

豫章文集十七卷　浙江鮑士恭家藏本

宋羅從彦撰。從彦字仲素，沙縣人，以累舉恩授惠州博羅縣主簿，紹興初卒。淳祐間，追謚「文質」，事蹟具宋史道學傳。是編爲至正三年延平進士曹道振所編，以宋儒稱從彦爲豫章先生，因以名集。道振原序稱「郡人許源堂刻其遺集五卷，近得邑人吴紹宗藁，釐爲一十三卷，附録三卷，外集一卷，年譜一卷，凡一十八卷」。此本乃明代重刻，前有成化八年張泰序，後有嘉靖甲寅謝鸞跋。遵堯録八卷，集二程及楊龜山語録一卷，雜著二卷，詩一卷，附録三卷，外集一卷，以年譜别置於前，不入卷數，故題爲十七卷。然第一卷雖列經解之目，而其文久佚，有録無書，實止十六卷而已。

四庫全書簡明目録

豫章文集十七卷

宋羅從彥撰，元曹道振編。首列經解一卷，有録無書，次尊堯録八卷，集二程楊龜山語録一卷，雜著二卷，詩一卷，附録三卷，外集一卷，實十六卷。

文選樓藏書記　［清］阮元

豫章文集十七卷　宋主簿羅從彥著，羅源人。刊本。

愛日精廬藏書志　［清］張金吾

豫章羅先生文集十七卷　明成化刊本

宋羅從彥撰，前有年譜元曹道振編、柯潛重刊序成化七年。

道南淵源録　［清］鄒鍾泉

羅仲素先生著豫章文集十七卷　四庫書目。○宋羅從彥撰，元曹道振編。首列經解一卷，有録無書，次遵堯録八卷，集二程楊龜山語録一卷，雜著二卷，詩一卷，附録三卷，外集一卷，實十六卷。**春秋解**　**毛詩解**　**語孟解**　**中庸説**　**春秋指歸**　**臺衡録**　**議論要語**

鐵琴銅劍樓藏書目録　［清］瞿鏞

豫章羅先生文集十七卷　元刊本

宋羅從彦撰。卷首經解已闕，集録九卷，雜著二卷，詩一卷，附録三卷，外集一卷。至正三年延平沙邑曹道振編，並撰年譜一卷。道振有跋。目録後有墨圖記云「至正乙巳秋沙陽豫章書院刊」。後有至正二十七年福建儒學提舉卓説序，前冠以永樂元年沙縣知縣錫山倪峻重建豫章先生祠堂記，蓋後人所增也。

豫章羅先生文集十七卷　明刊本

此本乃明成化時邵武太守馮孜即曹道振本重刊，有成化七年柯潛序及卓説原序。卷首有「季振宜印」「滄葦」二朱記。

豫章羅先生文集十七卷　至正己巳刊本

宋史本傳：「羅從彦，字仲素，南劍人，以累舉恩爲博羅主簿。聞同郡楊時得程氏之學，往從之。時喜曰：『惟從彦可與言道。』築室山中。采祖宗故事爲尊堯録，靖康中擬獻書闕下，會國難，不果。嘗與學者論治，曰：『天下之變，不起於四方，而起於朝廷。譬如人之傷氣，則寒暑易侵；木之傷心，則風雨易折。故内有林甫之姦，則外必有禄山之亂；内有盧杞之姦，則外必有朱泚之叛。』其論士行，曰：『士之立朝要以正直、忠厚爲本。正直，則朝廷無過失；忠厚，則天下無嗟怨。一於正直而不忠厚，則漸入於刻；一於忠厚而不正直，則流入於懦。』其議論醇正類此。紹興中卒。學者稱之曰豫章先生。淳祐間謚『文質』。」至正三年延平沙邑曹道振跋云：「先生著述最多，兵火之餘，僅存什一於千百，世所共見者，郡人許源所刊遺稿五卷而已。道振嘗欲搜訪爲文集，其年月可攷，則繫以爲年譜，久之弗就。邑人吴紹宗蓋嘗有志於是，近得其稿，乃加序次，釐爲一十三卷，附録三卷，外集一卷，别有年譜一卷。先生五世孫天澤遂鋟以壽其傳。」天澤使其子庭堅求序於卓説以冠其首。卷第一經解已闕，目録後有木記云「至正乙巳秋沙陽豫章書院刊」。惜中闕第四、五、六及八、九、十、十一，凡七卷。

豫章羅先生文集十七卷　明成化刊本

至正二十七年丁未，福建等處儒學提舉卓説序云：「先生五世孫天澤建書院，既得請前進士曹道振纂次先生文集，鋟以傳世，天澤子庭堅求序其端。」次年譜，題「進士曹道振編次」，後有道振識語。卷一經解不存，卷二至九遵堯録，卷十爲二程先生龜山先生語録，卷十一、十二雜著，卷十三詩，卷十四至十六附録，卷十七外集。此爲明成化七年邵武太守南充馮孜重刊，屬莆田柯潛爲序。書估去柯序以充元槧，有「日華鑑藏」「竹懶」兩印。

豫章羅先生文集十七卷　明嘉靖刊本

是本與元至正乙巳沙陽豫章書院刻式相似，無卓説序。前列成化八年壬辰知沙縣事嶺南張泰序，稱：「提學憲副豐城游公按節考校之暇，以是集授泰，曰：『正統戊辰燬於兵燹殆盡，其幸存僅見此本，亟圖鋟梓。』泰對曰：『謹受命。』是用重鋟，以廣其傳。」卷末有嘉靖甲寅閩沙後學謝鸞識云：「進士曹公編次校正，匪隳括也。邑宰張公重鋟諸梓，匪鉛槧也。慨經歲久，版失漸盡，用捐廩刊行。」目録後木記有「刻版捌拾叁片，上下二帙，壹百陸拾壹葉，繡梓王資貳拾肆兩」。乃嘉靖謝氏重雕張本也，有「陸仲子曾讀過」一印。

八千卷樓書目 〔清〕丁丙 丁立中

豫章文集十七卷 宋羅從彦撰，明刊本、明刊本、明刊抄配本

豫章集選十卷 國朝張伯行編，正誼堂本。

皕宋樓藏書志 〔清〕陸心源

豫章羅先生文集十七卷 明刊本

宋羅從彦著。

先生著述最多，兵火之餘，僅存什一於千百，世所共見者，郡人許源所刊遺藁五卷而已。道振不揆淺陋，嘗欲搜訪爲文集，其年月可攷，則繫以爲年譜，久之弗就。邑人吳紹宗蓋嘗有志於是，近得其藁，乃加敘次，釐爲一十三卷，附録三卷，

外集一卷，年譜一卷，凡一十八卷。先生五世孫天澤遂鋟梓以壽其傳，因識其梗槩于此。若夫訂其誤而補其遺，不無望於君子也。至正三年歲在癸未二月甲子延平沙邑曹道振謹識。

張泰序成化八年。

案目録後有「刻板八十三片，上二帙一百六十一葉，繡梓工資二十四兩」木記。

雲自在龕隨筆　［清］繆荃孫

羅從彦集十七卷　元刊本曾見之。

羣碧樓善本書録　鄧邦述

豫章羅先生文集十七卷　三册

宋羅從彦撰。

元刻本。

每半葉十三行，行二十三字，目後有「至正乙巳秋沙陽豫章書院刊」木記一方。前有至正丁未福建儒學提舉卓説序，又年譜爲進士曹道振編次校正。

善本書所見録　羅振常

聖宋遵堯録

舊抄本。七卷，別録一卷。宋羅從彦撰。藍格舊抄，格邊有「純齋趙氏隨意録」七字，書口下方有「半畝天居」四字。前有靖康丙午十月日延平羅從彦自序。藏印有「宣城李氏瞿硎石室圖書印記」（朱長方）、「宛陵李之郇藏書印」（朱長方）、「江山劉履芬彦清父收得印」（朱方）、「彦侍藉讀」（朱方）。前有沈藴石題，録後：

予曩游宦吴門，獲交歸安姚覲元觀察，素稔彦侍藏書浩富，未遑索觀爲悵。客臈四日往訪，見案頭置此藍格抄本聖宋遵堯録。批閲之後，但覺紙潤墨香，秀雅古勁，展卷便有驚人處，能令人愛，不忍釋手。彦侍覥狀謂予云：「古書日少，向藏者亦復散逸，講此道者實無其人。此書余乃得之江山劉氏，審其紙墨，絶非近代抄本，而卷中誤字，已經履芬硃筆改填，而尚未得盡，故予復以墨筆勘之。」予擬懇讓，卒以彦侍所愛置之。今冬，彦侍以所儲書設肆于觀前街，榜其門曰尊古堂，予急往訪，見架上是書在也。奈定值奇昂，商之至再，竟以番佛三十四尊易之。攜歸披讀，不勝快慰。然是書世鮮傳本，乃僅有之秘籍，復經前賢手訂，亟當珍寶。爰書數語，告吾後人，毋以其爲稗史而忽視之。光緒丁丑秋八月五日，歸安沈藴石謹記。

文禄堂訪書記　王文進

豫章羅先生文集十七卷

宋羅從彦撰。元豫章書院刻本。次題「曹道振編」「張泰重刊」。半葉十三行，行二十三字，黑口。目後「至正乙巳秋沙陽豫章書院刊」十二字木記。至正三年曹道振識，又卓説序。李氏手跋曰：「四庫書目豫章文集十七卷，宋羅從彦撰，元曹道振編。首列經解一卷，有録無書，次遵堯録八卷，集二程楊龜山語録一卷，雜著二卷，詩一卷，附録三卷，外集一卷，實十六卷。四庫所著即此本也。又見吾邑劉氏嘉蔭簃藏書，有前明豐城熊氏知本堂刊本，前序紀刊於萬曆乙酉，結銜列『福建按察司提督學校僉事後學熊尚文重校正』，後附延平府沙縣知縣錫山倪俊重修豫章羅先生祠堂記，它皆與此本同。道光六年歲在柔兆閹茂相月下澣禮南識。」有「蒼巖山人書屋記」「洒桐齋書畫記」「李禮南藏書記」印。

藏園訂補郘亭知見傳本書目

［清］莫友芝 撰，傅增湘 訂補

豫章文集十七卷 宋羅從彦撰

○元至正三年許源堂刊本。○元刊小字本。○明成化七年馮氏刊本。○嘉靖甲寅刊本。○隆慶五年羅文明刊本。○康熙刊本併爲十卷，與許魯齋集合刊。繩

［附］○宋刊本，卷一至十九，見黄目。○元本，前有至正二十七年卓説序，天祿後目。○成化馮本十八卷，是曹氏元本，首年譜，次詩文，次附録，次外集。邵氏

［補］豫章羅先生文集十三卷附録三卷外集一卷 宋羅從彦撰

年譜一卷 元曹道振撰

○元至正二十五年豫章書院刊本，十三行二十三字，細黑口，四周雙闌。目後有「至正乙巳秋沙陽豫章書院刊」牌記。郁松年宜稼堂舊藏。在田中慶太郎處，值昂

未收。○明成化張泰刊本，十三行二十三字，黑口，四周雙闌。滬上金誦清肆中閲。○明成化七年馮孜刊本，十行二十一字，黑口，四周雙闌。己酉入都見。○明正德十二年姜文魁刊本，十行二十字，黑口，四周雙闌。○明嘉靖三十三年謝鸞翻元本，行款版式全同豫章書院本。年譜首葉曹道振名後有「後學謝鸞重校新刻」一行。目後有木記，記「刻版捌拾叁片，上下二帙，壹百六拾一葉，繡梓工資貳拾肆兩」云云，據此可知當時刻版工價。又全書壹百六拾一葉而用版捌拾叁片，則應爲一版兩面刻矣。○明隆慶五年羅文明刊本，十行二十四字，細黑口，四周雙闌。

[補]羅豫章先生文集十卷　宋羅從彦撰

○清同治五年福州正誼書院刊正誼堂叢書本。

[補]羅豫章先生集十二卷首一卷末一卷　宋羅從彦撰

○清光緒八年刊趙氏叢書本。○清光緒八年謝甘棠校刊本。

豫章羅先生文集十三卷附録三卷外集一卷 宋羅從彦撰
年譜一卷 曹道振撰

明嘉靖謝鸞翻元本，十三行二十三字，黑口，四周雙闌。

前年譜，譜後至正三年延平沙邑曹道振跋。次目録。後有重刻跋失去人名。

年譜首葉有「進士曹道振編次校正」「後學謝鸞重校新刻」二行。

按：此書余曾見元刊本於田中慶太郎處，乃郁松年藏書，因循不及購，嗣得此本，行款板式悉同，蓋直從元本翻雕者。至正德姜文魁本則十行二十字，已改易舊式矣。余藏。

忠謨謹按：此書别有跋，收入藏園羣書題記三集卷六。

他本序跋

重建豫章羅先生祠堂記

［明］倪俊

謹按：先生諱從彦，字仲素，古劍州人，後居沙陽，世稱爲豫章先生，因其先世自豫章來也。自龜山楊文靖公得伊洛之道南歸，而先生實傳之，以至於延平李先生，及考亭朱子而大顯。宋高宗紹興二年壬子，以特科授惠州博羅縣主簿。五年乙卯，卒於官。寧宗嘉定六年癸酉，郡守劉允濟繳進遵堯録請謚，未報。理宗淳祐六年丙午，福建提刑楊棟請謚，詔太常博士陳協議，曰：「按謚法，道德博厚曰文，言行相應曰質。」七年，詔賜謚曰「文質」。元至正辛巳，五世孫天澤請建祠堂，許之。卜地於沙邑洞天巖西麓，立祠以奉先生之祀。進士曹道振纂先生文集，以倡其道。迨夫元季，兵戈擾攘，居民流離，棟宇變爲瓦礫，基址鞠爲荆榛，蓋三十餘祼矣。天運循環，無往不復，逮我聖朝，重道崇儒，斯文載振。迩者古合劉文仲、古鼎鄧宗聞咸以胄監生來佐是邑，下車之日即訪先生遺跡，六世孫惟賢具其事以白之，公慨然曰：「先生上承伊洛、龜山，下傳延平、朱子，誠道學之會。俾其祠宇湮圮，吾典邑者不得辭其責也。」迺相與議復之。躬爲相度，剗蕪穢，屏茨翳，遺基舊址隱見迭出。於是各損俸資，又勸乎僚屬、邑之儒士鳩金，得數千緡，以市材木，以僦工師。搆正堂三楹，奉安先生之神，中外立門，繚以墻垣，經始於大明洪武丁丑六月初三日，落成於戊寅六月一日也。復慮歲月既久，而興廢易忘，欲刻之石，一以俾其子孫知祀事之由，一以俾後人知道學之宗，有所瞻仰而興起。於是屬峻爲記，峻朴魯知文，矧先生道學之宗，豈區區之敢議？謹述其行實與其祠堂廢興之由，用鐫于石，以告無窮焉。旹歲永樂元年龍集癸未春三月承事郎延平府沙縣知縣錫山倪峻拜手謹書。

豫章羅先生文集，张泰本，國家圖書館善本書號07055

羅豫章先生文集重刊序

［明］柯潛

君子之學務以講明道理、精思力行爲事，而文章詩賦蓋非其所先者。然或因事感物而有所著述，發于心而不能自已者，要皆不外乎道理之正，于己無累，于人有規，則君子亦所不廢也。若夫娱戲風月，模寫景光，足以蕩心而逸志者，奚可尚哉？羅豫章先生師事龜山楊文靖公二十餘年，盡得不傳之秘，居鄉授徒，循道寂寞，晚始得官爲博羅主簿，弗究厥施而没。所幸者有同鄉李公愿中傳其學，斯文賴以不墜。再傳而得朱文公，其道遂大明於世。蓋先生清介絶俗，其學以誠篤不欺爲主，故傳於後久而彌光。其平生所著詩文又皆合乎道理之正，百世之下讀之者可知其爲人。然則先生之所著述世不可無，如遵堯録、議論要語，蓋其經濟之志之所寓，尤後人所當講誦而服膺者。惜經元季，兵革散亂之餘，間有存者亦惟束之高閣而已。騷人墨客，競以模寫景光爲事，豈復知道理之言爲可貴哉？邵武太守南充馮侯孜前在延平時慕先生之爲人，搜訪遺文得之民家，蓋元進士曹道振所編次者。首年譜，次詩文，次附録，次外集，凡十八卷。重加考訂，刻板以廣其傳，及來兹郡，又載以隨，惟恐或失之，誠以道理之言有補于世者所當貴也。貴道理之言，則其爲政從可知矣。潛亦竊慕先生者，既喜斯集之傳，俾後生晚學得以因之考見其道，有所感焉而興；又欲後之嗣政于此者，知侯能以振文右道爲心而勿替也，故僭序之。成化七年春二月二十又八日中順大夫詹事府少詹事兼翰林院學士經筵官同修國史莆田柯潛序。

豫章羅先生文集，馮孜本

豫章文集序

［明］張泰

泰嘗讀孟子「稱舜大孝」章，至延平李氏註有曰：「昔羅仲素語此云『祇爲天下無不是底父母』，了翁聞而善之曰：『惟如此，而後天下之爲父子者定。』」徐而思之，已知先生立言垂訓之緒餘矣。初未嘗獲睹所謂豫章文集也。暨筮仕，知沙縣，明年春二月，適今提學憲副豐城游公按節考校之暇，手以是集授泰曰：「是乃豫章羅先生遺文，前進士曹道振編次校正，梓行于世久矣，正統戊辰燬于兵燹殆盡，其幸存者儘見此本，急圖鋟梓以廣其傳可也。」泰對曰：「謹受命。」自是退食之餘，披誦累閱月，于是益有以知先生淵源之所自。蓋先生初受學于龜山之門，龜山講乾九四爻義曰：「伊川說得甚善。」即鬻田裹糧，適洛中求教於伊川，竟不外龜山之說。既而南歸，益肆力于聖賢之學。晚就特科，授博羅縣主簿。居羅浮山中，靜坐三年，以觀天地萬物之理，超然自得而不滯於言語文字之末。故龜山之門從遊者衆，其潛思力行、任重詣極，先生一人而已。今觀集録彪分臚列，大而君臣父子之倫，小而事事物物之故，以至于道德性命之奥，彌不該悉，則是书不可以不传于世明矣。或曰：「传其书不若明其道，求诸言不若求诸心。」是固然矣。然而聖賢之道具於心，聖賢之心形於言，不得於言而能得其心者鮮矣，不能得其心而能得其道者未之有也。學者苟能即其心以玩其言，則心與道可得而言矣。夫六經、四書皆道之所存也。堯舜禹湯文武之所以建極保民，孔曾思孟之所以垂世立教，周程張朱之所以著書立言，舉不外乎是。先生上承伊洛、龜山之統，下啓延平、晦庵之傳，斯文一脈，萬世是宗，而可不因其言以求其心，傳其書以明其道也邪？是用重鋟諸梓以廣其傳，與四方君子共之。凡有志者，獲覩先生是書，口誦心惟而力行焉。生乎百世之下，而有以傳先生之道於百世之上，窮則淑諸人，達則善斯世，則於風化之萬一庶幾或有小補云。成化八年龍集壬辰十二月甲子日賜進士文林郎知沙縣事後學嶺南張泰拜手謹序。

豫章羅先生文集，謝鸞本

重刊豫章先生文集序

［明］姜文魁

道學之傳自孔孟而下，廖寥千載。迨宋天啓奎文，真儒輩出。周、程以來，楊龜山出於將樂，羅豫章、李延平出於南平，朱晦翁亦産自尤溪。延平一郡而四賢繼生，以明道爲己任。楊傳于羅，羅傳于李，李傳于朱。當時號爲鄒魯之邦，而程子道南之言，蓋亦至誠前知也。夫予竊慕羣賢道軌，幸守是郡，旋爲楊、羅、李三先生置田，付主祀者世守祀事〔二〕。復觀龜山、延平各有書院，惟豫章尚爲闕典。卜其地，得城西舊縣基，寬敞可以妥神明，可以展禮文，可以育士類，具請其事於當道。時上命侍御徽之程公、鄞之王公按治是郡，咸敦尚儒賢，允其所請。遂偕寅寮同府武寧萬君廷彩、通府潁上杜君煥、推府順德陳君韶，議出公帑，協措葺舉而落成之。適户部蓋君九成以公檄過家詣予，告曰：「書院既紹前聞矣，其遵堯録亵没已久，今不復刊焉，則豫章翼道之功泯矣。」予因訪得元進士曹道振編校舊本，但字多空鈌未备，訛舛未真，予爲採集史志，參互考訂，首之以年譜、經解、遵堯録，繼之集程楊語録及所作序記詩文之類，末則附之以志文序記所以稱述先生者。總若干萬言，釐爲一十七卷，再新于梓，與四方士共之。庶先生之道因是不泯焉。於戲！此特其概而已，乃若嘉言善行散失弗傳，豈足以盡其蘊哉？然即是仰窺先生論易大有之道〔三〕，議郊社婚娶之禮引證詩章，援據書詞，春秋有解，指歸、釋例，以至學、庸、語、孟、説苑、老、莊各加

〔二〕「旋爲」至「祀事」，黄植京本收録此序作：「適羅先生十一世孫存德告葺舊祠以崇祀事」。
〔三〕易，原作「易簡」，「簡」衍，據黄植京本删。

究極詳論，則五經、羣書之旨，天地萬物之理，無不融會貫通于心矣。晦翁嘗云：「龜山倡道東南，士之游其門者甚衆，然精思力行、任重詣極如仲素，一人而已。」其立言垂訓，繼往開來，真與龜山而同符；清介絶俗，闢邪翼正，與魯齋而並駕。遵堯録寓經濟才猷之志，發精神心術之藴，追比司馬温公之資治通鑑，間有過之者。雖然書院之建，舊祠之葺，文集之刊，豈足以酬其功而償其德哉？不過恭有司之職，罄尊崇之忱耳。若夫表章實蹟，建議清朝，並與楊、許、司馬羣儒從祀孔子廟庭，上發九原道學之馨，下慰萬世景仰之念，端有望于當道諸君子，則予豈敢？時正德歲次丁丑閏十二月初七日賜進士第中憲大夫福建延平府知府進賢後學姜文魁書。

豫章羅先生文集，姜文魁本

重刊羅先生文集序

［明］歐陽佑

天下有有德之言，有造道之言，有德者歸諸聖，造道者歸諸賢。夫聖不可尚已，聖而天下者能幾何哉？是故流連光景，嘲弄風月，言之技也；勦取影響，掇拾緒餘，言之陋也；叛道背經，立門筑室，言之蠹也；飾章會句，踵謬承誤，言之雜也。

有識君子皆陋之。即使或災于木曰「文矣文矣」，其何以信而傳後邪？惟有精思力踐，超穎妙悟，遠承師傳，深契道體；微之而頤情理性，顯之則足以經世宰物；近之而章程一代，遠之則足以垂憲百世；小之而化家範國，大之則足以擴天地横四海。夫若是者，言之善歟？文之精歟？惟宋諸先生，自周濂溪、程明道伊川兄弟鳴于西北間，俾聖學大明如日星經天，江海行地，固爲世道慶。自龜山載道而歸也，程師即善之曰：「吾道南矣。」然或繼承匪人，抑何以演其源而揚其波邪？幸有豫章羅先生親受龜山之門，獨得不傳之秘。故自有先生之學，一傳而爲李延平，再傳而爲朱晦庵，由是海濱鄒魯於斯盛哉！乃今讀豫章之集，遵堯有録，議論有要語，雜著有詠誨，子姪有書文。夫皆根自身心，出于至誠，以爲心則善身，以化民則善俗，以達天下則善治，其有功于世教，豈小補云？余來延郡庠批閲往訓，每以舊集年久漫漶爲惜，庠生文明爲先生遺裔，乃取舊集新之，索余以序，余嘉其能不墜祖德也，書而紀諸首。隆慶五年春三月初十日延平府學教授分宜歐陽佑序。

羅豫章先生文集，正誼堂本

豫章文集跋

［明］謝鸞

繄自洙泗浚源，濂溪默契道體，伊洛衍派，龜山載道于南。維時文質先生師事楊公，一傳延平，再傳朱子，身際斯道之會，啓集諸儒大成，一脈授受，淵源有自，厥功豈淺淺哉？先生精藴具在著述，微斯集誠闕典也。進士曹公編次校正，匪隱栝也。邑宰張公重鋟諸梓，匪鉛槧也。慨經歲久，板失澌盡，幸書猶存。迨今弗復翻刻，愈久將併遺編而亡。鸞憂後之學者慕而求之不可得而覩也，用捐廪金刊行，庶俾仰止前修者有所考而私淑焉。文不在茲乎？先正曰：「篤其實而藝者，書之。美則愛，愛則傳焉。」欲永其傳者，鸞心也。吾儕既獲生長教化之地，烏可靳費而忽此重寶也哉？嘉靖甲寅歲仲春既望閩沙後學謝鸞謹跋。

（豫章羅先生文集，謝鸞本）

羅豫章先生文集序

［清］張伯行

由孔孟而下，斯道之傳開于周子，盛于二程，而大會于朱子。朱子，繼周程之統者宗于大海。而先生居三傳之中，一脈淵源，的然有自，亦如河之由積石歷龍門以東如是。至朱子擴而充之，致廣大，盡精微，使孔孟、周程之旨融會歸一，如萬派之朝深得伊洛之傳者也。延平答朱子問學，必舉羅先生緒言相諄勉，其謹師傳以成後學天下萬事萬物之理莫不由是而出，故必操存涵養以爲應事接物之本。此龜山心法，傳之者李延平也。常教延平靜中看喜怒哀樂未發時作何氣象，蓋以寂然不動之中而日危坐以體驗天地萬物之理。蓋其造道成德，又非世人之所及知者矣。先生之學，洛所傳之學？爲乃一聞至論，遂驚汗浹背，自悔虛過一生，非先生之篤，其孰能超然自拔如是？且既從龜山授業，又裹糧走洛而見伊川，既得伊川指示，又歸而卒業于龜山，抑何求道之勇也？迨後盡得龜山不傳之秘，築室羅浮山中，絶意仕進，終用而無乎不在，獨未有篤志求道如先生者耳。當時龜山弟子千餘人，何人不告以伊者，一旦親承大儒之訓，翻然勃然，即可以得乎吾性之所固有，而聖賢之道求諸日計其時已晚矣。夫學者惟無志于學則已，有志于學，雖其前之溺于流俗，誤于歧趨者，又安足以肩承先啓後之任乎？先生爲人嚴毅清苦，四十一歲始受學于龜山之門，而東注以放于海也。斯道之傳蓋匪偶然，中間若無潛思力行、任重詣極如羅豫章先生也。顧其遠源一脈，而豫章，而延平，的然相承，如河源之發于崙，由積石歷龍門注也。其承先啓後之功，豈不偉哉？先生少著述，惟遵堯録、二程語録及雜著議論要語，學者合而觀之，可以知先生之學，即可以知周程朱子相承之學矣。康熙四十八年己丑孟冬穀旦儀封後學張伯行書于榕城之正誼堂。

羅豫章先生文集，正誼堂本

合刻宋儒南劍州三先生集序　［清］沈涵

方今寰宇昇平，儒風丕振，學士大夫皆知凛遵令甲，推宗朱子。我皇上又於萬幾之暇親灑宸翰，歷賜武夷、考亭書院，昭示來茲，猗與休哉！千古正学之傳，至今日而大彰矣。顧嘗聞之，祭川者先河後海，言務本也。爲學而不溯夫本源之所在，尚可與云知人論世哉？考宋自熙豐以後，國是淆亂之秋也。濂溪、伊洛諸君子，如草昧初開，曈曨初啓，方在若明若晦之間，而王安石以新經邪説榛蕪蔽塞之。閩居南陲，去中原最遠，蔡京、章惇之徒，踵其鄉護法善神之故知，以紹述爲名，貶斥善類。天下知有王氏、蔡氏不知有周、程久矣。當此之時，使無有人焉爲之續餘薪於將燼，指迷路於初岐，則後雖有作，將安仰焉？此劍州三先生所爲相繼而起也。天不生三先生，則濂洛之學不傳；天生三先生，而使之生於中原全盛之時，不生於閩南危亂之季，則朱子之學不出而濂洛之學亦不傳。今也龜山産於將樂，豫章延平産於劍浦，而朱子適産尤溪，於延平爲見而知之，於龜山、豫章即聞而知之。其淵源授受之際，所關於世道人心者，豈淺尠哉？嘗合三先生生平而考之，語其經濟，則龜山立朝七十日，功業偉然；若豫章遵堯録一書、延平論封事數語，以儒生而指陳國家理亂安危之故，洞若觀火。語其學術，則言仁言義，言性善，言未發之中，皆龜山開之，豫章繼之，至延平而大暢其旨。今朱子所著問答及經傳集註所載師説，皆其傳心要旨也。不本諸此乎」。語其學術，則言仁言義，言性善，言未發之中，皆龜山開之，豫章繼之，至延平而大暢其旨。

至於立身行己、應事接物，則三先生難進易退之風，朱子實效法之。或則終身無疾言遽色，或則如春風之被物，或則如冰壺秋月之瑩澈無瑕，又何其與天空海闊、活水源頭諸吟詠同一氣象乎？是則朱子之學之得力於三先生也，如水之有源，木之有本，後之學者可不尋求而討論哉？涵不才，仰體皇上褒崇朱子之意，恭請宸翰褒及三先生，懸諸郡城道南祠矣。既又求三先生遺集，裒爲一書，於龜山則得明萬曆年將樂令林某刻本，於豫章則得明成化年沙縣令張泰刻本，於延平則得本朝順治年先生裔孫李孔文刻本，顧皆簡編剥蝕，字畫紕繆，又多附載繁蕪，乃一一校正，删其冗而仍其闕，亟付諸梓。建陽學博藍君陳畧嗜學好古士也，俾董厥務，書成題曰宋南劍州三先生集。地從古，尊所自出也，稱孔子曰魯人，稱孟子曰鄒人云爾；劍州而外諸儒未及焉，先河後海之義也。推而廣之，則願以俟之君子。

羅豫章先生集，黃植京本

宋儒羅豫章先生集序

〔清〕黃植京

宋儒鄉先生羅文質公，親承語無關於天人性命者，雖文采爛如，舉可删而弗録也。龜山南來之緒，以開李朱二子之傳，其立言爲經，大有功於吾道，非漢唐諸子空以詮疏、文章名世者可同日而語矣。昔陳默堂先生謂：「其格言要論自成一家之言，信乎自心害而去之。」李延平先生又謂：「性明而修，行完而潔，擴之以廣大，體之以仁恕，精深微妙，各極其至。」朱子則謂先生「潛思力行，任重詣極」，更謂「嚴毅清苦，都是著實仔細去理會」。而盛仁叔云：「至道無文，至學無詞。先生之道，天人之師。」石道叟云：「秉德醇厚，問學淵源。信道之篤，衛道之堅。」揭從年曰：「靜交聖賢，遠溯伊洛，不取於彼而詣極於此，安吾素也。」前明柯竹巖曰：「先生清介絶俗，其學以誠篤不欺爲主，所著詩文又皆合乎道理之正。」張西溪曰：「今觀集録，彪分臚合，大而君臣父子之倫，小而事事物物之故，以至於道德性命之奥，靡不該悉。」姜士元曰：「其立言垂訓，繼往開來，真與龜山而同符；清介絶俗，闢邪翼正，真與魯齋而並駕。遵堯録寓經濟才猷之志，發精神心術之藴，追比司馬公通鑑有過之者。」徐存齋曰：「如軸負輪，纘楊鑄李。程得成終，朱得成始。身任繼開，道兼授受。四公之功，皆公之有。」嗚呼！歷觀諸公之所讚述，而先生之學與其所以爲書者，亦大畧可識矣。惜先生没，而遺編散佚無存。至理宗朝，郡守劉公始得遵堯録上之。後元進士曹伯大迺搜得全集，刊以行世，勝國時屢易剞劂。逮我朝大中丞儀封張公刻之，宫詹、學憲心齋沈公又刻之，然後尚友之士有所藉以窺其壼域。第前此刻本歲久散亡，張、沈二刻版又藏官舍，流布未廣，此望古遥集者所爲企想而三歎也。仰惟我皇上，妙齡紹統，稽古右文，凡名山石室之藏，靡不勤加搜訪，斯誠吾道大亨、理學昌明之會，而先生裔孫上舍生塈暨男博士天道、姪孝廉天廣，嗜古象賢，躬逢盛際，乃謀舉先生集，捐金重梓，以廣其傳。又恐鋟板屢更，魯魚易混，爰取沈本，付京訂定，庶幾不誤來學。極知謭陋，無益斯文，然仁人孝子，顯揚先祖，明示後世，此等至意，何敢重違。又况高山典型，景行自昔，維簡策之可循，皆道脉之攸寄。可聽其荒没以無傳乎？因偏閱宋史、綱目、延平集、朱子全書、性理大全、閩省郡邑志諸書，取沈本而細加校讎，訂其譌誤，補其殘缺，并録後世諸公之所以發明先生者，分載首末二卷，以備知人論世之大觀。往嘗讀幼山先大夫邑志傳論云：「先生之學得之主静，乃千聖傳心之秘，其遺言緒論皆足範今而垂世。」京幸生長文獻之邦，得爲先生鄉後進，既又獲交先生後人，更得讀先生之書，從事丹黄，附名以滋不朽。是京於先生之道雖茫乎未之有聞，然仰止匪遥，先生庶亦有以範我也夫。旹大清乾隆元年歲次丙辰天中節邑後學黄植京頓首拜譔於觀瀾軒。

羅豫章先生集，黄植京本

［清李璋煜跋］

四庫書目豫章文集十七卷，宋羅從彦撰，元曹道振編。首列經解一卷，有録無書，次遵堯録八卷，集二程龜山語録一卷，雜著二卷，詩一卷，附録三卷，外集一卷，實十六卷。四庫所收即此本也。又見吾邑鐳氏嘉蔭簃藏書，有前明豐城熊氏知本堂槧本，前序紀刻於萬曆己酉，結銜列「福建按察司提督學校僉事後學熊尚文重校正」，後坍延平府沙縣知縣錫山倪峻重修豫章羅先生祠堂記，它皆與此本同。道光六年歲在柔兆閹茂相月下澣禮南識。

豫章羅先生文集，張泰本，國家圖書館善本書號00606

明嘉靖本豫章羅先生文集跋　傅增湘

此明嘉靖刊本，半葉十三行，行二十二字，黑口，四周雙闌。前序不存，首爲年譜，題「進士曹道振編次校正」「後學謝鸞重校新刻」，次目録，共分十七卷。卷一爲經解，全缺，僅存其目。卷二至九爲遵堯録。卷十爲語録。卷十一二爲雜著，卷十三爲詩，卷十四、五六附録，卷十七爲外集。

按：此集爲元至正三年延平曹道振所編，雖題爲「文集」，然自尊堯録、語録外，所存者只文四首、詩二十五首耳。元本雕鐫極精湛，余辛亥歲暮見一本於滬市，目後有木記云「至正乙巳秋沙陽豫章書院刊」，有田耕堂、郁泰峯藏印，喜其字體圓湛，楮墨精麗，汲汲求之不可得，聞爲田中子祥收去，至今耿耿不忘。嗣書估以此本來，乃降格取之，亦慰情聊勝無耳。

考丁氏書志，至正豫章書院刊行後，正統戊辰燬於兵燹，至成化八年沙縣知縣張泰乃圖鋟梓以廣其傳。此本爲謝鸞校刻，則又取張氏本重翻，故其行格與元刻殊無二致。然上溯成化時又歷七十餘年，刊工之良窳相去殆不可以道里計矣。考丁氏書志記嘉靖本目後木記有「刻板捌拾叁片，上下二帙，壹百陸拾壹葉，繡梓工資二十四兩」云云，此本不存，疑市賈有意去之以充舊刻也。庚辰夏六月六日藏園老人書於頤和園內清華軒。

傳記資料

宋史羅從彦傳

羅從彦，字仲素，南劍人。以累舉恩爲惠州博羅縣主簿。聞同郡楊時得河南程氏學，慨然慕之。及時爲蕭山令，遂徒步往學焉。時熟察之，乃喜曰：「惟從彦可與言道。」於是日益以親。時弟子千餘人，無及從彦者。從彦初見時三日，即驚汗浹背，曰：「不至是，幾虛過一生矣。」嘗與時講易，至乾九四爻云：「伊川説甚善。」從彦即鬻田走洛，見頤問之，頤反覆以告，從彦謝曰：「聞之龜山具是矣。」乃歸卒業。沙縣陳淵，楊時之壻也，嘗詣從彦，必竟日乃返，謂人曰：「自吾交仲素，日聞所不聞，奥學清節，真南州之冠冕也。」既而築室山中，絶意仕進，終日端坐，間謁時將溪上，吟詠而歸，恒充然自得焉。嘗采祖宗故事爲遵堯録，靖康中擬獻闕下，會國難不果。嘗與學者論治曰：「祖宗法度不可廢，德澤不可恃。廢法度則變亂之事起，恃德澤則驕佚之心生。自古德澤最厚莫若堯舜，向使子孫可恃，則堯舜必傳其子；法度之明莫如周，向使子孫世守文武成康之遺緒，雖至今存可也。」又曰：「君子在朝，則天下必治。蓋君子進，則常有亂世之言，使人主多憂而善心生，故治。小人在朝，則天下亂。蓋小人進，則常有治世之言，使人主多樂而怠心生，故亂。」又曰：「天下之變，不起於四方，而起於朝廷。譬如人之傷氣，則寒暑易侵；木之傷心，則風雨易折。故內有林甫之姦，則外必有祿山之亂；內有盧杞之姦，則外必有朱泚之叛。」其論士行曰：「周孔之心使人明道，學者果能明道，則周孔之心深自得之。三代人才得周孔之心，而明道者多，故視死生去就如寒暑晝夜之移，而忠義行之者易。至漢唐以經術古文相尚，而失周孔之心，故經術自董生、公孫弘倡之，古文自韓愈、柳宗元啓之，於是明道者寡，故視死生去就如萬鈞九鼎之重，而忠義行之者難。嗚呼！學者所見，自漢唐喪矣。」又曰：「士之立朝，要以正直忠厚爲本。正直則朝廷無過失，忠厚則天下無嗟怨。一於正直而不忠厚，則漸入於刻；一於忠厚而不正直，則流入於懦。」其議論醇正類此。朱熹謂：「龜山倡道東南，士之游其門者甚衆，然潛思力行、任重詣極如仲素，一人而已。」紹興中卒，學者稱之曰豫章先生，淳祐間謚「文質」。

本傳　考宋史及通志、郡邑志改正

先生姓羅氏，諱從彦，字仲素。其先世自豫章避寇來劍浦，復遷於沙，是爲沙縣人。曾祖文弼，祖世南，父神繼，以宋神宗熙寧壬子生先生。幼穎悟，不爲語言文字之學。及長，嚴毅清苦，篤志求道。初從郡審律先生吴儀游。已聞龜山先生楊時得河南程氏學，慨然慕之，遂徒步往師焉。見三日，即驚汗浹背，曰：「不至是，幾虚過一生。」時熟察之，乃喜曰：「惟從彦可與言道。」於是日益親。時弟子千餘人，無及先生者。嘗講易，至乾九四爻，時告以曩聞伊川説甚善。先生即鬻田裹糧走洛，見而問之，頤反覆以告，先生謝曰：「聞之龜山俱是矣。」乃歸卒業。偪侍二十餘年，盡得不傳之秘。時嘗語以：「今之學者只爲不知爲學之方，又不知學成要何用，此須是著力來，實見聖賢所得之道。若只要博古通今，爲文章，作忠信愿慤，不爲非義之事，則古來如此等人不少。且如東漢處士，名節有聞者多，責以古聖賢之道，則略無毫髪相似，以彼於道初未有聞故也。方今學者平居則曰吾當爲古人之所爲，纔有事到手，便措置不得。由是觀之，學而不聞道，猶不學也。」嘗教學者讀書之法：「以身體之，以心驗之，從容默會於悠閒靜一之中，超然自得於書言象意之表。」蓋其所得者如此。與時之壻同邑陳淵情好尤密，定交幾四十年。淵嘗詣先生，必竟日乃返，語人曰：「自吾交仲素，日聞所不聞，其奥學清節，真南州冠冕也。」既而築室羅浮山中，居十餘年，絶意仕進，終日端坐以體驗天地萬物之理。間謁時將樂溪上，吟詠而歸，充然自得。所居在邑西洞天巖之麓，有顔樂齋、濯纓亭、白雲寺、靜亭、寄傲軒、獨寐龕諸勝。每自賦詩，與默堂相倡和。然清介絶俗，雖里人少知之。若郡中李侗、新安朱松、同邑鄧迪，皆先生高弟也。嘗著遵堯録，述祖宗以來宏規懿範，及名臣碩輔論建謨畫，下至熙豐功利之人紛更憲度貽患國家，撮要提綱，無非理亂安危之大，爲書四萬餘言。靖康中擬獻闕下，會國難不果。紹興二年壬子，先生年六十一，始以特科惠州博羅縣主簿。時州學新成，太守周綰命先生率諸生行釋菜禮，有洙泗齗齗氣象。舍人吕大中以詩敘之，龕諸廟壁。五年乙卯，先生年六十四，自廣回，卒於汀州武平縣。學者皆稱豫章先生。其遺書又有詩解、春秋指歸、語孟詩説、中庸説、台衡録、二程語録、龜山語録、議論要語、詩文集等編。先生卒時，子敦敘早歿，喪不得歸。後數年，門人李侗始爲歸葬於郡之羅源里祖墓側。故書皆散佚無存。寧宗嘉定六年癸酉，郡守劉允濟搜得遵堯録，上之，乞賜謚；又得先生墓，爲之修甃，立石以表道，架亭以行祀；給官田，以其租半予守墳，半供祀事，每歲寒食命教授率諸生致祭。理宗淳祐七年丁未，從閩刑憲楊棟之請，賜謚「文質」。明神宗萬曆四十二年甲寅，從閩學臣熊尚文之請，從祀孔子廟庭，位在西廡司馬光下、胡安國上。其特祠自元順帝至正元年辛巳先生五世孫天澤得請建祠，屢更廢興，至明萬曆十一年癸巳，閩撫趙可懷檄復舊祀，至今每歲春秋二仲上戊日，有司率屬行祭祠，在邑西勸忠坊。

京按：宋史載先生爲劍浦人，督學沈心齋宗伯亦以爲生於劍浦之羅源鄉。嘗考延平答問補録云：「李先生愛看春秋左氏。初學於仲素，只看經。後侯師聖來沙縣，羅邀之至，問：『伊川如何看？』曰：『亦看左氏，要見曲折。』故始看左氏。」又載羅博文云：「延平先生之傳乃某伯祖仲素先生之道。」博文乃沙人，受業延平先生之門，朱子集中有哭羅宗約二詩，即博文字也。又舊邑志辨疑云：「據先生集中載紹興乙亥，博文之友，東里盛木題義恩祠壁云『是祠，先生八世祖所創，先生同殿撰畸肄業於此。』」按畸即博文祖。又載先生輯龜山語録云：「第四卷毘陵所聞注云『辛卯七月自沙縣來，至十月去』，蕭山所聞注云『壬辰五月又自沙縣來，至八月去』。」按先生若非居沙，何云自沙縣來也？又明將樂廩生林鈿請補羅李二先生從祀呈亦以先生爲沙縣人。今考先生故居在洞天巖之麓，至明鄧茂七寇亂後，羅氏始衰廢。其游息諸勝正在洞天瀑布之濱，去默堂居地甚邇，故得竟日酬對。聞羅源里無泉石之奇，必非其所也。若遵堯録稱延平臣某，特據郡爲言，其葬羅源，第以李先生扶櫬至郡，故祔於祖墓傍耳，不得以此而疑之也。

又按：宋史載先生行實及沙陽志皆云卒於官。子敦敘早歿，喪不得歸數年。故人羅友爲惠州判官，遣人護歸至汀州遇草寇竊發，遂寄菆於郡之開元寺。又數年，門人李愿中始爲歸葬於本郡羅源黄濟坑之源。然先生之弟革題先生集二程語孟解後云：「享年六十有四，自廣回，卒於汀州武平縣。」革之記在紹興壬申，去先生歿僅十八年，所知必真。又龜山先生答胡康侯書云：「伊川先生語録在念未嘗忘也，但以兵燹散失，收拾未悉。舊日惟羅仲素編集備甚，今仲素已死於道途，行李以遭賊火。」據此二説，則先生爲卒於武平明矣。史書所紀，恐傳聞者異辭也。

又按：楊、羅、李、朱四先生統脉相承，源流甚正，其有功於聖道豈曰小補？乃三先生俱膺封爵，惟羅先生尚有待焉。方今聖天子重道崇儒之日，議禮之臣所當亟思討論以補茲缺典也。

羅豫章先生集，黄植京本

李延平先生文集

李延平先生文集序

篤學積行之躬，日用尋常眞實爲己，不求知於世，世亦莫知也。然而守其所學，待諸其人，前不忘師傳之所自，後以啓授受之源流。天下後世終有能知之者，其惟延平李先生乎！先生少豪邁，及涵養精粹，終日無疾言遽色，恂恂焉，温謙慤厚。當其時，鄉黨稱善人已耳。顧能紹豫章之學，獨深得其閫奥，開道南秘鑰於紫陽，經學純明，答問不倦，雖以集羣儒之成如朱子者，往往親承服教，久而莫見其涯。此其學問本源之地，亦豈鄉黨中人所及知者。先生初見羅豫章，謂欲操袚篲幾年於兹，徒以習舉子業，不得服役門下。及豫章令先生於靜中看喜怒哀樂未發前氣象而求所謂中者，由是切實體會，道日盛，學日彰，則已無復應舉，陶然自樂。信乎足於中無待於外，默坐澂心，加功日用，所謂賴天之靈，此道常在心目者也。趙致道曰：「李先生之學，不但得於所授，其心造之妙，實有先儒之所未言者。」誠知先生哉！夫先生與韋齋爲同門友，數十年道誼之契甚深。朱子幼時承遺命，師事籍溪，及二劉草堂屏山，而於先生猶以父執事之也。至誦所聞於先生，先生獨未之許。嗣領簿同安，反復先生言，若有所得，遂徒步往從，蓋其相契合於觀感者深矣。先生不著書，又不喜作文，然讀朱子所編答問，解經精當，析理毫芒。至示學者入道之方，又循循有序，理一分殊，徹始徹終。惟先生以是爲學，即以是教人。故紫陽淵源有自，得以大廣其傳，聖學光昌，而道南一脈衍洛閩之緒於無窮，皆先生貽之也。彼自號著書爲文者，縱累牘盈笥，獨能與先生比烈哉？噫！天下後世尚有未能知先生者，亦徒爲鄉曲中人，而甘自見棄於先生已矣。爰書而爲之序。康熙四十八年己丑孟冬穀旦儀封後學張伯行書於榕城之正誼堂。

宋史李延平先生傳

李侗字愿中，南劍州劍浦人。年二十四，聞郡人羅從彥得河洛之學，遂以書謁之。從之累年，授春秋、中庸、語、孟之說。從彥好靜坐，侗退入室中，亦靜坐。從彥令靜中看喜怒哀樂未發前氣象而求所謂中者。久之而於天下之理該攝洞貫，以次融釋，各有條序，從彥極稱許焉。既而退居山田，謝絶世故，餘四十年，飲食或不充，而怡然自適。事親孝謹，仲兄性剛多忤，侗事之，得其歡心。閨門内外，夷愉肅穆，若無人聲，而衆事自理。親戚有貧不能婚嫁者，則爲經理賑助之。與鄉人處，飲食言笑，終日油油如也。其接後學，答問不倦，雖隨人淺深施教，而必自反身自得始，故其言曰：「學問之道，不在多言，但默坐澂心，體認天理。若是，雖一毫情欲之私，亦退聽矣。」又曰：「學者之病，在於未有灑然冰解凍釋處。如孔門諸子，羣居終日，交相切磨，又得夫子爲之依歸，日用之間，觀感而化者多矣。恐於融釋而脱落處，非言說所及也。」又曰：「讀書者，當知其所言莫非吾事，而即吾身以求之，則凡聖賢所至而吾所未至者，皆可勉而進矣。若直求之文字以資誦說，其不爲玩物喪志者幾希。」又曰：「講學切在深潛縝密，然後氣味深長，蹊徑不差。若槩以理一而不察其分之殊，此學者所以流於疑似亂真之説而不自知也。」嘗以黄庭堅之稱濂溪周茂叔「胸中灑落，如光風霽月」，爲善形容有道者氣象，嘗諷誦之，而顧謂學者存此於胸中，庶幾遇事廓然，而義理少進矣。其語中庸曰：「聖門之傳是書，其所以開悟後學無遺策矣。然所謂『喜怒哀樂未發謂之中』者，又一篇之要旨也。若徒記誦而已，則亦奚以爲哉？必也體之於身，實見是理，若顔子之歎，卓然若有所見而不違乎心目之間，然後擴充而往，無所不通，則庶乎其可以言中庸矣。」其語春秋曰：「春秋一事，各是發明一例，如觀山水，徙步而形勢不同，不可拘以一法。然所以難言者，蓋以常人之言推測聖人，未到聖人灑然處，豈能無失耶？」侗既閒居，若無意當世，而傷時憂國，論事感激動人，嘗曰：「今日三綱不振，義利不分。三綱不振，故人心邪僻，不任所用，是致上下之氣間隔，而中國日衰〔二〕。義利不分，故自王安石用事，陷溺人心，至今不自知覺。人趨利而不知義，則主勢日孤，人主當於此留意，不然則是所謂『雖有粟，吾得而食諸』也。」是時吏部員外郎朱松與侗爲同門友，

〔二〕中國，原作「國事」，據本書卷二答問上并宋史李侗傳改。

推重侗，遣子熹從學，熹卒得其傳。沙縣鄧迪嘗謂松曰：「愿中如冰壺秋月，瑩徹無瑕，非吾曹所及。」松以爲知言。熹亦稱侗：「姿稟勁特，氣節豪邁，而充養完粹，無復圭角，精純之氣達於面目，色温言厲，神定氣和，語默動靜，端詳閒泰，自然之中若有成法。平日恂恂於事，若無甚可否，及其酬酢事變，斷以義理，則有截然不可犯者。」又謂自從侗學，辭去復來，則所聞益超絶，其上達不已如此。侗子友直、信甫皆舉進士，試吏傍郡，更請迎養。歸道武夷，會閩帥汪應辰以書幣來迎。侗往見之，至之日，疾作，遂卒，年七十有一。信甫仕至監察御史，出知衢州，擢廣東江東憲，以特立不容於朝云。

先生行狀出於朱夫子之手，誌銘爲汪學士應辰作，言皆有道，宋史因之而成文，故簡潔精粹，可以起人景仰之思。

年譜

宋哲宗元祐八年癸酉，先生生于南劍州之劍浦縣。

紹聖元年甲戌，先生二歲。

元符元年戊寅，先生六歲。

徽宗建中靖國元年辛巳，先生九歲。

崇寧元年壬午，先生十歲。

大觀元年丁亥，先生十五歲。

政和元年辛卯，先生十九歲。

按先生行實云：「先生幼警悟，既冠，遊鄉校有聲。」雖不誌其歲，約在政和初也。

六年丙申，先生二十四歲，受學于羅豫章先生之門。

重和元年戊戌，先生二十六歲。

宣和元年己亥，先生二十七歲。

欽宗靖康元年丙午，先生三十四歲。

高宗建炎元年丁未，先生三十五歲。

紹興元年辛亥，先生三十九歲。

二十三年癸酉，先生六十一歲，朱文公來受業于門。

二十七年丁丑，先生六十五歲，子信甫及友直同登王十朋榜進士。

是年有六月二十六日答文公書，言涵養存養之事。

二十八年戊寅，先生六十六歲，朱文公來見先生于延平。

是年有七月十七日與文公書，春秋、論語答問七條，有冬至前二日與文公書，春秋、論語答問十一條，有十一月十三日與文公書，答孟子「放心」「夜氣」之説。

二十九年己卯，先生六十七歲。

是年有六月二十二日、長至後三日與朱文公兩書。

三十年庚辰，先生六十八歲，文公來見先生于延平。

是年有五月八日與文公書三則、七月後八則。

三十一年辛巳，先生六十九歲。

是年有上元日與文公書、二月二十四日答問五條、五月二十六日答問二條、中元後一日書、八月七日答問五條、十月十日三則。

三十二年壬午，先生七十歲。春，文公迎謁先生于建安，時信甫爲建安主簿。遂與俱歸延平。

是年有四月二十二日、六月十一日、七月二十一日、八月九日、十月朔日與文公書，共十一則。時孝宗即位，文公以封事質正于先生。

孝宗隆興元年癸未，先生七十一歲。以二子更請迎養，自建安如鉛山，訪外家兄弟于昭武，遂遊武夷而歸。閩帥汪應宸迎先生至福唐，疾作。十月十五日，卒于府治。後數日，諸子至，以喪歸。

是年有五月二十三日、六月十四日、七月十三日與文公書。時文公將趨召，問所宜言者于先生。

二年甲申正月，文公來哭先生于延平，序述行狀，請閩帥汪應宸志其墓。比葬，文公來會。

理宗淳祐六年丙午，福建提刑楊棟請謚。

七年丁未，賜謚「文靖」。

元順宗至正十九年十一月，江浙行省申據胡瑜牒請封爵并從祀。

二十八年，贈太師，追封越國公。

明憲宗成化二十一年七月，南京行人司行人周木疏請從祀。
世宗嘉靖二十四年八月，福建提學熊汲疏請從祀。
神宗萬曆二十三年，福建巡撫徐學聚、御史方良彦疏請從祀。
三十三年三月，福建提學熊尚文疏請從祀。
四十五年六月，允禮部覆題，從祀孔廟。
皇清康熙四十五年，允學臣沈涵疏，賜御書匾額曰「靜中氣象」，懸于延平府道南祠。

李延平先生文集卷之一

宋門人元晦朱熹編
儀封後學張伯行孝先甫重訂　受業漳浦蔡衍鎤校宫聞

書

初見羅豫章先生書

侗聞之，天下有三本焉，父生之，師教之，君治之，闕其一則本不立。古之聖賢莫不有師，其肄業之勤惰，涉道之淺深，求益之先後，若存若亡，其詳不可得而攷。惟洙泗之間，七十二弟子之徒，議論問答，具在方册，有足稽焉，是得夫子而益明也。孟氏之後，道失所傳，枝分派别，自立門户，天下真儒不復見於世。其聚徒成羣，所以相傳授者，句讀文義而已耳，謂之熄焉可也。夫巫醫、樂師、百工之人，其術賤，其能小，猶且莫不有師。儒者之道，可以善一身，可以理天下，可以配神明而參變化，一失其傳而無所師，可不爲之大哀邪？恭惟先生鄉丈，服膺龜山之講席有年矣。况嘗及伊川先生之門，得不傳於千五百歲之後，性明而脩，行完而潔，擴之以廣大，體之以仁恕，精深微妙，各極其至，漢唐諸儒，無近似者。至於不言而飲人以和，與人並立而使人化，如春風發物，蓋亦莫知其所以然也。凡讀聖賢之書粗有識見者，孰不願得受經門下以質所疑？至於異論之人，固當置而勿論也。侗之愚鄙，欲操袚篲以供掃除，幾年于兹矣，徒以習舉子業，不得服役於門下，先生想不謂其可棄也。且侗之不肖，今日拳拳欲求教於先生者，以謂所求有大於利祿也。抑侗聞之，道之可以治心，猶食之充飢、衣之禦寒也。身有迫於饑寒之患者，遑遑焉爲衣食之謀，造次顛沛，未始忘也；至於心之不治，有没世不知慮者，豈愛心不若口體哉？弗思甚矣。然饑而思食，不過乎菽粟之甘；寒而求衣，不過乎綈袍之温[一]；道之所可貴，亦不過君臣、父子、夫婦、長幼、朋友之間行之以仁義忠信而已耳。捨此之不務，而必求夫誣詭譎怪可以駭人耳目者而學之，是猶饑寒切身者不知菽粟、綈布之爲美，而必求夫珍異侈靡之奉焉，求之難得，享之難安，終亦必亡而已矣。侗不

〔一〕袍，李習本、熊尚文本、李孔文本并作「布」。

量資質之陋，妄意於此。徒以祖父以儒學起家，不忍墜箕裘之業，孳孳矻矻，爲利禄之學，兩終星紀。雖知真儒有作，聞風而起，固不若先生親炙之，得於動靜語默之間，目擊而意會也。身爲男子，生在中華，又幸而得聞先生長者之風十年，於今二十有四歲矣，茫乎未有所止。燭理不明而是非無以辯，宅心不廣而喜怒易以摇，操履不完而悔悋多，精神不充而智巧襲，揀焉而不淨，守焉而不敷，朝夕恐懼，不啻猶飢寒切身者求充飢禦寒之具也。不然安敢以不肖之身爲先生長者之累哉？聖學未有見處，在佛子中有絶嗜慾，捐想念，即無住以生心者，特相與遊，亦足以澄汏滓穢，洗滌垢坋，忘情乾慧，得所休歇，言蹤義路，有依倚處，日用之中不無益也。衆若曰儒者之道可會爲一，所以窮理盡性、治國平天下者舉積諸此，非自愚則欺也。人皆坐侗以此，而不知侗暫引此以爲入道之門也。仰惟先生不言而飲人以和，接物而與之爲春，未占而孚，無有遠邇，此侗所以願受業於門下，以求安身之要。故吾可舍，今我尚存。昔之所趍，無塗轍之可留；今之所受，無関鍵之能礙。氣質之偏者將隨學而變，染習之久者將隨釋而融。啓之迪之，輔之翼之，使由正路行而心有所舍，則俛焉日有孳孳，死而後已。侗當守此，不敢自棄於門下也。

與教授公書

侗頓首再拜鼎元秘教尊兄座前：侗不見顔範甚久，咫尺時聞動静，深以自慰。梅雨方鬱，伏惟燕居爽塏頤神[一]，尊候萬福。侗塊處山樊，絶無曩昔師友，不聞道義之訓，朝夕兀坐，賴天之靈，尚得以舊學尋繹，以警釋貧憊而已，其他亦何足言。苦於無侶，可以縱步前造齋館，以承近日餘論。臨紙馳情未間，伏冀順序，爲遠業加衛，以須陞用，至叩，至叩。乘便謹上狀，不宣。重午後一日侗頓首再拜上。

又小簡借遵堯台衡録

侗向承見喻，舊寫得羅先生遵堯、台衡二録，欲望頒示一觀。若蒙寄附便來，甚望。蓋兀坐絶無過從，正賴師友之説散胸中潰潰耳。有吾兄昔日唱和佳篇，亦冀不外相示，看畢即上納也。侗再拜。

[一] 塏，李孔文本作「愷」。

又與教授公書

侗頓首再拜鼎元秘書契舊：昨便中傳示誨幅，並録示盛製，一覩心畫，如見顔角。玩味以還，慰感未易可言。區區欲即嗣狀，竊聆車馬，近與日者他適，以故未果於奉書，惟積傾仰耳。秋暑尚熾，遠惟即日以還，慶侍尊候，動止萬福。侗塊處山間，絶無過從，賴有經史中古人心迹可以探賾。雖粗能遣釋朝夕，然離羣索居，不自知其過者亦多矣，尚何敢疏一二於吾兄者邪？忽得不外，指示所志，一一諦思，足見别後造道之深，欽服，欽服！侗文采鄙拙，未嘗輒敢發一語。近爲朋遊見迫，有一二小詩，輒不揆録去，求教取笑而已，非敢以報來辱也。便次有以警誨者，千萬勿悋，至懇，至懇！咫尺未期會合，且冀勉勵，以赴省闈大敵。行席巍科，爲交遊慶。此外加愛爲禱。七月十四日侗頓首再拜。

與羅博文書

元晦進學甚力，樂善畏義，吾黨鮮有。晚得此人，商量所疑，甚慰。

又曰：此人極潁悟，力行可畏，講學極造其微處，某因此追求，有所省。渠所論難處，皆是操戈入室，須從原頭體認來，所以好説話。某昔於羅先生得入處，後無朋友，幾放倒了，得渠如此，極有益。渠初從謙開善處下工夫來，故皆就裏面體認。今既論難，見儒者路脉，極能指其差誤之處。自見羅先生來，未見有如此者。

又云：此人別無他事，一味潛心於此。初講學時，頗爲道理所縛。今漸能融釋，於日用處一意下工夫，若於此漸熟，則體用合矣。此道理全在日用處熟，若静處有而動處無，即非矣。

與劉平甫書

學問之道不在於多言，但默坐澄心，體認天理。若見，雖一毫私欲之發，亦自退聽矣。久久用力於此，庶幾漸明，講學始有力也。

又與劉平甫書

大率有疑處，須靜坐體究，人倫必明，天理必察。於日用處著力，可見端緒，在勉之爾。

達朱韋齋暨吴少琳書

僩再拜。上問韋齋監税朱友，向來所委求大字語、孟，聞吴少琳在嚴州印歸，遂以應命，别寄人求之，諒不易得也。六二房下近得一孫子〔二〕，似易養。老境未有兒孫，亦差慰。六十學中相知，爲渠議得范氏親，已入聘矣，次第來年春間可畢姻也。家中人口漸衆多，一付之諸子自經營，老人但知絶甘分少而已，餘無他念也。謾及之。

〔二〕六二，李孔文本作小字雙行夾注：「六十六二」。

行狀

吴方慶先生行狀

方慶，字少琳，迺搆之長子也。父任雷州刑曹，道遠不赴，後贈承仕郎。母葉氏，贈孺人。繼母魏氏，封太孺人。齡齔穎悟，敏秀超羣，篤行好學，博涉經傳，尤深於詩書。政和五年，升貢太學内舍。宣和三年，何涣榜登科。臺檄公昭武考試，公試李綱三卷，批云：「此子必能爲國了事。」擢爲解首。調吉州永昌尉，以父憂去。服除，會建州震鄰，奉養繼母，不赴銓集者數年。李綱相，首召公參議，公欲不起，宗族强，乃行。至，則綱相七十日而罷，授福州司户而歸。再陞從仕郎，知松溪縣。爲邑僻陋，民不知教，其俗悍而好鬭，公以禮化之，皆感悟自革。脩崇學校，舉善而教不能，士類多所成就，絃誦之聲溢境。歲饑，公乃開倉賑給，躬親督察，老幼沐均平之惠，一境得全。有崇先者，潛結兇黨，欲煽爲變，期夜半竊發。公廉得其情，前期儆戒，賊計不知所出，束手就擒。事定，人始知之。獄具，白於郡，郡將疾其能，一切釋放，公力爭之，志不可回。士大夫聞之，莫不浩歎。後范汝爲復起，果皆其黨，則郡將之過也。朝廷言事者以是多公。秩滿還鄉，時李綱卒，公不復有仕志，慨然有慕淵明松菊之興，謝事於朝。奏牘在道，公故人見之，遂尼之，不克上，得調遂安軍節度推官，監司交薦之，公略不屑意。壬申，得遂掛冠之請，以通直郎致仕，賜五品服大夫。太夫人在堂[一]，會天子有事於南郊，恩書之寵，賁及存亡，鄉閭榮之。公既得謝，優游舊隱，結廬號曰「真佚」，終日嘯咏其間，爲終焉之計，逸居五年乃卒，享年六十有九。天性曠達，恂恂愷悌，不爲崖岸斬絶之行，是非不涉于口，喜愠不形于色，善與人交，始終如一，未嘗忤物，沉默進退，介然自守。方知命之年，遂有告老之意。或謂之曰：「公血氣方剛，事業未究，奚去之果？」公曰：「鵬鷃逍遥，各適其道。平生仕宦，未嘗有毫釐營進之心。」卒遂所請。怡情崖壑，養逸丘樊，徜徉于閭里，以觴詠自娱，其古逸民之風歟。公娶張氏，繼娶沙陽鄧氏，栟櫚先生之妹，皆賜孺人。妹壻延平李侗狀公行事如此。

[一] 太夫人，李孔文本作「大夫」。

詩

上舍辭歸羅豫章先生

學道求師久劍潭，豈緣枯朽預濡涵。致知事業同歸理，克己工夫判立譚。未借老商顔笑一，已偕韓氏俗重三。過庭若問論詩禮，應問從誰學指南。

梅林春信

積雪千林凍欲摧，倚欄日日望春回。天公爲我傳消息，故遣梅花特地開。

靜庵山居

勝如城外宅，花木擁簷前。一雨晚時過，羣峰翠色鮮。採荆烹白石，接竹引清泉。

車馬長無到，逍遥樂葛天。[一]

〔一〕該詩左李孔文本有詩題「巖桂」并小字注「嗣補」。

李延平文集卷之二

宋門人元晦朱熹編
儀封後學張伯行孝先甫重訂　受業漳浦蔡衍鎤校閱

答問上

丁丑六月二十六日書云：承諭涵養用力處，足見近來好學之篤也。甚慰，甚慰！但常存此心，勿爲他事所勝，即欲慮非僻之念自不作矣。孟子有「夜氣」之説，更熟味之，當見涵養用力處也。於涵養處着力，正是學者之要，若不如此存養，終不爲己物也。更望勉之。

戊寅七月十七日書云：某村居，一切只如舊，有不可不應接處，又難廢墮，但靳靳度日爾。朝夕無事，齒髮已邁，筋力漸不如昔。所得於師友者，往來於心，求所以脱然處，竟未得力，頗以是懼爾。

春秋且將諸家熟看，以胡文定解爲準，玩味久，必自有會心處，卒看不得也。伊川先生云：「春秋大義數十，炳如日星，所易見也；惟微辭奧旨、時措從宜者，所難知爾。更須詳考其事，又玩味所書抑揚予奪之處，看如何。積道理多，庶漸見之，大率難得。學者無相啓發處，終憒憒不灑落爾。」

問：子曰：「父在觀其志，父没觀其行。三年無改於父之道，可謂孝矣。」東坡謂可改者不待三年。熹以爲使父之道有不幸不可不即改者，亦當隱忍遷就，於義理之中使事體漸正，而人不見其改之之迹，則雖不待三年，而謂之無改可也。此可見孝子之心，與「幾諫」事亦相類。先生曰：「『三年無改』，前輩論之詳矣，類皆執文泥迹，有所遷就失之。須是認聖人所説，於言外求意乃通。所謂道者，是猶可以通行者也。三年之中，日月易過，若稍稍有不愜意處，即率意改之，則孝子之心何在？如説春秋者不忍遽變左氏有「官命未改」之類，有孝子之心者，自有所不忍耳。非斯須不忘、極體孝道者，能如是耶？東坡之語有所激而然，是亦有意也。事只有箇可與不可而已，若大段有害處，自應即改何疑。恐不必言「隱忍遷就，使人不見其改之之迹」。此意雖未有害，第恐處心如此，即駸駸然所失處却多。吾輩欲求寡過，且謹守格法爲不差也。「幾諫」事意恐不相類，更思之。

問：孟武伯問孝，子曰：「父母唯其疾之憂。」舊説孝子不妄爲非，惟疾病然後使父母憂。熹恐夫子告孟孫之意不然。蓋言父母之心慈愛其子，無所不至。疾病人所不免，猶恐其有之以爲憂，則餘可知也。爲人子者知此，而以父母之心爲心，則所以奉承遺體而求免於虧辱者，豈一端而已哉？此曾子所以戰戰兢兢、啓手足而後知免焉者也。「不遠遊，遊必有方」「不登高，不臨深」，皆是此意。先生曰：「父母唯其疾之憂」，當如上所說爲得之，舊說不直截。聖人之告人，使知所以自求者，惟深切庶可用力也。

問：子游問孝，子曰：「今之孝者，是謂能養。至於犬馬，皆能有養。不敬，何以別乎？」熹謂犬馬不能自食，待人而食者也。故畜犬馬者必有以養之，但不敬爾。然則養其親而敬有所不至，不幾於以犬馬視其親乎？敬者，尊敬而不敢忽忘之謂，非特恭謹而已也。人雖至愚，孰忍以犬馬視其親者？然不知幾微之間，尊敬之心一有不至，則是所以視其親者，實無以異於犬馬而不自知也。聖人之言，警乎人子，未有若是之切者。然諸家之說多不出此。熹謂當以春秋所書歸生、許止之事觀之，則所謂犬馬之養，誠不爲過。不然，設譬引喻，不應如是之疏，而子游之賢，亦不待如此告戒之也。先生曰：此一段，恐當時之人習矣而不察，只以能養爲孝，雖孔門學者，亦恐未免如此。故夫子警切以告之，使之反諸心也。苟推測至此，孝敬之心一不存焉，即陷於犬馬之養矣。孟子又有「養口體」「養志」之説，似亦説破學者之未察處，皆所以警乎人子者也。若謂以春秋所書之事觀之，則所謂犬馬之養，誠不爲過。恐不須如此説。歸生、許止各是發明一例也。

問：子曰：「吾與回言終日，不違如愚，退而省其私，亦足以發。回也不愚。」熹竊謂「亦足以發」，是顔子聞言悟理、心契神受之時，夫子察焉而於心有感發也。子夏「禮後」之問，夫子以爲「起予」，亦是類也。但子夏所發在言語之間，而顔子所發乃其所自得處，有以默相契合，不待言而喻也。然非聖人有所未知，必待顔子而後發。如言「非助我者」，豈聖人待門弟子答問之助耶？先生曰：「亦足以發」，前説似近之，恐與「起予」不類，深玩之可見。「非助我者」，豈聖人待門弟子答問之助，固是如此。然亦須知顔子默曉聖人之言，便知親切道體處，非枝葉之助也。他人則不能見如此精微矣。妄意如此氣象，未知如何？

問：子張學干禄，夫子告以多聞多見闕疑殆，而謹言行其餘。蓋不博無以致約，故聞見以多爲貴。然不闕其所未信未安，則言行之間意不誠矣，故以闕之爲善。疑殆既闕，而於言行有不謹焉，則非所謂無敢慢者，故以謹之爲至。有節於内若此，尤悔何自而入乎？然此皆庸言庸行之所必然，非期以干禄也，而禄固已在其中矣。

孟子曰「經德不回，非以干禄也」，與夫子之意一也。伊川先生亦曰：「子張以仕爲急，故夫子告之以此，使定其心而不爲利禄動。」恐亦是此意。未知是否？先生曰：古人干禄之意，非後世之干禄也。蓋胷中有所藴，亦欲發泄而見諸事爾。此爲己之學也。然求之有道，苟未見所以求之之道，一萌意焉，則外馳矣。故夫子以多聞見而闕疑殆告之，又使之慎其餘，則反求諸己也切矣。故孟子有「經德不回，非以干禄」之語。苟能深體得此，則馳外之心不作矣。伊川所謂「才有縫罅便走了」之意。

戊寅冬至前二日書云：承示問，皆聖賢之至言，某何足以知之。而吾元晦好學之篤如此，又安敢默默也。輒以昔所聞者，各箋釋於所問目之下，聊以塞命爾。他日若獲款曲，須面質論難，又看合否，如何？大率須見洒然處，然後爲得。雖説得行，未敢以爲然也。

問：向以「亦足以發」之義求教，因引「起予」爲證，蒙批諭云「亦足以發」與「起予」不類。熹反覆思之，於此二者，但見有淺深之異，而未見全不相似處，乞賜詳諭。先生曰：顔子氣象與子夏不同。先玩味二人氣象於胷中，然後體會夫子之言「亦足以發」與「起予者商也」之語氣象如何。顔子深潛淳粹，於聖人體段已具，故聞夫子之言，即默識心融，觸處洞然，自有條理。故終日言，但見其「不違如愚」而已，退省其私，則於語默日用動容之間，皆足以發明夫子之道，坦然由之而無疑也。子夏因問詩，如不得「繪事後素」之言，即「禮後」之意未必到，似有因問此一事而夫子即可之意〔二〕。此所以不類也，不知是如此否？偶追憶前日所問處，意不來，又未知向日因如何疑而及此也，更候他日熟論〔三〕。

問：春秋威公二年：「滕子來朝。」按滕本稱侯，伊川謂服屬於楚，故貶稱子。熹按：楚是時未與中國通，滕又遠楚，終春秋之世未嘗事楚，但爲宋役爾，不知伊川別有何據？又陳、蔡諸國，後來屬楚者，亦未嘗貶爵也。胡文定以爲爲朝威而貶之，以討亂賊之黨，此義似勝。然滕自此不復稱侯，至定公之喪，來會葬，猶稱子。夫豈以祖世有罪，而併貶其子孫乎？然則胡氏之說亦有可疑者，不知當以何説爲正。胡氏又謂凡朝威者皆貶，獨紀侯以咨謀齊難而來，志不在於朝威，故再朝皆無貶焉。熹竊以爲果如此，則是義理之正可以危急而棄之也。不知春秋之法果如

〔二〕即，寶誥堂本作「印」。
〔三〕候，熊尚文本、寶誥堂本作「俟」。

此否？二年「紀侯來朝」，左氏作「杞」字。後有入杞、會鄧事[二]，傳皆有説可據。伊川、胡氏依公、穀作「紀」字。先生曰：「滕子來朝」，考之春秋，夫子凡所書諸侯來朝，皆不與其朝也。胡文定謂春秋之時，諸侯之朝，皆無有合於先王之時世朝之禮者，故書皆譏之也。滕本稱侯，威二年來朝稱子者，以討亂賊之黨貶，於諸家之説義爲精。先儒又以爲時王所黜者。胡氏以爲果如此，則春秋不作矣。恐先儒之説非。來喻以謂自此終春秋之世不復稱侯，「豈以祖世有罪，而併貶其子孫乎」？若如此言，大段害理。春秋與人改過遷善，又善善長、惡惡短，不應如此，是可疑也。某竊以謂，從胡之説於理道爲長。觀夫子所書討亂之法甚嚴，滕不以威之不義而朝之，只在於合黨締交，此夷狄也[三]。既已貶矣，後世子孫碌碌無聞，無以自見於時，又壤地褊小，本一子男之國。宋之盟，左傳有「宋人請滕」，欲以爲私屬，則不自强而碌碌於時者久矣。自一貶之後，夫子再書，各沿一義而發，遽又以侯稱之，無乃紛紛然淆亂，春秋之旨不明而失其指乎？蓋聖人之心，必有

[二] 鄧，原作「郤」，據寶誥堂本改。
[三] 此夷狄也，據熊尚文本、李孔文本補。

其善，然後進之。若無所因，是私意也，豈聖人之心哉？若如此看，似於後世之疑不礙道理爲通，又不知如何？春秋所以難看者，蓋以常人之心推測聖人，未到聖人灑然處，豈能無失耶？請俟他日反復面難，庶幾或得其旨。伊川之説，考之諸處，未見春秋之前服屬於楚事迹，更俟尋攷。又來諭以謂紀侯來諂謀齊難，志不在于朝威，故再朝無貶，則是義理之正可以危急而棄之。若果如此，尤害義理。春秋有誅意之説，紀侯志不在於朝威，則非滕子之類也。列國有急難，以義而動，又何貶耶？「紀侯來朝」，左氏作「杞」字，後有入杞之事，傳皆有説，胡氏因公、穀作「紀」字。春秋似此類者多，如齊子糾，左傳只云「納糾」。伊川乃以二傳爲證，又嘗有看春秋之法云：「以傳考經之事跡，以經別傳之真僞。」參考理義之長，求聖人所書之意，庶或得之。

問：「禮之用，和爲貴」一章之義。　先生曰：孟子曰：「仁之實，事親是也；義之實，從兄是也。禮之實，節文斯二者是也。」禮之道，雖以和爲貴，然必須體其源流之所自來而節文之，則不失矣。若「小大由之」而無隆殺之辨，「知和而和」於節文不明，是皆不可行，則禮之體用失矣。世之君子，有用禮之嚴至拘礙者，和而失其節者，皆非知禮者也。故有子以是語門人，使知其節爾。

問：「因不失其親，亦可宗也。」橫渠先生曰：「君子寧孤立無與，不失親於可賤之人。」熹據此，則因也、親也、宗也，皆依倚附託之名，但言之漸重爾。所因或失其所親，謂可賤之人不可親也。則亦不可宗。人之可親者必可宗，其不可親者必不可宗也。故君子非孤立無與之患，而不失其親爲難。其將欲有所因也，必擇其可親者而因之。使彼誠賢，則我不失其所親，而彼亦可宗矣。立文與上二句相似，皆「言必慮其所終，行必稽其所敝」之意。不審尊意以爲如何？先生曰：伊川先生曰：「信本不及義，恭本不及禮，然信近於義，恭近於禮也。信近於義，以言可復也；恭近於禮，以遠恥辱也。因恭信而不失親，近於禮義，故亦可宗也。猶言禮義者不可得見，得見恭信者可矣。」詳味此語，則失親於可賤之人自無有矣，蓋以禮義爲主故也。

問：「詩三百，一言以蔽之，曰『思無邪』。」蘇東坡曰：「夫子之於詩，取其會於吾心者，斷章而言之。頌魯侯者，未必有意於是也。」子由曰：「『思無邪』，則思馬而馬應；思馬而馬應，則思之所及無不應也。故曰：『思無邪，思馬斯徂。』此頌魯侯者之意也。」兩説未知孰是？先生曰：詩人興刺，雖亦曲折達心之精微，然必止乎禮義。夫子刪而取之者以此爾。若不止於禮義，即邪也。故三百篇，一言足以蔽之，只是「思無邪」而已。所以能興起感動人之善心，蓋以此也。頌魯侯者，偶於形容盛德如此，故曰「思無邪」。於馬言之者，又有「秉心塞淵」，然後「騋牝三千」之意。

問：「吾十有五而志于學」一章。横渠先生曰：「常人之學，日益而莫自知也。仲尼行著習察，異于它人，故自十五至於七十，化而知裁，其進德之盛者與。」伊川先生曰：「孔子生而知之，自十五至七十，進德直有許多節次者，聖人未必然，亦只是爲學者立一下法。盈科而後進，不可差次，須是成章乃達。」兩説未知孰是？先生曰：此一段，二先生之説各發明一義，意思深長。横渠云「化而知裁」，伊川云「盈科而後進，不成章不達」，皆是有力處，更當深體之可爾。某竊以謂聖人之道中庸，立言常以中人爲説。必十年乃一進者，若使困而知學，積十年之久，日孳孳而不倦，是亦可以變化氣質，而必一進也。若以鹵莽滅裂之學，而不用心焉，雖十年亦只是如此，則是自暴自棄之人爾。言十年之漸次，所以警乎學者，雖中才，於夫子之道皆可積習勉力而至焉，聖人非不可及也。不知更有此意否？

問：「禘自既灌而往者，吾不欲觀之矣。」伊川曰：「灌以降神，祭之始也。既灌而往者，自始及終，皆不足觀，言魯祭之非禮也。」謝氏引禮記曰：「我欲觀夏道[二]，是故之杞而不足證也。我欲觀殷道，是故之宋而不足證也。我觀周道，幽、厲傷之。吾舍魯何適矣？魯之郊禘，非禮也，周公其衰矣。」以此爲證，而合此章於上文杞、宋不足徵之説曰[三]：「考之杞、宋，則文獻不足；考之當今，則魯之郊禘又不足觀，蓋傷之也。」呂博士引荀子「大昏之未發，祭之未納尸，喪之未小斂，一也」解此。與趙氏春秋纂例之説，不審何者爲是？先生曰：記曰：「魯之郊禘，非禮也，周公其衰矣。」以其難言，故春秋皆因郊禘事中之失而書，譏魯自在其中。今曰「禘自既灌而往者，吾不欲觀之矣」，則是顛倒失禮，如昭穆失序之類，於灌而求神以至於終，皆不足觀，蓋歎之也。對或人之問，又曰「不知」，則夫子之深意可知矣。既曰「不知」，又曰「知其説者之於天下也，其如視諸斯乎」，指其掌，則非不知也，只是難言爾。原幽明之故，知鬼神之情狀，則燭理深矣，於天下也何有。

問：「或問禘之説」一章，伊川以此章屬之上文，曰：「不知者，蓋爲魯諱。知夫子

[二] 我，寶語堂本作「吾」。
[三] 徵，熊尚文本、寶語堂本作「證」。

不欲觀之説，則天下萬物各正其名，其治如指諸掌也。」或以爲此魯君所當問而不問，或人不當問而問之，故夫子以爲不知，所以微諷之也。餘如伊川説云。龜山引禮記：「禘嘗之義大矣，治國之本也，不可不知也。明其義者，君也；能其事者，臣也。不明其義，君人不全；不能其事，爲臣不全。」非或人可得而知也。其爲義大，豈度數云乎哉？蓋有至賾存焉，知此則於天下乎何有。此數説不審孰是？　先生曰：詳味「禘自既灌」以下至「指其掌」，看夫子所指意處如何，卻將前後數説皆包在其中，似於意思稍盡，又未知然否？

問：「祭如在，祭神如神在。」熹疑此二句乃弟子記孔子事。又説孔子之言於下以發明之〔二〕，曰「吾不與祭，如不祭」也。　先生曰：某嘗聞羅先生曰：「祭如在，及見之者；祭神如神在，不及見之者。」以至誠之意與鬼神交，庶幾享之。若誠心不至，於禮有失焉，則誠不享矣〔三〕，雖祭也何爲？

問：「居上不寬，爲禮不敬，臨喪不哀，吾何以觀之哉？」熹謂此非謂不足觀，蓋不

〔二〕説，寶誥堂本作「記」。
〔三〕誠，熊尚文本作「神」。

誠無物，無物則無以觀之也。先生曰：居上寬，爲禮敬，臨喪哀，皆其本也。有其本而末應，若無其本，燦然文采何足觀？

問：子曰：「參乎！吾道一以貫之。」曾子曰：「唯。」子出，門人問曰：「何謂也？」曾子曰：「夫子之道，忠恕而已矣。」熹謂曾子之學主於誠身，其於聖人之日用，觀省而服習之，蓋已熟矣。惟未能即此以見夫道之全體，則不免疑其有二也。然用力之久，而亦將有以自得，故夫子以「一以貫之」之語告之，蓋當其可也，曾子惟此少許未達，故夫子直以此告之。曾子於是默會其旨。故門人有問，而以「忠恕」告之。蓋以夫子之道不離乎日用之間，自其盡己而言則謂之忠，自其及物而言則謂之恕，莫非大道之全體。雖變化萬殊於事爲之末，而所以貫之者未嘗不一也。然則夫子所以告曾子，曾子所以告其門人，豈有異旨哉？而或者以爲忠恕未足以盡一貫之道，曾子姑以違道不遠者告其門人，使知入道之端，恐未曾盡曾子之意也。如子思之言「忠恕違道不遠」，乃是示人以入道之端。如孟子之言行仁義，曾子之稱夫子，乃所謂由仁義行者也。先生曰：伊川先生有言曰：「『維天之命，於穆不已』，忠也。『乾道變化，各正性命』，恕也。」體會于一人之身，不過只是盡己及物之心而已。曾子於日用處，夫子自有以見之，恐其未必覺此亦是一貫之理，故卒然問曰：「參乎！吾道一以貫之。」曾子於是領會而有得焉，輒應之曰「唯」，忘其所以言也。東坡所謂「口耳俱喪」者，亦佳。至於答門人之問，只是發其心耳，豈有二耶？若以謂聖人一以貫之之道，其精微非門人之問所可告，姑以「忠恕」答之，恐聖賢之心不如是之支也。如孟子稱「堯舜之道，孝弟而已」，人皆足以知之，但合内外之道，使之體用一源，顯微無間，精粗不二，衮同盡是此理，則非聖人不能是也。中庸曰「忠恕違道不遠」，特起此以示人相近處，然不能貫之，則忠恕自是一忠恕爾。

十一月十三日書云：吾人大率坐此窘窶，百事驅遣不行，惟於稍易處處之爲庶幾爾。某村居兀坐，一無所爲，亦以窘迫，遇事窒塞處多。每以古人貧甚極難堪處自體，即啜菽飲水亦自有餘矣。夫復何言！

來諭以爲：「人心之既放，如木之既伐。心雖既放，然夜氣所息，而平旦之氣生焉，則其好惡猶與人相近。木雖既伐，然雨露所滋，而萌蘖生焉，則猶有木之性也。」恐不用如此說。大凡人理義之心何嘗無[一]，唯持守之，即在爾。若於旦晝間不至

[一] 理，寶誥堂本作「禮」。

梏亡，則夜氣存矣。夜氣存，則平旦之氣未與物接之時，湛然虛明，氣象自可見。此孟子發此夜氣之說，於學者極有力。若欲涵養，須於此持守可爾，恐不須說心既放、木既伐，恐又似隔截爾。如何如何？又見諭云伊川所謂「未有致知而不在敬者」，考大學之序則不然。如夫子言非禮勿視聽言動，伊川以爲制之於外以養其中。數處蓋皆各言其入道之序如此，要之敬自在其中也，不必牽合貫穿爲一說。又所謂「但敬而不明於理，則敬特出於勉强，而無灑落自得之功，意不誠矣」。灑落自得氣象，其地位甚高。恐前數說，方是言學者下工處，不如此則失之矣。由此持守之久，漸漸融釋，使之不見有制之於外，持敬之心，理與心爲一，庶幾灑落爾。某自聞師友之訓，賴天之靈，時常只在心目間。雖資質不美，世累妨奪處多，此心未嘗敢忘也。於聖賢之言亦時有會心處，亦間有識其所以然者，但覺見反爲道理所縛〔二〕，殊無進步處。今已老矣，日益恐懼。吾元晦乃不鄙孤陋寡聞，遠有質問所疑，何愧如之！

己卯六月二十二日書云：聞不輟留意於經書中，縱未深自得，亦可以驅遣俗累，氣

〔二〕道理，熊尚文本、寶誥堂本作「理道」。

象自安閑也。

己卯長至後三日書云：今學者之病，所患在於未有洒然冰解凍釋處，縱有力持守，不過只是苟免顯然尤悔而已。似此恐皆不足道也。

庚辰五月八日書云：某晚景别無他，唯求道之心甚切。雖間能窺測一二，竟未有洒落處，以此兀坐，殊憒憒不快。昔時朋友絶無人矣，無可告語，安得不至是耶？可歎可懼！示諭夜氣説甚詳，亦只是如此，切不可更生枝節尋求，即恐有差。大率吾輩立志已定，若看文字，心慮一澄然之時，略綽一見，與心會處，便是正理，若更生疑，即恐滯礙。伊川語録中有記明道嘗在一倉中坐，見廊柱多，因默數之，疑以爲未定，屢數愈差，遂至令一人敲柱數之，乃與初默數之數合，正謂此也。夜氣之説所以於學者有力者，須是兼旦晝存養之功，不至梏亡，即夜氣清。若旦晝間不能存養，即夜氣何有？疑此便是「日月至焉」氣象也。某曩時從羅先生學問，終日相對静坐，只説文字，未嘗及一雜語。先生極好静坐，某時未有知，退入室中，亦只静坐而已。先生令静中看喜怒哀樂未發之謂中，未發時作何氣象。此意不唯於進學有力，兼亦是養心之要。元晦偶有心恙，不可思索，更於此一句内求之，静坐看如何，往往不能無補也。此中相去稍遠，思欲一見，未之得。恐元晦以親旁無人傔侍，亦難一來，奈何。切望隨宜攝養，勿貽親念，爲至禱也。

承惠示濂溪遺文與潁濱語、孟，極荷愛厚，不敢忘，不敢忘。通書向亦曾見一二，但不曾得見全本，今乃得一觀，殊慰卑抱也。二蘇語孟説儘有可商論處，俟他日見面論之。嘗愛黄魯直作濂溪詩序云：「春陵周茂叔，人品甚高，胸中洒落，如光風霽月。」此句形容有道者氣象絶佳。胸中洒落，即作爲盡洒落矣。學者至此雖甚遠，亦不可不常存此體段在胸中，庶幾遇事廓然，於道理方少進。願更存養如此。

羅先生山居詩，某記不全，今只據追思得者録去。顔樂齋詩云：「山染嵐光帶日黄，蕭然茅屋枕池塘。自知寡與真堪笑此一句似非，賴有顔瓢一味長。」池畔亭曰濯纓詩云：「擬把冠纓挂牆壁〔一〕，等閑窺影自相酬。」邀月臺詩云：「矮作牆垣小作臺，時邀明月瀉襟懷〔二〕。夜深獨有長庚伴，不許庸人取次來。」又有獨寐榻、白雲亭詩，皆忘記。白雲亭坐處望見先生母氏墳，故名〔三〕。某向日見先生將出此詩，邀月臺

〔一〕牆壁，熊尚文本作「壁墻」。

〔二〕瀉，寶誥堂本作「寫」。

〔三〕名，熊尚文本作「云」。

也」：「先生可改下兩句，不甚渾然。」先生別云：「詩後兩句不甚愜人意，嘗妄意云：『先生可改下兩句，不甚渾然。』正靖康間也。知鄰鬬非吾事，且把行藏付酒杯。』蓋作此數絶時，正靖康間也。

縱煎迫擾擾，何與我事。若於義可行，便脱然一往，亦可也。某嘗以謂遇事若能無毫髮固滯，便是洒落，即此心廓然大公，無彼己之偏倚，庶幾於理道一貫。若見事不徹，中心未免微有偏倚，即涉固滯，皆不可也。未審元晦以爲如何。爲此說者，非理道明，心與氣合，未易可以言此。不然，只是說也。

庚辰七月書云：某自少時從羅先生學問，彼時全不涉世故，未有所入，聞先生之言，便能用心靜處尋求。至今淟汩憂患，磨滅甚矣。四五十年間，每遇情意不可堪處，即猛省提掇，以故初心未嘗忘廢。非不用力，而迄於今更無進步處。常竊靜坐思之，疑於持守及日用儘有未合處，或更有關鍵未能融釋也。向來嘗與夏丈言語間稍無間，因得一次舉此意質之。渠乃以釋氏之語來相淘，終有纖巧打訛處，全不是吾儒氣味，旨意大段各別，當俟他日相見劇論可知。大率今人與古人學殊不同。如孔門弟子，羣居終日相切磨，又有夫子爲之依歸，日用間相觀感而化者甚多。恐於融釋而脱落處，非言說可及也。不然，子貢何以謂「夫子之言性與天道，不可得而聞」耶？元晦更潛心於此，勿以老邁爲戒而怠於此道。乃望承欲秋涼一來，又不知偏侍下別無人，可以釋然一來否？只爲往來月十日事，疑亦可矣，但亦須處得老人情意帖帖無礙乃佳爾。

所云「見語録中有『仁者渾然與物同體』一句，即認得西銘意旨」。所見路脉甚正，宜以是推廣求之。然要見一視同仁氣象却不難，須是理會分殊，雖毫髮不可失，方是儒者氣象。

又云「因看『必有事焉而勿正，心勿忘，勿助長』數句，偶見全在日用間非著意、非不著意處，才有毫髮私意，便没交涉」。此意亦好，但未知用處却如何，須喫緊理會這裏始得。某曩時傳得吕與叔中庸解甚詳。當時陳幾叟與羅先生門皆以此文字説得浸灌浹洽，比之龜山解，却似枯燥。晚學未敢論此。今此本爲相知借去，亡之已久，但尚記得一段云：「謂之有物，則不得於言；謂之無物，則必有事焉。不得於言者，視之不見，聽之不聞，無聲形接乎耳目而可以道也。必有事焉者，莫見乎隱，莫顯乎微，體物而不可遺者也。」學者見乎此，則庶乎能擇乎中庸而執之隱微之間，不可求之於耳目，不可道之於言語。然有所謂昭昭而不可欺、感之而能應者，正惟虚心以求之，則庶乎見之。又據孟子説「必有事焉」至於「助長」「不耘」之意，皆似是言道體處。來諭乃體認出來，學者正要如此，但未知用時如何，吻合渾然、體用無間乃是。不然，非著意、非不著意，溟溟涬涬，疑未然也。某嘗謂進步不得者，髣髴多是如此類窒礙，更望思索。它日熟論，須見到心廣體胖，遇事一一洒落處，方是道理。不爾，只是說也。

又云「便是日月至焉氣象」一段。某之意，只謂能存養者，積久亦可至此。若比之「不違」，氣象又迥然別也。今之學者雖能存養，知有此理，然旦晝之間一有懈焉〔二〕，遇事應接舉處，不覺打發機械，即離間而差矣。唯存養熟，理道明，習氣漸爾銷鑠，道理油然而生，然後可進，亦不易也。來諭以謂能存養者無時不在，不止「日月至焉」。若如此時，却似輕看了也。如何？

承諭「心與氣合」及所注小字意。若逐一理會心與氣，即不可。某鄙意止是形容到此解會融釋，不如此，不見所謂氣、所謂心渾然一體流浹也。到此田地，若更分別那箇是心，那箇是氣，即勞攘爾。不知可以如此否？不然，即成語病無疑。若更非是，無惜勁論，吾儕正要如此。

〔二〕一，熊尚文本作「亦」。

録示明道二絶句，便是吟風弄月，有「吾與點也」之氣味。某尚疑此詩，若是初見周茂叔歸時之句即可，此後所發之語，恐又不然也。

二蘇語孟説儘有好處。蓋渠聰明過人，天地間理道不過只是如此，有時見到，皆渠聰明之發也。但見到處却有病，學者若要窮理，亦不可不論。某所謂儘有商議者，謂此爾。如來諭云：「説養氣處，皆顛倒了。」渠本無淵源，自應如此也。然得惠此本，所警多矣。

某兀坐於此，朝夕無一事。若可以一來，甚佳。致千萬意如此。然又不敢必覬，恐侍旁乏人，老人或不樂，即未可。更須於此審處之。某尋常處事，每值情意迫切處，即以輕重本末處之，似少悔吝。願於出處間更體此意。近本此以前分爲上卷，已後多「延平李先生書中要語卷下，門人朱熹元晦編」字。

辛巳二月二十四日書云：示下所疑極荷不外，已有鄙見之説繼其後矣。但素來拙訥，發脱道理不甚明亮，得以意詳之可也。

問：「性相近也，習相遠也。」二程先生謂，此言氣質之性，非性之本。尹和靖云：「性一也，何以言相近？蓋由習相遠而爲言。」熹按：和靖之意，云性一也，則正是言性之本、萬物之一源處。所以云近，但對遠而言，非實有異品而相近也。竊謂此説意稍渾全，不知是否？　先生曰：尹和靖之説雖渾全，然却似没話可説，學者無着力處。恐須如二先生謂此言氣質之性，使人思索體認氣質之説道理如何，爲有力爾。蓋氣質之性不究本源，又由習而相遠，政要玩此曲折也。

問：公山弗擾、佛肸二章，程先生謂：「欲往者，聖人以天下無不可改過之人，故欲往；然終不往者，知其必不能改也。」又云：「欲往者，示人以迹，子路不喻。」居夷、浮海之類。熹疑召而欲往，乃聖人虛明應物之心，答其善意，自然而發；終不往者，以其爲惡已甚，義不可復往也，此乃聖人體用不偏、道並行而不相悖處。不知是否？又兩條告子路不同者，即其所疑而喻之爾。子路於公山氏，疑聖人之不必往，故夫子言可往之理。此語意中微似竿木隨身之意，不知然否？於佛肸，恐其浼夫子也，故夫子告以不能浼己之意。不知是否？又謂示人以跡者，熹未喻其旨。先生曰：元晦前説深測聖人之心，一箇體段甚好，但見有少礙〔一〕。若使聖人之心不度義，如此易動既非〔二〕，即非就此更下語。又兩條告子路不同，「即其疑而喻

〔一〕見，熊尚文本、寶誥堂本作「更」。
〔二〕既非，熊尚文本、寶誥堂本無此二字。

之」以下亦佳。「竿木隨身」之説，氣象不好，聖人定不如是。元晦更熟玩孔子所答之語，求一指歸處方是。聖人廓然明達，無所不可，非道大德宏者不能爾也。子路未至此，于所疑處即有礙。龜山謂之包羞，誠有味也。示人以迹，恐只是心迹。據此，事跡皆可爲，然又未必爾者，蓋有憂樂行違確然之不同，無定體也。

問：「予欲無言」，明道、龜山皆云此語爲門人而發。熹恐此句從聖人前後際斷，使言語不着處不知不覺地流出來，非爲門人發也。子貢聞之而未喻，故有疑問。到後來自云「夫子之文章可得而聞也，夫子之言性與天道不可得而聞也」，方是契此旨趣。顔、曾則不待疑問，若子貢以下，又不知所疑也。先生曰：此一段説甚佳，但云「前後際斷，使言語不着處不知不覺地流出來」，恐不消如此説。只玩夫子云「天何言哉？四時行焉，百物生焉。天何言哉」數語，便見氣味深長〔二〕，則「予欲無言」可知旨歸矣。

問：「殷有三仁焉」，和靖先生曰：「無所擇于利害而爲所當爲，惟仁者能之。」熹未見微子當去、箕子當囚、比干當死端的不可易處。不知使三人者易地而處，又如

〔二〕氣，熊尚文本作「意」。

何？東坡云：「箕子嘗欲立微子，帝乙不從，而立紂。故箕子告微子曰：『我舊云刻子，王子不出，我乃顛隮。』言我舊所言者害子，子若不去，并我得禍。是以二子或去、或囚。蓋居可疑之地，雖諫不見聽，故不復諫。比干則無所嫌，故諫而死。」胡明仲非之曰：「如此是避嫌疑、度利害也，以此論仁，不亦遠乎？」熹按：此破東坡之説甚善。但明仲自解乃云：「微子，殷王元子，以存宗祀爲重，而非背國也〔二〕。比干，三孤，以義弼君，以存人臣之義，而非要名也。箕子，天畀九疇，以存皇極之法，爲天而非貪生也。」熹恐此説亦未盡善。如箕子一節，尤無意思。不知三人者端的當爲處當如何以求之。先生曰：三人各以力量竭力而爲之，非有所擇，此求仁得仁者也。微子義當去。箕子囚奴，偶不死爾。比干即以死諫，庶幾感悟。存祀、九疇，皆後來事，初無此念也，後來適然爾。豈可相合看，致仁人之心不瑩徹耶？仁只是理，初無彼此之辨，當理而無私心，即仁矣。胡明仲破東坡之説可矣，然所説三人後來事相牽，何異介甫之説三仁。恐如此政是病處，昏了仁字，不可不察。

〔二〕非，原脱，李孔文本同，據熊尚文本補。

問：「太極動而生陽」，先生嘗曰：「此只是理，做已發看不得。」熹疑既言「動而生陽」，即與復卦一陽生而「見天地之心」何異。竊恐「動而生陽」，即天地之喜怒哀樂發處，於此即見天地之心；二氣交感，化生萬物，即人物之喜怒哀樂發處，於此即見人物之心。如此做兩節看，不知得否？先生曰：「太極動而生陽」，至理之源，只是動靜闔闢，至於終萬物、始萬物，亦只是此理一貫也。到得二氣交感，化生萬物時，又就人物上推，亦只是此理。中庸以喜怒哀樂未發已發言之，又就人身上推尋，至于見得大本達道處，又袞同只是此理。此理就人身上推尋，若不於未發已發處看，即何緣知之？蓋就天地之本源與人物上推來，不得不異，此所以於「動而生陽」難以爲喜怒哀樂已發言之，在天地只是理也。今欲作兩節看，切恐差了。復卦「見天地之心」，先儒以爲靜見天地之心，伊川先生以爲動乃見，此恐便是「動而生陽」之理。然於復卦發出此一段示人，又于初爻以顔子「不遠復」爲之，此只要示人無間斷之意。人與天理一也，就此理上皆收攝來，「與天地合其德，與日月合其明，與四時合其序，與鬼神合其吉凶」，皆其度内爾。妄測度如此，未知元晦以爲如何？有疑，更容他日得見劇論。語言既拙，又無文采，似發脱不出也。元晦可意會消詳之，看理道通否。

辛巳上元日書云：昔嘗得之師友緒餘，以謂學問有未愜適處〔二〕，只求諸心。若反身而誠，清通和樂之象見，即是自得處。更望勉力以此而已。

辛巳五月二十六日書云：某村居，一切如舊，無可言者。窘束爲人事所牽，間有情意不快處，一切消釋，不復能恤。蓋日昃之離，理應如此爾。

承諭：「近日學履甚適，向所耽戀不洒落處，今已漸融釋。」此便是道理進之效，甚善甚善。思索有窒礙，及於日用動靜之間有拂戾處，便于此致思，求其所以然者，久之自循理爾。

「五十知天命」一句，三先生之説皆不敢輕看。某尋常看此數句，竊以謂人之生也，自少壯至於老耄，血氣盛衰消長自不同。學者若循其理，不爲其所使，則聖人之言自可以馴致。但聖賢所至處，淺深之不同爾。若五十矣，尚昧于所爲，即大不可也。横渠之説似有此意，試一思索看如何。

辛巳中元後一日書云：喻及所疑數處，詳味之，所見皆正當可喜，但于洒落處，恐未免滯礙。今此便速，不暇及之，謹俟涼爽，可以來訪，就曲折處相難，庶彼此

〔二〕學問，熊尚文本、寶誥堂本作「問學」。

或有少補焉爾。

辛巳十月十日書云：看文字必覺有味，靜而定否。承録示韋齋記，追往念舊，令人凄然。某中間所舉中庸終始之說，元晦以謂「肫肫其仁，淵淵其淵，浩浩其天」，即全體是未發底道理，惟聖人盡性能然。若如此看，即于全體何處不是此氣象，第此無甚氣味爾〔一〕。某竊以謂「肫肫其仁」以下三句，乃是體認到此「達天德」之效處。就喜怒哀樂未發處存養至見此氣象，儘有地位也。某嘗見呂芸閣與伊川論中說。呂以謂「循性而行，無往而非禮義」。伊川以謂「氣味殊少」。呂復書云云，政謂此爾。大率論文字，切在深潛縝密，然後蹊徑不差。釋氏所謂「一超直入如來地」，恐其失處正坐此，不可不辨。

某衰晚，碌碌只如舊。所恨者，中年以來即爲師友捐棄，獨學無助，又涉世故，沮困殆甚。尚存初心，有端緒之可求，時時見于心目爾。

壬午四月二十二日書云：吾儕在今日，止可於僻寂處草木衣食，苟度此歲月爲可，他一切置之度外，惟求進此學問，爲庶幾爾。若欲進此學，須是盡放棄平日習氣，

〔一〕此，熊尚文本、寶語堂本作「恐」。

更鞭飭所不及處，使之脱然有自得處，始是道理少進。承諭：「應接少暇即體究，方知以前皆是低看了道理。」此乃知覺之效，更在勉之。有所疑，便中無惜詳及，庶幾彼此得以自警也。

壬午五月十四日書云：承諭：「處事擾擾，便似内外離絶，不相該貫。」此病可於静坐時收攝，將來看是如何，便如此就偏着處理會，久之知覺，即漸漸可就道理矣。更望勉之也。

壬午六月十一日書云：承諭仁一字條陳所推測處，足見日來進學之力，甚慰。某嘗以謂仁字極難講説，只看天理統體便是。更心字亦難指説，唯認取發用處是心。二字須要體認得極分明，方可下工夫。仁字難説，論語一部，只是説與門弟子求仁之方。知所以用心，庶幾私欲沉，天理見，則知仁矣。如顔子、仲弓之問，聖人所以答之之語，皆其要切用力處也。孟子曰：「仁，人心也。」心體通有無，貫幽明，無不包括，與人指示於發用處求之也。又曰：「仁者，人也。」人之一體，便是天理，無所不備具。若合而言之，人與仁之名亡，則渾是道理也。來諭以謂：

「仁是心之正理，能發能用底二箇端緒〔二〕，如胎育包涵其中，生氣無不純備，而流動發生自然之機又無傾刻停息，憤盈發洩，觸處貫通，體用相循，初無間斷。」此説推擴得甚好。但又云：「人之所以爲人而異乎禽獸者，以是而已，若犬之性、牛之性，則不得而與焉。」若如此説，恐有礙。蓋天地中所生物，本源則一，雖禽獸草木，生理亦無頃刻停息間斷者。但人得其秀而最靈，五常中和之氣所聚，禽獸得其偏而已。此其所以異也。若謂流動發生自然之機與夫無傾刻停息間斷，即禽獸之體亦自如此。若以爲此理唯人獨得之，即恐推測體認處未精，于他處便有差也。又云「須體認到此純一不雜處，方見渾然與物同體氣象」一段，語却無病。又云：「從此推出分殊合宜處便是義。以下數句，莫不由此，而仁一以貫之。蓋五常百行，無往而非仁也。」此説大槩是〔三〕，然細推之，却似不曾體認得。伊川所謂「理一分殊」，龜山云「知其理一，所以爲仁；知其分殊，所以爲義」之意，蓋全在知字上用着力也。謝上蔡語録云：「不仁便是死漢，不識痛癢了。」仁字只是有知覺

〔二〕二，寶誥堂本作「一」。
〔三〕是，熊尚文本作「似」。

了了之體段，若于此不下工夫令透徹，即何緣見得本源毫髮之分殊哉？若於此不了了，即體用不能兼舉矣。此正是本源體用兼舉處。人道之立，正在於此。仁之一字，正如四德之元。而仁義二字，正如立天道之陰陽、立地道之柔剛，皆包攝在此二字爾。大抵學者多爲私欲所分，故用力不精，不見其效。若欲於此進步，須把斷諸路頭，靜坐默識，使之泥滓漸漸消去方可。不然，亦只是説也。更熟思之。

「葉公問孔子於子路，子路不對」一章，昔日得之於吾黨中人，謂葉公亦當時號賢者，夫子名德經天緯地，人孰不識之，葉公尚自見問於其徒，所見如此，宜子路之不對也。若如此看，仲尼之徒渾是客氣，非所以觀子路也。蓋弟子形容聖人盛德，有所難言爾。如「女奚不曰」下面三句，元晦以謂「發憤忘食者，言其求道之切」。聖人自道理中流出，即言求道之切，恐非所以言聖人。此三句只好渾然作一氣象看，則見聖人渾是道理，不見有身世之礙，故「不知老之將至」爾。元晦更以此意推廣之看如何。大抵夫子一極際氣象，終是難形容也。尹和靖以謂「皆不居其聖」之意，此亦甚大。但不居其聖一節事，乃是門人推尊其實如此。故孔子不居，蓋因事而見爾。若常以不居其聖橫在肚裏，則非所以言聖人矣。如何如何？

以今日事勢觀之，處此時，唯儉德避難、更加韜晦爲得所，他皆不敢以姑息自恕之事奉聞也。元晦更切勉之。上蔡先生語，近看甚有力。渠一處云：「凡事必有根。」又云：「必須有用處尋討要用處，病根將來斬斷便没事。」此語可時時經心也。

壬午七月二十一日書云：某在建安，竟不樂彼。蓋初與家人約，二老只欲在此。繼而家人爲兒輩所迫，不能謹守，遂往。某獨處家中，亦自不便，故不獲已往來，彼此不甚快。自念所寓而安方是道理，今乃如此，正好就此下工夫，看病痛在甚處以驗之，它皆不足道也。某幸得早從羅先生遊，自少時粗聞端緒，中年一無佽助，爲世事澒汩者甚矣。所幸比年來得吾元晦相與講學，於頹惰中復此激發[一]，恐庶幾于晚境也。何慰之如！

封事熟讀數過，立意甚佳。今日所以不振，立志不定、事功不成者，正坐此以和議爲名爾，書中論之甚善。見前此赦文中有和議處一條，又有「事迫，許便宜從事」之語，蓋皆持兩端，使人心疑也。要之，斷然不可和。自整頓綱紀，以大義斷之，以示天下向背，立爲國是可爾。此處更可引此。又「許便宜從事」處，更下數語以曉之，如何？某不能文，不能下筆也。封事中有少疑處，已用貼紙貼出矣，更詳

[一] 惰，熊尚文本、寶語堂本作「墮」。

之。明道語云「治道在于脩己、責任、求賢」，封事中此意皆有之矣，甚善甚善。吾儕雖在山野，憂世之心但無所伸爾。亦可早發去爲佳。

辛巳八月七日書云：某歸家，凡百只如舊，但兒輩所見凡下，家中全不整頓，至有疏漏欲頽敝處，氣象殊不佳。既歸來，不免令人略略脩治，亦須苟完可爾。家人猶豫未歸，諸事終不便，亦欲於冷落境界上打疊，庶幾漸近道理。他不敢恤，但一味窘束，亦有沮敗人佳處，無可奈何也。

謝上蔡語極好玩味，蓋渠皆是於日用上下工夫，又言語只平説，尤見氣味深長。今已抄得一本矣，謹以奉内，恐亦好看也。

問：熹昨妄謂仁之一字，乃人之所以爲人而異乎禽獸者，先生不以爲然。熹因以先生之言思之而得其説，復求正於左右。熹竊謂天地生萬物，本乎一源，人與禽獸草木之生，莫不具有此理。其一體之中，即無絲毫欠剩，其一氣之運，亦無頃刻停息，所謂仁也。先生批云：「有有血氣者，有無血氣者，更體究此處。」但氣有清濁，故稟有偏正。惟人得其正，故能知其本，具此理而存之，而見其爲仁；物得其偏，故雖具此理而不自知，而無以見其爲仁。然則仁之爲仁，人與物不得不同；知人之爲人而存之，人與物不得不異。故伊川夫子既言「理一分殊」，而龜山又有「知其理一，知其分殊」之説。而先生以爲「全在知字上用着力」，恐亦是此意也。先生勾出批云〔二〕：「以上大槩得之〔三〕，它日更用熟講體認。」不知果是如此否？又詳伊川之語推測之，竊謂「理一而分殊」，此一句言理之本然如此，全在性分之内、本體未發時看。先生抹出批云：「須是兼本體已發未發時看，合内外爲可。」合而言之，則莫非此理，然其中無一物之不該，便自有許多差别。雖散殊錯糅，不可名狀，而纖微之間，同異畢顯，所謂「理一而分殊」也。「知其理一，所以爲仁；知其分殊，所以爲義」，此二句乃是於發用處該攝本體而言，因此端緒而下工夫以推尋之處也。蓋「理一而分殊」一句，正如孟子所云「必有事焉」之處，而下文兩句即其所以有事乎此之謂也。先生抹出批云：「恐不須引孟子説以證之。孟子之説，若以微言，恐下工夫處落空，如釋氏然。孟子之説，亦無隱顯精粗之間。今録謝上蔡一説於後，玩味之，即無時不是此理也。此説極有力。」大抵仁字，正是天理流動之機。以其包容和粹，涵育融漾，不可名貌，故特謂之仁。其中自然文理密察，各有定體處，便

〔二〕勾出，寶誥堂本作「勾斷」。
〔三〕大，原作「文」，李孔文本同，據熊尚文本改。

是義。只此二字，包括人道已盡。義固不能出乎仁之外，仁亦不離乎義之内也。然則「理一而分殊」者，乃是本然之仁義。先生勾斷批云：「『推測』到此一段，甚密，爲得之。加以涵養，何患不見道也。甚慰甚慰！」前此乃以從此推出分殊合宜處爲義，失之遠矣。又不知如此上則推測，又還是否？更乞指教。先生曰：謝上蔡云：「吾常習忘以養生。明道曰：『施之養則可，於道則有害。習忘可以養生者，以其不留情也。學道則異於是。「必有事焉勿正」何謂乎？且出入起居，寧無事者？正心待之，則先事而迎，忘則涉乎去念，助則近於留情。故聖人心如鑑，所以異於釋氏心也。』」上蔡録明道此語，於學者甚有力。蓋尋常於靜處體認下工夫，即於鬧處使不着，蓋不曾如此用功也〔二〕。自非謝先生確實於日用處下工夫，又言：「吾每就事上作工夫學。」即恐明道此語亦未必引得出來。此語録所以極好玩索，近方看見如此意思顯然。元晦於此更思，看如何。唯於日用處便下工夫，或就事上便下工夫，庶幾漸可合爲己物，不然只是説也。某輒妄意如此，如何如何？

問：熹又問孟子「養氣」一章，向者雖蒙曲折面誨，而愚意竟未見一總會處，近日求

〔二〕功，熊尚文本作「力」。

之，頗見大體，只是要得心氣合而已。故說「持其志，無暴其氣」「必有事焉而勿正，心勿忘，勿助長也」，皆是緊切處。只是要得這裏所存主處分明，則一身之氣，自然一時奔湊翕聚，向這裏來。存之不已，及其充積盛滿，睟面盎背，便是塞乎天地氣象，非求之外也。如此則心氣合一，不見其間，心之所向，全氣隨之。雖加齊之卿相，得行道焉，亦沛然行其所無事而已，何動心之有？易曰：「直方大，不習无不利。」而文言曰：「敬義立而德不孤，則不疑其所行也。」正是此理。不審先生以爲如何？先生曰：養氣大槩是要得心與氣合。不然，心是心，氣是氣，不見所謂集義處，終不能合一也。元晦云「睟面盎背，便是塞乎天地氣象」，與下云「亦沛然行其所無事」，二處爲得之，見得此理甚好。然心氣合一之象，更用體察，令分曉路陌方是。某尋常覺得於畔援歆羨之時，未必皆是正理，亦心與氣合，到此若髣髴有此氣象，一差則所失多矣，豈所謂浩然之氣耶？某竊謂孟子所謂養氣者，自有一端緒，須從知言處養來，乃不差。於知言處下工夫，儘用熟也。謝上蔡多謂「於田地上面下工夫」，此知言之說，乃田地也。先於此體認，令精審，認取心與氣合之時不倚不偏氣象是如何，方可看易中所謂「直方大，不習无不利」，然後「不疑其所行」，皆沛然矣。元晦更於此致思，看如何。某率然如此，極不揆是與非，更俟他日面會商量可也。

問：熹近看中庸「鬼神」一章，竊謂此章正是發明顯微無間只是一理處。且如鬼神有甚形迹，然人却自然有畏敬之心，以承祭祀，便如真有一物在其上下左右。此理亦有甚形迹，然人却自然秉彝之性，才存主着這裏，便自見得許多道理。參前倚衡，雖欲頃刻離而遁之而不可得，只爲至誠貫徹，實有是理。無端無方，無二無雜。方其未感，寂然不動；及其既感，無所不通。濂溪翁所謂「靜無而動有，至正而明達」者，於此亦可以見之。不審先生以爲如何？　先生曰：此段看得甚好，更引濂溪翁所謂〔二〕「靜無而動有」作一貫曉會，尤佳。中庸發明顯微之理，於承祭祀時爲言者，只謂於此時鬼神之理昭然易見〔三〕，令學者有入頭處爾。但更有一說。若看此理，須於四方八面盡皆收入體究來，令有會心處方是。謝上蔡云：「鬼神横渠説得來别，這箇便是天地間妙用，須是將來做箇題目入思慮始得，講説不濟事。」又云：「鬼神自家要有便有，要無便無。」更於此數者一併體認，不可滯在一

〔二〕謂，原作「爲」，李孔文本同，據熊尚文本改。
〔三〕易，原作「未」，據熊尚文本、李孔文本改。

隅也。某偶見如此，如何如何？

壬午八月九日書云：此箇氣味爲上下相咻，無不如此者，這箇風俗如何得變。某於此有感焉。當今之時，苟有修飭之士，須大段涵養韜晦始得。若一旦齟齬，有所去就，雖去流俗遠矣，然以全體論之，得失未免相半也。使衰世之公子皆信厚，須如文王方得。若未也，恐不若且誦龜山與胡文定梅花詩，直是氣味深長也。如何？龜山詩：「欲驅殘臘變春風，只有寒梅作選鋒。莫把疏英輕鬭雪，好藏清艷月明中。」右渚宫觀梅寄康侯。

韜晦一事嘗驗之，極難。自非大段涵養深潛，定不能如此，遇事輒發矣。亦不可輕看也。如何如何？書後注此數語。

十月朔日書云：承諭：「近日看仁一字，頗有見處，但乍喧乍靜，乍明乍暗，仔細點檢，儘有勞攘處。」詳此足見潛心體認用力之效。蓋須自見得病痛窒礙處，然後可進，因此而脩治之，推測自可見。甚慰甚慰。孟子曰：「夫仁，亦在乎熟之而已。」「乍明乍暗，乍喧乍靜」，皆未熟之病也。更望勉之。至祝至祝。

癸未五月二十三日書云：近日涵養，必見應事脱然處否？須就事兼體用下工夫，久久純熟，漸可見渾然氣象矣。勉之勉之。

六月十四日書云：承諭令表弟之去，反而思之，中心不能無愧悔之恨。自非有志於求仁，何以覺此？語録有云：「罪己責躬不可無，然亦不可常留在心中爲悔。」來諭云：「悔吝已顯然，如何便銷隕得胸中。」若如此，即於道理極有礙，有此氣象，即道理進步不得矣，政不可不就此理會也。某竊以謂有失處，罪己責躬固不可無，然過此以往，又将奈何？常留在胸中，却是積下一團私意也，到此境界，須推求其所以愧悔不去爲何而來。若來諭所謂似是於平日事親事長處，不曾存得恭順謹畏之心〔二〕，即隨處發見之時，即於此處就本源處推究涵養之，令漸明，即此等固滞私意當漸化矣。又昔聞之羅先生云：「横渠教人，令且留意神化二字。所存者神，便能所過者化。私吝盡無，即渾是道理，即所過自然化矣。」更望以此二説，於静默時及日用處下工夫，看如何。吾輩今日所以差池，道理不進者，只爲多有坐此境界中爾。禪學者則不然。渠亦有此病，却只要絶念不採，以是爲息滅，殊非吾儒就事上各有條理也。元晦試更以是思之，如何？或體究得不以爲然，便中示報爲望。後見先生又云：「前日所答，只是據今日病處説，語録中意却未盡。它所以

〔二〕謹，熊尚文本作「敬」。

如此説，只是提破，隨人分量看得如何。若地位高底人微有如此處〔二〕，只如此提破，即渙然冰釋，無復疑滯矣〔三〕。」

某人之去，傳者以爲緣衆士人於通衢罵辱之，責以講和誤國之罪，時事遂激而一變。或以爲逐此人誠快輿論，然罵辱之者亦無行遣，恐使人失上下之分。某竊以爲不然。今日之事，只爲不曾於原本處理會，末流雖是，亦何益？不共戴天，正今日第一義，舉此不知其它，即弘上下之道而氣正矣。夷狄所以盛者〔三〕，只爲三綱五常之道衰也。

七月十三日書云：在此粗安，第終不樂於此。若以謂隨所寓而安之，即於此䏘䏘〔四〕，便不是。此微處皆學者之大病。大凡只於微處充擴之，方見礙者大爾。

七月二十八日書云：今日三綱不振，義利不分。緣三綱不振，故人心邪僻不堪用，

〔二〕底，原作「低」，李孔文本同，據熊尚文本改。
〔三〕疑，寶誥堂本作「凝」。
〔三〕夷狄，原作「外裔」，據熊尚文本、李孔文本改。
〔四〕䏘䏘，寶誥堂本作「䏘脆」。

是致上下之氣間隔，而中國之道衰，夷狄盛〔二〕，皆由此來也。義利不分，自王安石用事，陷溺人心，至今不自知覺。如前日有旨有升擢差遣之類，緣有此利誘，故人只趨利而不顧義，而主勢孤。此二事，皆今日之急者，欲人主如此留意二者〔三〕，苟不爾，則是「雖有粟，吾得而食諸」也。

熹向蒙指諭二說，其一已叙次成文，惟義利之說，見得未分明，說得不快。今且以泛論時事者代之，大略如前書中之意，到闕萬一得對畢，即録呈也。但義利之說，乃儒者第一義，平時豈不講論及此，今欲措詞斷事，而茫然不知所以爲說，無乃此身自坐在裏許而不知察乎〔三〕。此深可懼者。此間亦未有便，姑留此幅書，以俟付行。若蒙賜教，只以附建寧陳文處可也。此則原在附録之末，今以上則讀之，宜録于此。

〔二〕夷狄，原作「四裔」，據熊尚文本、李孔文本改。
〔三〕如，熊尚文本、寶誥堂本作「於」。
〔三〕知，李習本作「之」。

李延平先生文集卷之三

宋門人元晦朱熹編
儀封後學張伯行孝先重訂　受業漳浦蔡衍鋘校官聞

答問下

李延平初間也是豪邁底人，到後來也是磨琢之功，在鄉若不異于常人，鄉曲以上底人只道他是個善人，他也畧不與人説，待問了方與説。

羅仲素先生嚴毅清苦，殊可畏。李先生終日危坐，而神彩精明，畧無隤墮之氣。

問延平先生言行。曰：「他卻不曾著書，充養得極好，凡爲學也，不過是恁地涵養將去。初無異議，只是先生晬面盎背，自然不可及。」

明道教人靜坐，李先生亦教人靜坐，看來須是靜坐始能收斂。

羅仲素都是著實子細去理會。李先生氣象好。

熹初爲學，全無見成規模，這邊也去理會尋討，那邊也去理會尋討。後來見李先生，較説得有下落，更縝密。

李先生説：「人心中大段惡念，却易制伏。最是那不大段計利害，乍往乍來底念慮，相續不斷，難爲驅除。」今看得來是如此。

或問：「近見得廖子晦言，今年見先生，問延平先生靜坐之説，先生頗不以爲然，不知如何？」曰：「這事難説，靜坐理會道理自不妨，只是討要靜坐則不可。只是理會得道理明透，自然是靜。今人都是討靜坐以省事，則不可。嘗見李先生説：『舊見羅先生説春秋，頗覺不甚好。不知到羅浮靜極後又理會得如何。』〔一〕是時羅已死。某心嘗疑之〔二〕，以今觀之，是如此。蓋心下熱鬧，如何看得道理出，須靜方看得出〔三〕。所謂靜坐，只是打疊得心下無事，則道理始出。道理既出，心下愈明靜矣。』」

行夫問：「李先生謂常存此心，勿爲事物所勝。」先生荅之云云。頃之，復曰：「李先

〔一〕「頗覺」至「如何」，原脱，李孔文本同，據李習本補。
〔二〕嘗，李習本作「常」。
〔三〕「須」後李習本有「是」字。

生涵養得自是別，真所謂不爲事物所勝者，古人云『終身無疾言遽色』，他真箇是如此。尋常人去近處必徐行，出遠處行必稍急，先生去近處也如此，出遠處亦只如此。尋常人叫一人，叫之一二聲不至，則聲必厲；先生叫之不至，聲不加於前也。又如坐處壁間有字，某每常亦須起頭一看；若先生則不然，方其坐時固不看也，若是欲看，則必起就壁下視之，其不爲事物所勝，大率若此。常聞先生後生時，極豪邁，一飲必數十盃，醉則好馳馬，一驟三二十里不迴，後來收得恁地醇粹，所以難及。」

問先生所作李先生行狀云「終日危坐，以驗夫喜怒哀樂之前氣象爲如何而求所謂中者」，與伊川之說若不相似。曰：「這處是舊日下得語太重，今以伊川之語格之，則其下工夫處亦是有些子偏，只是被李先生靜得極了，便自見得是有箇覺處，不似別人，今終日危坐，只是且收斂在此，勝如奔馳，若一向如此，又似坐禪入定。」

淳問：「延平欲於未發之前觀其氣象，此與楊氏體驗於未發之前者，異同如何？」曰：「這箇亦有些病，那體驗字是有箇思量了，便是已發。若觀時恁著意看，便也是已發。」問：「此體驗是著意觀，只恁平常否？」曰：「此亦是以不觀觀之。」

或問：「延平先生何故驗於喜怒哀樂未發之前而求所謂中？」曰：「只是要見氣象。」陳後之曰：「持守良久，亦可見未發氣象。」曰：「延平即是此意，若一向這裏，又差從釋去。」

李先生云：「看聖賢言語，但一踔看過便見道理者，却是真意[二]。纔着心去看，便蹉過了多。」原本答問下止此，後即附祭文、挽詩及行狀並趙師聖序，而此後爲答問補録[三]，今合集之。

李先生云：「舜之所以能使瞽瞍底豫者，盡事親之道，共爲子職，不見父母之非而已。昔羅先生語此二句：『只爲天下無不是底父母。』」[三]

「不以道得，富貴不處；不以道得，貧賤不去，是説處這事。『君子去仁，惡乎成名』，是主宰處。終食、造次、顛沛，是操存處。」李先生説得好。[四]

舊曾問李先生「顏子非助我者」處。李先生云：「顏子於聖人根本有默契處，不假枝

[二]「意」後李習本、熊尚文本有「思」字。
[三]李習本答問補録下署「後学琴川周木謹編」。
[三]此條末李習本標注：「豫章集」。
[四]此條末李習本標注：「語類，後並同。」

葉之助也。如子夏，乃枝葉之助。」

問：「灑掃應對是其然，必有所以然者，如何？」曰：「所以然者，亦只是理也。惟窮理，則自知其皆一致，此理惟延平之說在或問格物中。與伊川差合，雖不顯言其窮理，而皆體此意。」

李先生云：「盡心者，如孟子見齊王問樂則便對云云，言貨色則便對云云。每遇一事，便有以處置將去，此是盡心。」舊時不之曉。蓋此乃盡心之效如此，得此本然之心，則皆推得去無窮也。如「見牛未見羊」說，苟見羊，則亦便是此心矣。

通書言「通微無不通」，李先生曰：「齊宣王說好色〔一〕，孟子便如此說；說好貨，便如此說；說好勇，便如此說，皆有箇道理，便說將去。此是『盡心』道理，當時不曉，今乃知是無不通底道理。」

問：「敬鬼神而遠之，則亦是言有，但當敬而遠之，自盡其道，便不相關。」「嘗以此理問李先生，曰：『此處不須理會。』」

問「五十而知天命」。曰：「知之者須是知得箇模樣形體如何。熹舊見李先生云：『且靜

〔一〕齊宣，李習本、熊尚文本作「梁惠」。齊宣王說好色，在孟子梁惠王章。

坐體認作何形象。』」

「吾與回言終日」章，集注載李先生之説甚分明。問：「李先生謂顔子於聖人體段已具。體段二字，莫只是言箇模樣否？」曰：「然。」

或問「民可使由之，不可使知之」。「嘗舉問李先生曰：『頃年張子韶論當事親，便要體認取箇仁；當事兄，便要體認取箇義。如此，則事親事兄却是没緊要底事，且姑借此來體認取箇仁義耳。』李先生笑曰：『不易。公看得好。』」

孟子「養氣」一章，李先生曰：「配是襯貼起來。」又曰：「若説道襯貼，却是兩物。氣與道義，只是一滚發出來。」後來思之，「一滚發出來」，説得道理好，「襯貼」字却説得「配」字極親切。

「必有事焉而勿正，心勿忘，勿助長」，熹舊日理會道理，亦有此病。後見李先生説，令去聖經中求義，遂刻意經學，推見實理，始信前日諸人之誤也。

李先生説一步是一步，如説「仁者，其言也訒」。熹當時爲之語云「聖人如天覆萬物」云云。李曰：「不要如是廣説，須窮『其言也訒』前頭如何，要得一進步處。」

「『必有事焉』，由此可至『君子三變』；『改過遷善』，由此可至『所過者化』。」李先生説。

胡氏春秋文八年記公孫敖事云：「色出於性，淫出於氣。」其說原於上蔡，此殊分得不是。李先生嘗論公孫敖事：「只如京師不至而復，便是大不恭；魯亦不再使人往，便是罪。」如此解之，於經文甚當，蓋經初無從己氏之說。

李先生言：「羅仲素春秋說不及文定，蓋文定才大，設張羅落者大。」

舊見李先生云：「初問羅先生學春秋，覺說得自好，後看胡文定春秋，方知其說有未定處〔一〕。」又云：「不知後來到羅浮山中靜極後見得又如何。」

李先生說：「今日習春秋者，皆令各習一傳，并習註解，只得依其說，不得臆說。」

橫渠語云：「一故神，兩故化。」李先生說云：「舊理會此段不得，終夜椅上坐思量，以身去裹面體，方見得平穩。每看道理處皆如此。」熹時爲學，雖略理會得，有理會不得處，便也恁地過了，及見李先生後，方知得是恁地下工夫。

李先生云：「心者，貫幽明，通有無。」

熹舊見李先生時，說得無限道理，也曾去學禪。李先生云：「汝恁地懸空理會得許

〔一〕定，李習本、熊尚文本作「安」。

多，而面前事却有理會不得。道亦無幽妙[一]，只在日用間著實做工夫處理會，便自見得。」後來方曉得他說，故今日不至無理會耳。

李先生嘗云：「人之念慮，若是於顯然過惡萌動，此却易見、易除。却怕於匹似閑底事爆起來，纏繞思念將去，不能除，尤害事[二]。」

延平先生嘗言：「道理須是日中理會，夜裏却去靜處坐地思量，方始有得。」熹依此說去做，真箇是不同。

李先生云：「書不要點，看得便好。」

李先生言：「事雖紛紜[三]，須還我處置。」

熹少時亦曾學禪，只李先生極言其不是，後來考究，畢竟佛學無是處。

李先生當時說：「學已有許多意思，只爲說敬字不分明，所以許多時無捉摸處。」

闢佛者皆以義利辯之，此是第二義。及見李先生之言，初亦信未及，且理會學問看

[一] 幽，李習本、熊尚文本作「玄」。
[二] 「尤」上李習本有「此」字。
[三] 紜，李習本、熊尚文本作「紛」。

如何。後漸見其非。

伊川令呂進伯去了韓安道。李先生云：「此等事須是自信得及，如何教人做得。」

侯先生傳程門語録，多未通明〔一〕。先生嘗薦之羅他録作「楊」，後延平先生與相會，頗謂胡先生稱之過當。因言其人輕躁不定，羅先生雖以懍然嚴毅之容與相待，度其頗難之。但云其游程門之久，甚能言程門之事。然於道理未有所見，故其説前後相反，没理會。

李先生説：「陳幾叟輩皆以楊氏中庸不如呂氏。」

上蔡曾有手簡云「大事未辦」，李先生謂「不必如此，死而後已，何時是辦」？

李先生云〔二〕：「人見龜山似不管事，然甚曉事也。」

李先生答汪端明云：「龜山對劉器之言爲貧，文定代云干木云云〔三〕。不若龜山之遜避也。」

〔一〕明，朱子語類卷九十七作「胡」，并從後。

〔二〕「云」上李習本有「嘗」字。

〔三〕干，朱子語類卷一百一作「竿」。

李先生云：「侯師聖嘗過延平，觀其飲啗，麤疏人也。」

李先生云：「横渠説不須看。非是不是，只是恐先入了費力。」

李先生云：「天下事道理多，如子瞻才智高，或窺得，然其得處，便有病也。」

向時諸前輩，每人各是一般説話。後見李先生，較説得有下落，説得較縝密。

象憂、喜亦憂、喜，愚聞之師曰：「兄弟之親，天理人倫，蓋有本然之愛矣。雖有不令之人傲狠鬭鬩於其間，而親愛之本心則有不可得而磨滅者。惟聖人盡性，故能全體此理，雖遭横逆之變，幾殺其身，而此心湛然，不少摇動。伊川所謂云云，正謂此耳。」〔二〕

仁字、心字，亦須畧有分别，始得記得。李先生説：「孟子言『仁，人心也』，不是將心訓仁字。」此説最有味，試思之。

「父在觀其志」章，至於三年之間，如其非道，固有所斡旋改移於不動聲氣之中者，因以問李先生。先生曰：「此意雖好，但每事用心如此，恐駸駸所失却多。聖人所謂無改者，亦謂尚可通行者耳。若不幸而必不可行者，則至誠哀痛而改之，亦無

〔二〕此條末李習本標注：「朱子大全，後並同。」

可奈何，不必如此回互也。」

呂與叔論「民可使由之」處，意思極好。昔侍李先生，論近世儒佛雜學之弊，因引其說，先生亦深然之。凡百但以此等意思存之，便自平實。

「中庸不可能」，龜山之說乃是佛老緒餘。向見李先生，亦自不守此說，又言羅先生、陳幾叟諸人，嘗以爲龜山中庸語意枯燥〔一〕，不若呂與叔之浹洽，此又可見公論之不可揜矣。

熹頃至延平，見李愿中丈，問以一貫忠恕之説。見謂：「忠恕，正曾子見處，及門人有問，則亦以其所見諭之而已，豈有二言哉？」熹復問以近世儒者之説如何。曰：「如此則道有二致矣，非也。」其言適與卑意不約而合，謾以布聞。李丈，名侗，師事羅仲素先生。羅嘗見伊川，後卒業龜山之門，深見稱許，其棄後學久矣。李丈獨深得其閫奥，經學純明，涵養精粹，延平士人甚尊事之，請以爲郡學正，雖不復應舉，而温謙慤厚，人與之處，久而不見其涯，鬱然君子人也。先子與之游數十年，道誼之契甚深。

〔一〕嘗，熊尚文本作「常」。

去年春間，得范伯崇書，問論語數段，其説甚高妙，因以呈李先生。李先生以爲不然，命其慤實做工夫，後來後别[一]。此亦是一格也。

「中和」二字，皆道之體用。舊聞李先生論此最詳，後來所見不同，遂不復致思。今乃知其爲人深切，然恨已不能盡記其曲折矣。如云：「人固有無所喜怒哀樂之時，然謂之未發則不可，言無主也。」又云：「致字如致師之致。」又如：「先言慎獨，然後及中和。」此意亦嘗言之，但當時既不領畧，後來又不深思，遂成蹉過，孤負此翁耳。

泄柳、申詳，聞李先生説正如是，林説恐非。

熹記頃年汪端明説：「沈元用問尹和靖：『伊川先生易傳何處最切要？』尹云：『體用一源，顯微無間，此是最切要處。』」後舉問李先生。先生曰：「尹説固好，然須是看得六十四卦、三百八十四爻都有下落處，方始説得此話。若學者未曾子細理會，便與他如此説，豈不誤他？」余聞之悚然，始知前日空言無實，全不濟事。自此讀書，益加詳細。

[一] 後來後别，晦庵文集卷三十九作「後來便别」。

熹自延平逝去，學問無分寸之進，汩汩度日，無朋友之助，未知終何所歸宿。春秋，工夫未及下手，而先生棄去，然嘗畧聞其一二，以爲：「春秋一事各是發明一例，如看風水，移步換形。但以今人之心求聖人之意，未到聖人灑然處，不能無失耳。」〔一〕此亦可見先生發明之大旨也。

黄公灑落之語，舊見李先生稱之，以爲不易窺測到此。

二程先生集，向見李先生本，出龜山家，猶雜以游察院之文。比訪得游集，乃知其誤，以白先生。先生歎息曰：「此書所自來，可謂端的，猶有此誤，其他又可盡信邪？」只此便是虚己從善、公平正大之心。

李先生言：「孔明不如子房之從容，而子房不如孔明之正大。」

李先生曰：「凡蹈危者，慮深而獲全；居安者，患生於所忽，此人之常情也。」〔二〕

李先生曰：「古之德人，言句皆自胸襟流出，非從頷頬拾來，如人平居談話，不慮而

〔一〕「春秋一事」至「無失耳」，熊尚文本作：「春秋一事各是發明一例，如觀山水，徙步而形勢不同，不可拘以一法。然所以難言者，蓋以常人之心推測聖人，未到聖人灑然處，豈能無失邪？」蓋引自朱子李先生行狀。

〔二〕此條末李習本標注：「性理大全，後並同。」

發；後之學者，譬如鸚鵡學人語言，所不學者則不能耳。」

李先生曰：「受形天地，各有定數，治亂窮通，斷非人力。惟當守吾之正而已。然而愛身明道，修己俟時，則不可一日忘於心，此聖賢傳心之要法。或者放肆自佚，惟責之人，不責之己，非也。」

李先生曰：「羅先生少從審律先生吴國華學，後見龜山，迺知舊學之差，三日驚汗浹背，曰：『幾枉過了一生。』於是謹守龜山之學，數年後方心廣體胖。」

李先生曰：「陰陽之精，散而萬物得之。凡麗于天，附于地，列於天地之兩間，聚有類，分有羣，生者、形者、色者，莫不分繫于陰陽。」

又曰：「陽以燥爲性，以奇爲數，以剛爲體，其爲氣炎，其爲形圓，浮而明，動而吐，皆物於陽者也；陰以溼爲性，以耦爲數，以柔爲體，其爲氣涼，其爲形方，沉而晦，靜而翕，皆物於陰者也。」

李先生曰：「動靜、真僞、善惡，皆對而言之，是世之所謂動靜、真僞、善惡，非性之所謂動靜、真僞、善惡也。惟求靜于未始有動之先，而性之靜可見矣；求真于未始有僞之先，而性之真可見矣；求善於未始有惡之先，而性之善可見矣。」

又曰：「天下之理無異道也，天下之人無異性也。性惟不可見，孟子始以善形之。惟能自性而觀，則其致可求；苟自善而觀，則理一而見二。」
李先生曰：「虛一而靜。心方實則物乘之，物乘之則動。心方動則氣乘之，氣乘之則
惑，惑斯不一矣，則喜怒哀樂皆不中節矣。」
思索義理到紛亂窒塞處，須是一切掃去，放教胸中空蕩蕩地了，却舉起一看，便自
覺得有下落處。向見李先生曾如此說來，今日方真實驗得。
舊見李先生說：「理會文字，須令一件融釋了後方便理會一件[一]。」「融釋」二字下得
极好。此亦伊川所謂：「今日格一件，明日又格一件，格得多後，自脫然有貫通
處。」此亦是他真曾經歷來，便說得如此分明。今若一件未能融釋，而又欲理會一
件，則第二件又不了，推之萬事，事事不了，何益。
昔見延平說：「羅先生解春秋也淺，不似胡文定。後來隨人入廣，在羅浮山住三兩年
去，那裏心靜，須看得較透。」熹初疑解春秋于心靜甚事，後來方曉。蓋靜則心虛，
道理方看得出。
人若著些利害，便不免開口告人，却與不學之人何異。向見李先生說：「若大段排遣

〔一〕便，李習本、熊尚文本作「更」。

不去，只思古人所遭患難有大不可堪者，持以自比，則亦可以少安矣。」始者甚卑其説，以爲何至如此，後來臨事却覺有得力處，不可忽也。

昔聞延平先生之教，以爲：「爲學之初，且當常存此心，勿爲他事所勝。凡遇一事，即當且就此事反復推尋，以究其理，待此一事融釋脱落，然後循序少進而别窮一事。如此既久，積累之多，胸中自當有灑然處，非文字言語之所及也。」詳味此言，雖其規模之大，條理之密，若不逮於程子，然其工夫之漸次，意味之深切，則有非他説所能及者。惟嘗實用力於此者，爲能有以識之，未易以口舌爭也。格庵趙氏曰：「程子言：『若一事窮未得，且别窮一事。』延平則言：『且就一事推尋，待其融釋脱落，然後另窮一事。』其言不同。蓋程子以人心各有明處、有暗處，若就明處推去，則易爲力，非爲一事未窮得而可貳以二、參以三也。若延平，則專爲不能主一者之戒。」〔二〕

李先生少年豪勇，夜醉，馳馬數里而歸。後來養成徐緩，雖行一二里路，常委蛇緩步，如從容室中也。問李先生如何養。曰：「先生只是潛養思索。」〔三〕

〔二〕此條末李習本標注：「大學或問」。
〔三〕此條末李習本標注：「語類，後並同。」

李先生行郊外，緩步委蛇，如在室中，不計其遠。嘗隨至人家，才相見，便都看了壁上碑文，先生俟茶罷，即起向壁立看，看了一壁碑，又移步向次壁看，看畢就坐，其所持專一詳緩如此。初性甚急，後來養成，至於是也。

李先生居處有常，不作費力事，所居狹隘，屋宇卑小，及子弟漸長，逐間接起，又接起廳屋。亦有小書室，然甚齊整，瀟灑安物，皆有常處。其制行不異於人。亦常爲任希純教授〔二〕，延入學，作職事。居常無甚異同，頽如也。真得龜山法門，亦嘗議龜山之失。

李先生不著書，不作文，頽然如一田夫野老。

李先生好看論語，自明而已。謂孟子早是説得好了，使人愛看了也。其居在山間，亦殊無文字看讀辨正，更愛看春秋左氏。初學於仲素，只看經。後侯師聖來沙縣，羅邀之至，問：「伊川如何看？」云：「亦看左氏。要見曲折。」故始看左氏。

正蒙、知言，李先生極不要人傳寫及看。舊嘗看正蒙，李甚不許。然李終是短於辨論邪正，蓋皆不可無，無之即是少博學詳説工夫也。

〔二〕常，李習作「嘗」。

李先生不要人强行，須有見得處方行，所謂灑然處。

李先生有爲，只用蠱卦，但有決烈處。

李先生之學云常在目前，只在戒謹不睹、恐懼不聞，便自然常存。顏子非禮勿視聽言動，正是如此。

侯師聖大麤疏，李先生甚輕之。來延平看親，羅仲素往見之，坐少時不得，只管要行，此亦可見其麤疏處。

李問陳幾叟借得胡文定春秋傳本，用簿紙真謹寫一部，易傳亦然。

熹初師屏山、籍溪，自見於此道未有所得，乃見延平。

熹赴同安任時，年二十四五矣，始見李先生，曾與他説禪，李先生只説不是，卻倒疑李先生理會此未得。再三質問，李先生爲人簡重，却不甚會説，只教看聖賢言語。熹意中道禪亦自在，且將聖人書來讀，日復一日，覺得聖賢言語漸漸有味。回看釋氏之説，漸漸破綻，罅漏百出。

李先生云：「賴天之靈，常在目前。」如此，安得不進？蓋李先生爲默坐澄心之學，持守得固。龜山之學，以身體之，以心驗之，從容自得於燕閒靜一之中。李先生之學出於龜山，其源流是如此。

李先生教學者於靜中看喜怒哀樂未發之氣象爲如何，伊川謂既思即是已發。道夫謂：「李先生之言，主於體認；程先生之言，專在涵養，其大要實相表裏。」

舊見李先生常説：「少從師友，幸有所聞，中間無講習之助，幾成廢墜〔一〕。然賴天之靈，此箇道理只常在心目間，未嘗敢忘。」此可見其持守之功矣。然則所見安得而不精，所養安得而不熟耶？〔二〕

「學者須常令胸中通透灑落，恐非延平先生本意。」此説甚善。大抵此箇地位，乃是見識分明、涵養純熟之效，從真實積累功用中來，不是一旦牽强著力做得。灑落兩字，本是黄太史語。後來延平先生拈出，亦是且要學者識箇深造自得底氣象，以自攷其所得之淺深。〔三〕

熹蚤從延平李先生學，受中庸之書，求喜怒哀樂未發之旨，未達而先生没。聞張欽夫得衡山胡氏學，則往從而問焉。欽夫告余以所聞，亦未之省也。暇日檢故書，

〔一〕墜，李習本、李孔文本作「墮」。

〔二〕此條末標注：「朱子大全，後並同。」

〔三〕「灑落兩字」至「淺深」，李習本爲另一條。

得當時往還書藁一編，題曰中和舊說，獨恨不得奉而質諸李氏之門。然以先生之所已言者推之，知其所未言者，其或不遠矣。

熹生十有四年，而先君子棄諸孤，遺命來學於籍溪胡公先生、草堂、屏山二劉先生之門。先生飲食教誨之，皆無不至。而屏山獨嘗字而祝之曰：「木晦於根，春容曄敷；人晦於身，神明内腴。」後事延平李先生，先生所以教熹者，蓋不異乎三先生之說，而其所謂晦者，則猶屏山之志也。

通書者，濂溪夫子之所作也。熹自蚤歲即幸得其遺編而伏讀之，初蓋茫然不知其所謂，而甚或不能以句。壯歲獲游延平先生之門，然後始得聞其說之一二。比年以來，潛玩既久，乃若粗有得焉。

羅博文嘗從李愿中先生游，聞河洛所傳之要，多所發明，喟然歎曰：「儒佛之異，無他，公與私之間耳。」熹亦受學于李先生之門，先生爲熹道公之爲人甚詳。於其從辟江淮也，喜而言曰：「張公高明閎大有餘，而宗禮以精密詳練佐之，幕府無過事矣。」時熹未識公也，先生没〔二〕，乃獲從公游，而得其志行之美，然後益信先生爲

〔二〕「先生」前李習本有「及」字。

知人。

往年誤欲作文，近年頗覺非力所及，遂已罷去，不復留情其間，頗覺省事。講學近見延平李先生，始畧窺門户，而疾病乘之，未知終得從事於斯否耳。大概此事以涵養本原爲先，講論經旨特以輔此而已。

李先生意，只是要得學者靜中有箇主宰存養處。[一]

李先生教人，大抵令於靜中體認大本未發時氣象分明，即處事應物自然中節。此乃龜山門下相傳指訣。

[一] 此條末李習本標注：「言行録，後同。」

李延平先生文集卷之四

儀封後學張伯行孝先訂　　受業漳浦蔡衍鍟校宫聞

附録　二十二則

豫章先生送延平行詩云：聖言天遠海潭潭，獨在潛心久泳涵。猥念百家非己好，妄將一貫與君譚。賢如賜也才知二，學若陳亢只得三。此道誤來因自足，却隨鵬鳥話圖南。

再用韻送延平行云：心源寂靜映寒潭，每欲操存更養涵。顧我自思攀劇論，荷君時與得高譚。眼前舊識知多少，物外深交没二三。幸久相親頻握手，遽成分別又東南。

又和巖桂詩云：幾樹芬芳檀與沉，枝枝若占郄家林。風摇已認飄殘菊，日照渾疑綴散金。仙窟移來成美景，東堂分去結清陰。我今不願蟾宫折，待到蟾宫向上吟。

羅先生與陳默堂書曰：承諭：「聖道甚微，有能於後生中得一箇半箇，可以與聞於此，庶幾傳者愈廣，吾道不孤，又何難之不易也。」從彥聞尊兄此言，猶著意詢訪。近有後生李愿中者，向道甚鋭，曾以書求教，趍向大抵近正，謾録其書并從彥所作小詩呈左右，未知以爲然否？

愿中以書求道甚力，作詩五首，以勉其意，然借視聽於聾盲，未知是否？

聖道由來自坦夷，休迷佛學惑他岐。死灰槁木渾無用，緣置心官不肯思。學道以思爲上。孟子曰：「心之官則思。」書曰：「思曰睿，睿作聖。」「惟狂克念作聖。」佛法一切反是。

不聞雞犬鬧桑麻，仁宅安居是我家。耕種情田勤禮義[二]，眼前風物任繁華。

今古乾坤共此身，安身須是且安民。臨深履薄緣何事，秖恐操心近矢人。外吾聖人之學，申、韓、佛、老，皆有書，在決擇也。

彩筆畫空空不染，利刀割水水無痕。人心但得如空水，與物自然無怨恩。[三]

權門來往絶行蹤，一片閑雲過九峰。不似在家貧亦好，水邊林下養疏庸。

[二] 田，原作「由」，據李習本、李孔文本改。
[三] 詩末李習本有小字注：「吾道當無礙於物。」

陳淵答李先生書云：仲素晦迹求志，人罕知者。吾友獨能自拔流俗而師尊之，其爲識慮豈淺淺者所能窺測？聖學無窮，得其門者或寡，况堂奥乎？孔子之門，從遊者三千，獨得顔子爲殆庶，又不幸短命，道之難也如此。

又云：自仲素老友之亡，舊學荒廢，無所就正。方兹待盡丘壑，朝廷不知其愚，寘在要地。平生自誑，一旦暴露，想雖如吾愿中之恕，恐亦不能揜其惡也。用是日念在朝轉求外補，以畢餘境。尚賴忱誨，洗滌積垢，而來教過奬，何以當之。行親杖屨，遠紙言不能盡。

鼎元教授答李先生書云：仲辰詩甚佳，寥衙，字仲辰，羅先生友人也。不謂志趣如此，乃不永年，天於善人何如邪！可歎可歎！遵堯、台衡二書，乃爲八一哥取去，八一哥，恐是先生之子諱敦叙者。可惜忘録。此子近聞其爲絶世也，既趨向異途，存在罔知，但可太息耳。

文公彊志博見，淩高厲空。自受學于李先生，退然如將弗勝，於是斂華就實，反博歸約。

文公學靡常師，出入於經傳，泛濫於釋老。自受學于李先生，洞明道要，頓悟異學之非，專精致誠，剖微窮深，晝夜不懈，至忘寢食。而道統之傳，始有所歸矣。

文公常言：自見李先生，爲學始就平實，乃知向日從事於釋老之說皆非。延平稱之曰：「樂善好義，鮮與倫比。」又曰：「穎悟絶人，力行可畏，其所論難，體認切至。」自是從遊累年，精思實體，而學之所造者益深矣。

延平於韋齋爲同門友，先生歸自同安，不遠數百里，徒步往從之。

羅先生晚就特科，授惠州博羅簿，卒于官，無嗣。族人羅友爲惠州判官，遣人扶護以歸。遇寇竊發，寄菆於郡之開元寺。門人李愿中始爲歸葬于本郡母夫人墳之側。

羅博文云：延平先生之傳，迺某伯祖仲素先生之道，河洛之學，源流深遠。

陳淵語孟師說跋有曰：孟子「饑者甘食，渴者甘飲」與「人能無以饑渴之害爲心害，則不及人不爲憂矣」，仲素思之累日，疏其義以呈龜山。龜山云：「此說甚善，但更於心害上一著猛省留意，則可以入道矣。」今日李君愿中以其遺書質予，其格言要論自爲一家之書，閱其學益進，誦其言益可喜，信乎自心害而去之也。自仲素之亡，傳此書者絶少，非愿中有志於吾道，其能用心如此之專乎？

劉將孫跋豫章藁曰：考亭朱氏出延平李氏，延平李氏出豫章羅氏。今朱氏之書滿天下，延平、豫章之遺言緒論未有聞者。將孫一來延平，適兵革之後，慨然求之耆舊間，久乃得延平答問，其詞語渾樸，皆當以三隅反者，且自謂不能發揮以文。又久之，得豫章家集，又非延平比。愚于是益信二先生之所以上接伊洛而下開考亭者，初不在於言也。按：豫章集此跋後有「元貞第二春廿有二日廬陵後學劉將孫手書」。劉公係延平教授也。豫章遺藁當與延平先生文集并行，遂決意藏諸書院之古犧洞，庶託永久。

李先生行狀

朱文公撰

先生諱侗，字愿中，姓李氏，南劍州劍浦人。曾祖諱幹，屯田郎中致仕，贈金紫光禄大夫；妣清源郡太夫人朱氏。祖諱燻，朝散大夫，贈中奉大夫；妣永嘉郡太君胡氏，咸寧郡太君朱氏。按郡誌：幹登天聖二年甲子宋郊榜進士，燻登寶元元年戊寅吕榛榜進士。父涣，朝奉郎，贈右朝議大夫；妣太夫人饒氏〔二〕。先生，朝議公之季子也。生有異稟，幼而穎悟。少長，孝友謹篤，朝議公、太恭人特所鍾愛。既冠，遊鄉校，有聲稱。已而聞郡人羅仲素先生得河洛之學於龜山楊文靖公之門，遂往學焉。羅公

〔二〕夫，晦庵文集卷九十七作「恭」。

清介絶俗，雖里人鮮克知之，見先生從遊受業，或頗非笑。先生若不聞，從之累年，受春秋、中庸、語、孟之説，從容潛玩，有會於心，盡得其所傳之奥。羅公少然可，亟深許焉。於是退而屏居山田，結茅水竹之間，謝絶世故，餘四十年。簞瓢屢空，怡然自適。中間郡將學官聞其名而招致之，或遣子弟從遊受學，州郡士子有以矜式焉。晚以二子舉進士，試吏旁郡，更請迎養。先生不得已爲一行，自建安如鉛山，訪外家兄弟于昭武，過其門弟子故人于武夷溪潭之上[一]，徜徉而歸。會閩帥玉山汪公以書禮車乘來迎，蓋將相與講所疑焉。先生因往見之。至之日疾作，遂卒於府治之館舍，是年七十有一矣，隆興元年十月十有五日也。汪公爲遣參議官王君伯序，觀察推官謝君倣護喪事，躬視棺殮，禮意喪具，無不周悉。居數日，諸子畢至，遂以喪歸。先生娶同郡吳氏，子男三人：友直，左修職郎，信州鉛山縣尉；信甫，左修職郎，建寧府建安縣主簿；友聞，未仕。女一人，早亡。孫男四人，女八人，皆幼。初龜山先生倡道東南，士之遊其門者甚衆，然語其潛思力行、任重詣極如羅公者，蓋一人而已。先生既從之學，講誦之餘，危坐終日，以驗夫喜怒哀樂未發之前氣象爲

[一] 溪潭，晦庵文集卷九十七作「潭溪」。

何如而求所謂中者。若是者蓋久之，而知天下之大本真有在乎是也。蓋天下之理，無不由是而出。既得其本，則凡出于此者，雖品節萬殊，曲折萬變，莫不該攝洞貫，以次融釋，而各有條理。如川流脉絡之不可亂，大而天地之所以高厚，細而品類之所以化育，以至于經訓之微言，日用之小物，折之於此，無一不得其衷焉。由是操存益固，涵養益熟，精明純一，觸處洞然，泛應曲酬，發必中節。故其事親誠孝，左右無違。仲兄性剛多忤，先生事之致誠盡敬，更得其驩心焉。閨門内外，夷愉肅穆，若無人聲，而衆事自理。與族婣舊故，恩意篤厚，久而不忘。生事素薄，然處之有道，量入爲出，賓祭謹飭，租賦必爲鄰里先。親戚或貧不能婚嫁，爲之經理，節衣食以賑助之。與鄉人處，飲食言笑〔一〕，終日油油如也。年長者事之盡禮，少者賤者接之各盡其道，以故鄉人愛敬，暴悍化服。其接後學，答問窮晝夜不倦，隨人淺深，誘之各不同，而要以反身自得而可以入於聖賢之域。故其言曰：「學問之道，不在多言，但默坐澄心，體認天理。若見，雖一毫私欲之發，亦退聽矣。久久用力於此，庶幾漸明，講學始有力耳。」又嘗曰：「學者之病，在於未有灑然冰解凍釋處，

〔一〕飲食，李習本作「食飲」。

縱有力持守，不過苟免顯然悔尤而已。若此者，恐未足道也。」又嘗曰：「今人之學，與古人異。如孔門諸子，羣居終日，交相切磨，又得夫子爲之依歸，日用之間，觀感而化者多矣。恐於融釋而脱落處，非言説所及也。不然，子貢何以言『夫子之言性與天道，不可得而聞也』邪？」嘗以黄太史稱濂溪周夫子「胸中灑落，如光風霽月」云者，爲善形容有道者氣象，嘗諷誦之，而顧謂學者曰：「存此於胸中，庶幾遇事廓然而義理少進矣。」其語中庸曰：「聖門之傳是書，其所以開悟後學無遺策矣。然所謂『喜怒哀樂未發之謂中』者，又一篇之指要也。若徒記誦而已，則亦奚以爲哉？必也體之於身，實見是理，若顔子之歎，卓然見其爲一物而不違乎心目之間也，然後擴充而往，無所不通，則庶乎其可以言中庸矣。」其語春秋曰：「春秋一事各是發明一例，如觀山水，徙步而形勢不同，不可拘以一法。然所以難言者，蓋以常人之心推測聖人，未到聖人灑然處，豈能無失耶？」其于語、孟他經無不貫達一本作「通」，苟有疑問，答之必極其趣，然語之而不惰者或寡矣。蓋嘗曰：「讀書者，知其所言莫非吾事，而即吾身以求之，則凡聖賢所至而吾所未至〔二〕，皆可勉而進矣。若直以文字

〔二〕「至」下李習本有「者」字。

求之，悦其詞義以資誦説，其不爲玩物喪志者幾希。」以故未嘗爲講解文書，然其辨析精微，毫釐畢察。嘗語問者曰：「講學切在深潛縝密，然後氣味深長，蹊徑不差。若槩以理一而不察乎其分之殊，此學者所以流于疑似亂真之説而不自知也。」其開端示人大要類此。先生姿稟勁特，氣節豪邁，而充養完粹，無復圭角，精純之氣達于面目。色温言厲，神定氣和，語默動静，端詳閑泰，自然之中若有成法。平居恂恂于事，若無甚可否。及其酬酢事變，斷以義理，則有截然不可犯者。蚤歲聞道，即棄場屋，超然遠引，若無意於當世。然憂時論事，感激動人。其語治道，必以明天理、正人心、崇節義、厲廉恥爲先，本末備具，可舉而行，非特空言而已。異端之學，無所入于其心。然一聞其説，則知其詖淫邪遁之所以然者，蓋辨之于錙銖眇忽之間，而儒釋之邪正分矣。熹先君子與先生爲同門友，雅敬重焉。嘗與沙縣鄧迪天啓語及先生〔二〕，鄧曰：「愿中如冰壺秋月，瑩徹無瑕，非吾曹所及。」先君子深以爲知言，亟稱道之。其後熹獲從先生遊，每一去而復來，則所聞必益超絶。蓋其上達不已，日新如此。嗚呼！若先生之道德純備，學術通明，求之當世，殆絶倫比。然不求知于

〔二〕天，原作「夫」，據李習本、李孔文本改。

世，而亦未嘗輕以語人，故上之人既莫知之[一]，而學者亦莫之識。是以進不獲施之于時，退未及傳之于後，而先生方且玩其所安樂者於畎畝之中，悠然不知老之將至。蓋所謂「依乎中庸，遯世不見知而不悔」者，先生庶幾焉。比年以來，學者始益親，而方伯連帥之賢者又樂聞其道而邀致之，其意豈徒然哉？不幸天喪斯文而先生没矣，龜山之所聞于程夫子而授之羅公者，至是而不得其傳矣。嗚呼痛哉！諸子方謀窀穸之事，謂熹承學之久，宜知先生之藴，使具其事以請銘于作者，將勒諸幽堂，以告後世知德者有以攷焉。熹愚不肖，蒙被教育，不爲不久；聽其言，觀其行，而服膺焉，不爲不詳。然未能有以得其遠者大者，故悉取凡聞見所及一二書之。詞若繁而不敢殺者，蓋有待於筆削云耳。謹狀。

祭李延平先生文　朱文公撰

道喪千載，兩程勃興。有的其緒，龜山是承。龜山之南，道則與俱。有覺其徒，

[一] 知之，李習本作「之知」。

望門以趨。惟時豫章，傳得其宗。一簞一瓢，凜然高風。猗歟先生，果自得師。身世兩忘，惟道是資。精義造約，窮深極微。凍解冰釋，發於天機。乾端坤倪，鬼秘神彰。風霆之變，日月之光。爰曁山川，草木昆蟲。人倫之正，王道之中。一以貫之，其外無餘。縷析毫差，其分則殊。體用混圓，隱顯昭融。萬變並酬，浮雲太空。仁孝友弟，灑落誠明。清通和樂，展也大成。婆娑丘林，世莫我知。優哉遊哉，卒歲以嬉。迨其季年，德盛道尊。有來摳衣，發其蔽昏。侯伯聞風，擁篲以迎。大本大經，是度是程。税駕云初，講議有端。疾病乘之，醫窮技殫。嗚呼先生，而止於斯。命之不融，誰實尸之。合散屈伸，消息滿虛。廓然大公，與化爲徒。古今一息，曷計短長。物我一身，孰爲窮通。嗟惟聖學，不絕如綫。先生得之，既厚以全。進未獲施，退未及傳。殉身以没，孰云非天。熹也小生，丱角趨拜。恭惟先君，實共源派。誾誾侃侃，斂衽推先。冰壺秋月，謂公則然。施及後人，敢渝斯志。從游十年，誘掖諄至。春山朝榮，秋堂夜空。即事即理，無幽不窮。相期日深，見勵彌切。蹇步方休，鞭繩已掣。安車暑行，過我衡門。返旆相遭，涼秋已分。熹於此時，適有命召。問所宜言，反覆教詔。最後有言，吾子勉之。凡茲衆理，子所自知。奉以周旋，幸不失墜。歸裝朝嚴，訃音夕至。

失聲長號，淚落懸泉。何意斯言，而訣終天。病不舉扶，没不飯含。奔走後人，死有餘憾。儀形永隔，卒業無期。墜緒茫茫，孰知我悲。伏哭柩前，奉奠以贄。不亡者存，鑒此誠意。

又

山頹梁壞，歲月不留。即遠有期，親賓畢會。柳車既飭，薤露懷悲。生榮死哀，孰不推慕。熹等久依教育，義重恩深。學未傳心，言徒在耳。載瞻繐紼，彌切痛傷。築室三年，莫酬夙志。舉觴一慟，永訣終天。嗚呼哀哉！

輓李先生詩　朱文公撰

河洛傳心後，毫釐復易差。淫辭方眩俗，夫子獨名家。本本初無二〔二〕，存存自不邪。

〔二〕本本，李習本、李孔文本作「本末」。

誰知經濟業，零落舊煙霞。

其二

聞道無餘事，窮居不計年。簞瓢渾謾與，風月自悠然。灑落濂溪句，從容洛社篇。平生行樂地，今日但新阡。

其三

岐路分南北〔一〕，師門數仞高。一言資善誘，十載笑徒勞。斬版今來此，懷經痛所遭。有疑無與析，揮涙首頻搔。

〔一〕分，李習本、李孔文本作「方」。

李延平先生墓誌銘

先生諱侗，字愿中，姓李氏，南劍州劍浦人。曾祖幹，屯田郎中致仕，贈金紫光禄大夫；妣清源郡夫人朱氏，祖諱燻，朝散大夫，贈中奉大夫；妣永嘉郡君胡氏，咸寧郡君朱氏。父涣，大全諸書作「唤」。李氏譜作「澁」，誤。朝奉郎，贈右朝議大夫；妣夫人饒氏。先生，朝議公之季子也。李氏譜：公四子，長份，次侁，三侗，四倞。先生幼警悟，既冠，游鄉校，有聲。已而聞郡人羅仲素先生得河洛之學於龜山楊文靖公之門，遂往學焉，受春秋、中庸、語、孟之説。于是不事科舉，屏居山里，結茅水竹之間，謝絶世故，餘四十年。簞瓢屢空，怡然自適。其始學也，危坐終日，以驗夫喜怒哀樂未發之前氣象爲何如。若是者蓋久之，而知天下之大本真有在乎是也。蓋天下之理，無不由是而出。既得其本，則凡出于此者，雖品節萬殊，曲折萬變，莫不該攝洞貫，以次融釋，各有條理。如川流脉絡之不可亂，大而天地之所以高厚，細而品彙之所以化育，以至於經訓之微言，日用之小物，折之於此，無一不得其衷焉。由是操存益固，涵養益熟，精明純一，觸處洞然，泛應曲當，發必中節。故其事親從兄，有人所難能者。若閨門内外，人倫肅穆，若無人聲，而衆事自理。與族嫺舊故，恩意篤厚，久而不忘。鄉黨起敬，暴悍化服。其接後學，答問窮晝夜不倦，随人氣質淺深，誘之各有不同。而要以反身自得而可以入于聖賢之域。嘗語：「讀書者當知其所言莫非吾事，而即吾身以求之，則凡聖賢所至而吾所未至者，皆可勉而進矣。若直以文字求之，悦其詞義以資誦説，其不爲玩物喪志也者幾希。」故未嘗爲講解文書，而其辨析精微，差於毫釐，以爲千里之謬必自此始。蓋先生資禀勁特，氣節豪邁，而充養完粹，無復圭角，精純之氣達於面目。色温言厲，神定氣和，語默動静，端詳閒泰，自然之中若有成法。異端之學，無所入于其中，然一聞其説，則知詖淫邪遁之所以然者。雖超然遠引，若無意於當世，而憂時論事，感激動人。其語治道，必以明天理、正人心、崇節義、勵廉恥爲先，本末備具，可舉而行，非特崇空言而已。娶同郡吴氏，子男三人：友直，左修職郎，信州鉛山尉；信甫，左修職郎，建寧府建安縣主簿；友聞，未仕。女一人，早亡。孫男四人，女八人，皆幼。先生以隆興元年十月壬申卒于福唐府治館舍，年七十有一。其門人左迪郎武學博士朱熹元晦狀先生之行如此。元晦之爲人，應宸所畏也。審于擇善，嚴于衛道，遺佚窮困，而不以外物易其所守之錙銖。其事先生，久益不懈，以爲每一見，則所聞必益超絶。蓋其上達不已，日新如此也。應宸守福唐，聞先生之言行于元晦爲詳。他日移書屈致，先生不予鄙，惠然來臨，庶幾聞所未聞焉。至三日，方坐語，忽疾作，而已不救矣。其孫護喪以歸，將以二年八月庚申葬于所居山之左，而以銘見屬。應宸於先生，雖不獲從容敬請，以畢其所欲見之志，而其景慕之誠，非苟然者。銘之曰：學以爲己，己則安在。嗟世之人，以外爲内。挾策讀書，無異博塞。先生之學，有源有委。端居靜慮，以究天理。其中澹然，塵垢不起。真積力久，道乃在我。大本既立，施無不可。世莫知之，老於布衣。獨使一鄉，化爲善良。我爲銘諸，以俟君子。有欲求之，其致於此。大宋隆興二年歲次甲申孟夏之吉敷文閣直學士汪應宸頓首拜撰。

宋楊棟請謚羅李二先生狀

禮部狀准淳祐六年三月十七日都省批下朝奉郎、直秘閣、福建提刑楊棟狀：臣竊惟欲治天下者先正人心，欲正人心者先正學術。學術不正，則名實淆亂，是非顛倒，上無所折衷，下無所則效。無所折衷，故上聽惑；無所則效，故民志亂。民志靡定，則遺親後君之俗興，而天下之患從此始矣。故正學術以正人心，誠當今之急務也。

恭惟聖朝天開文治，純公、正公二程先生崛興伊洛之間，聞道于元公周夫子而遂造其至，續孔孟大公之傳，開萬世可久之業，本末一貫，人己俱立，堯舜復起，不易吾言。嗚呼盛哉！二先生没，傳其道者曰龜山楊文靖公，龜山楊文靖公傳之羅先生從彦，羅先生從彦傳之李先生侗。時朱文公篤志講學，求師四方。後見李先生，聞所謂「默坐澄心，體認天理」之説，脱然知道之大本在乎是也，從遊累年，往復問辨，而卒傳先生之學。由周程而來，其所傳授，本末源流，不可誣也。陛下嗣登大寶，首宗朱文公之道以風天下，其門弟子之賢者亦蒙褒表，或賜美謚。然朱文公之學，實師乎先生，獨未聞有以推尊其師者。豈以其師著書不多，不若諸人之論述詳而發明廣歟？不然，何隆禮于其弟子而反遺其師也？夫天下之至善曰師，師道立則善人多，善人多則朝廷正而天下治。且聖賢著述，皆非得已。孔子曰：「予欲無言。」孟子曰：「予豈好辯哉？予不得已也。」顔子不著書，實爲亞聖。然而論語必以堯曰終篇，孟子末章歷叙堯、舜至孔子，而韓愈原道之作，所謂「以是傳之」，必謹擇而明辨者，所以示萬世之公傳，率天下以正道。觀朱文公所稱羅氏曰：「潛思力行、任重詣極如公，一人而已。」其稱李氏曰：「講誦之餘，危坐終日，以驗夫喜怒哀樂未發之前氣象爲如何而求所謂中者，若是者蓋久之，而知天下之大本在乎是也。」則朱文公所得于李先生，李先生所得于羅先生者，厥或在此而有出于文字詞義之外者，可知矣。今天下學士，家有朱氏之書，人誦朱門之語，而其切要遠大，精實中正，得之心而見于行，則知者鮮焉。是徒誦文公所著之書，而不知文公所傳之道。若非明示正宗，使天下曉然識所趨向，以求造乎至善之地，棟恐名實淆亂，是非顛倒，文公之書雖存，文公之道將喪矣。故竊以爲欲明文公之道，莫若尊文公之師。棟濫將明指，咨諏閩部，實在羅、李二先生之鄉。而平生之志，頗知景慕，用敢列其事以聞，欲乞聖慈探聖學之傳，重師道之本，以其所以尊崇朱文公者而推尊其師，等而上之以及羅氏，各賜美謚，昭示寵褒，表勵方來，庶幾伊洛之學不淪于言語，朱氏之書實見于踐行。豈惟二臣潛德發揮，其道光大，而于損文華以崇德行，正學術以正人心，實非小補。

重建書院記

聖賢，傳道之具也，道體無爲，託聖賢而後能以有爲也。聖賢作，則斯道明於時；聖賢不作，則邪説惑於世，聖賢其重也哉！上自堯舜，下迨周程，以斯道淑人心者可見矣。延平愿中李先生生於其後，慨然有志斯道。已而聞豫章羅仲素得受河洛之學於龜山楊中立之門，先生遂往學焉。從之累年，受春秋、中庸、語、孟之説，從容潛玩，有會於心，盡得所傳之奥。嗚呼！天之産先生者，政欲闡明斯道於當時也，夫豈偶然哉？宋嘉定二年，陳復齋來守是邦，仰慕先生道德文章，温和純粹。倣漢白鹿觀，建書院於潭溪南九峰之下，以奉祀焉。殿塑聖像，廡繪從祀，祀堂繪四賢。臨溪有門，門内有橋曰風雩，接兩山，跨蓮池，池上有亭曰濯纓。殿階之南，復立道南堂，左右列明誠、忠恕、中和、敬義四齋，東有光風霽月亭。堂後有閣曰尊經，尊經之南有樓曰横翠。當時四方賢士，會講於斯。遭元季兵燹，遂廢。我朝龍興之初，洪武庚辰，郡守俞公廷芳重建。於時僉憲匡公按臨，憫第宅爲民侵擾雜處，一皆繩之，廣袤悉歸於院。數十年間，凌風震雨，殿廡傾圮。宣德戊申，豐城雷侯誠來守是郡，歎其荒穢，遂割俸敦工修葺，率爾一新。庚戌冬，判府玉山程侯鈁，以爲當時得傳吾先世道於楊羅之門者，獨先生也。又捐貲塑像，增構禮亭於祠前。凡大夫士來參謁者，莫不覩先生儀形於髣髴。鐔津李仲淵有弟勝，以文學任無爲州判官，崇儒好道，亦先生之遺裔，感其落成，來請余記。余固陋欲辭，義不容辭者有二焉。上念先生明辨折衷，俾斯道昭如日星，而惑世誣民、戕仁賊義者不興。下念雷、程二侯，振作斯院，使道學之風不泯，而方來之士，知有所宗，又奚可無一言以求助哉？雖然，先生道德文章，暐然載諸簡册，固不待余言而助。然世有先後，人有古今，不詳言以述之，則後言無所據。遂執筆書以刻之。他日南閩士子于焉而講學，于焉而行禮，則必潛思力行，以維先生餘風。如是則先生道德之名益尊，而雷、程二侯作興之功愈著矣。仲淵豈不大有幸焉，是爲記。宣德九年龍集甲寅春三月既望南平縣儒學訓導蕭山徐海書。

附録

底本雙行小字夾校

卷次	頁	行	底本夾校
一	三〇〇	十二	講學始近本作如有力也
	三〇一	一	大率有疑近本無疑字處
二	三〇七	九	但斬斬近本無下斬字
		十一	竟近本作覺未得力
	三〇八	九	則近本作即孝子之心近本有也字
		十一	能如是近本作此耶東坡之語有所激而然近本有也字是亦近本作以有意也
		十三	此意雖近本有善字未有害第近本作事恐處心如此即駸駸然所近本無所字失處却多
	三〇九	二	猶近本有惟字恐其有之以爲憂

卷次	頁	行	底本夾校
二	三〇九	九	尊敬近本作謹而不敢忽忘之謂
		十	尊敬近本作謹之心
		十五	孝近本作敬雖孔門近本有之字學者
	三一〇	一	即近本作則陷於犬馬之養矣
		四	熹竊近本作切
		六	夫子以爲起近本作啓予
		八	豈聖人待門弟子答問之助耶近本作爾
		九	恐與起近本作啓予不類
		十一	未知如何近本作何如
		十四	而於言行近本作疑殆有不謹焉
		十五	而禄固已在其中矣孟子曰經德不回非以干禄也近本無而禄下二十字
	三一一	八	戊寅冬至前二日近本無日字書云
		十五	以發與近本無與字起予者商也
	三一二	三	似近本作事有因問此一

卷次	頁	行	底本夾校
二	三一二	六	春秋威近本作桓下並同公二年
		十二	熹竊近本作切以爲果如此
	三一三	二	夫子凡所書諸侯來近本作之
		三	皆不與其朝也胡文定謂春秋之時諸侯之朝近本無皆不下十八字
		七	又善善近本無下善字長惡惡近本無下惡字短
		十一	則不自强而碌碌於時者久近本作同矣
	三一四	一	若近本無若字無所因
		三	聖人洒然處近本無處字豈能無失耶請近本作諸俟他日反復面難
	三一五	五	而彼近本作後亦可宗矣
		六	不審尊意以爲如何近本作何如
		九	不可得見得見近本無下得見字恭信者可矣
	三一六	四	日益而莫自近本作有知也
		六	自十五至近本作而七十

卷次	頁	行	底本夾校
二	三一六	七	是爲學者立一下近本作下一法
		十	積近本作而十年之久日近本作曰
		十一	孳孳而不倦是亦近本無而不倦是亦字而作操心積慮焉可以變化氣質
		十三	不知更有此近本作似意否
		十四	祭之始也近本無也字
	三一七	二	故之杞而不足證近本作徵下同也
		七	今曰近本作日禘
		十一	則燭理深近本作深理矣
	三一八	四	不明其義近本作事
		八	又説近本作記孔子之言於下以發
	三一九	六	故夫子以一以貫之之近本無下之字語告之
		十三	伊川先生有言曰近本作則
		十五	恐其未必覺此亦近本作以是一貫之理
	三二〇	一	曾子於是領會而有近本無有字得焉近本作爲
		三	其近本作甚精微非門人之問所可告

卷次	頁	行	底本夾校
二	三二〇	六	特起此以近本無以字示人相近處
		九	某村居近本作居村兀坐一無所爲亦以窘迫遇事窒近本作窘塞處多
	三二一	二	若欲近本作有涵養
		五	數近本作也處蓋皆各言其入近本作人道之序如此
		六	而無近本欠無字洒落自得之功
		七	不如近本作知此則失之近本作道矣
		十	多此心未嘗敢忘也於聖賢之言亦時有會心處近本無多此至心處十九字
		十一	今已老近本作久矣
	三二二	三	不過只是苟免顯近本無顯字然尤悔而已
		六	亦只近本無只字是如此切不可更生枝節尋求即近本作却恐有差
		十	夜氣之説所以近本作謂於學者有力者
		十一	某曩時從羅近本無羅字先生學

卷次	頁	行	底本夾校
二	三二二	十二	先生極好近本無極好二字靜坐
		十三	未發時近本無時字作何氣象
	三二三	三	二蘇語孟説儘有近本作得可商論處
		五	學者至此雖甚遠近本有然字
		十	又有獨寐榻近本作龕白雲亭詩
	三二四	一	先生可改近本多此字下兩句
		三	聞召命不至近本作置
		六	未審元晦以爲如近本無爲字〔一〕何
		七	心近本作公與氣合
		十一	疑於持守及近本無及字日用儘有未合處
	三二五	一	乃望承欲秋涼一近本欠一字來
		四	仁者渾然與物同近本作爲體
		十二	無聲形接乎耳目而可以道也近本欠也字
		十五	又近本作矣據孟子説
	三二六	三	髣髴多是如此類窒近本作便礙

卷次	頁	行	底本夾校
二	三二六	五	若比近本作此之
		六	不違近本作逹〔三〕氣象又近本作只迥然別也
		七	遇事應接舉近本欠舉字處
		八	然後可進近本作以
		十一	不近本作處如此不見所謂氣所謂心近本無所謂心三字渾然一體流浹也
		十二	箇是心那箇是近本無心那箇是四字氣不知近本有不字可以近本無以字如此否
	三二七	一	録示近本作云明道二絶句便是近本作見吟風弄月
		二	茂叔歸近本有之字時之句即可
		三	二蘇語孟説儘有近本作得好處蓋渠聰明過人天地間理道近本作道理不過只是如此
		四	但見近本有不字到處却有病
	三二八	二	使人思索體認氣質之説道理如何近本作此
		三	蓋氣質近本無質字之性不究本源

卷次	頁	行	底本夾校
二	三二八	三	政近本作故要玩此曲折也
		八	即其所疑而喻近本作論之爾
		十一	元晦前説深測近本作得聖人之心
		十二	即非就此更下語近本無就此更下語五字
	三二九	二	求一指歸處方是近本作見聖人廓近本作擴然明達
		三	于所疑處即有礙近本作破
		十二	無所擇于利害而爲所當近本無當字爲
	三三〇	三	比干則無所嫌近本作逆
		九	此近本作是求仁得仁者也
	三三一	一	做已發看近本作著不得
		四	此即見人物之心近本作生
		八	於未發已發處看近本作者
		十	伊川近本無伊川二字先生以爲動乃見
		十二	此只近本作即要示人無間斷之意人與天理一近本無一字也
		十四	未知元晦以爲如何近本作何如

卷次	頁	行	底本夾校
二	三三一	十五	元晦可意會近本無會字消詳之
	三三二	三	某村近本作云居
		五	向所耽近本作取戀不洒落處
		九	血氣盛衰消長自近本作有不同
	三三三	一	或有少補焉近本無焉字爾
		三	某近本無某字中間所舉中庸終始之説
		四	惟聖人近本無人字盡性近本有惟字能然
		五	第此無甚氣味爾近本無爾字
		六	就近本無就字喜怒哀樂未發處存養至見此氣象近本有就字儘有近本作得地位
		七	某嘗見吕芸近本作直閣與伊川論中説吕以謂循近本作隨性而行無往而非禮近本作體義
		八	氣味殊近本無殊字少
		十一	有端緒之近本有尚字可求時時近本無下時字見于心目爾
		十二	止可於僻寂近本無寂字處草木衣食近本作衣字〔三〕

卷次	頁	行	底本夾校
二	三三四	二	方知以前皆是低看了道理近本無道理字
		三	庶幾彼近本無彼字此得以自警也
		四	此病可於近本作以靜
		五	便如此就偏着近本作便看處理會
		七	承諭仁一字近本作□字條陳所推測處
		十一	皆其要切近本作切要用力處也
		十三	是近本無是字天理
	三三五	八	又云近本無云字須體認到此純一不雜處
		十一	一近本有而字分殊
	三三六	二	此正是本源體用兼舉近本無舉字處
		三	立地道之柔剛近本作剛柔
		四	若欲近本無欲字於此近本無此字進步
		九	如女近本作子字奚不曰下面三句
		十一	則見近本作是字聖人渾是道理

卷次	頁	行	底本夾校
二	三三六	十三	但不居其聖近本無聖字 一節事乃是門人推尊其實如此故孔近本作夫子不居
		十四	蓋因事近本作是而見爾若近本作看常以不居其聖橫在肚裏
		十五	以今日事勢近本無勢字觀之處此時唯儉德近本作德儉避難
	三三七	二	病根近本作根病將來斬斷便没事
		六	某幸得早從羅近本作休先生遊自少時粗聞端緒中年一無饮近本作朋
		八	何慰之如近本作如之
		十	見前此敕近本作數文中有和議處一條
		十一	蓋皆近本作皆〔四〕持兩端
		十二	以示天下向背近本作成立爲國事可爾此處更近本作便可引此又許近本作詳便宜從事處
	三三八	七	又言語近本作既只平説
		八	恐亦好近本作妨看也

卷次	頁	行	底本夾校
二	三三八	十四	故雖近本作難具此理而不自知而無以見其爲仁然則近本無則字仁之爲仁近本有則之〔五〕
	三三九	三	此一句言理之本然如此近本無此字
		十一	大抵仁字近本作者
		十二	不可名貌近本作邈故特謂之仁近本有在字
	三四〇	一	仁亦不離近本作離〔六〕乎義之内
		四	又不知如此上則近本作所推測
		五	吾常習忘以近本作於養生
		九	蓋近本無蓋字不曾近本作曾不知如此用功也
		十三	問近本無問字熹又問孟子養氣一章
	三四一	二	皆是近本作事緊切處
		六	而文近本作又言曰
		十	亦心與近本作與心
		十二	自有一端緒近本作序
		十三	也近本有此字謝上蔡多近本有所字謂於田地上面下工夫

卷次	頁	行	底本夾校
二	三四二	十一	這箇便是近本作堤天地近本作理間妙用須是將來做箇題目入思慮近本作議始得
	三四三	四	雖去近本作出流俗近本作輩遠矣
		八	韜晦一近本無一字事嘗驗之
		十一	儘有近本作得勞攘處近本無處字
	三四四	一	六月十四近本作六日書云
		二	然亦不可常留在心中近本作中心爲悔
		三	如何便銷近本作鎖隕得胸中若如此即於近本作是道理極有礙
		四	某竊以謂有失處近本無處字
		五	然過此近本作化以往
		六	其所以近本無以字愧悔不去爲何而來若來諭近本作教所謂似是於平日事親事長處不曾存得恭順謹近本作敬
	三四四	八	今且近本作見留意神化二字
		十	吾輩今日所以差池近本作左地

卷次	頁	行	底本夾校
二	三四四	十二	非吾儒近本有之字就事上各有條理也近本作已元晦試更以是思之如何近本作此
	三四五	三	某近本作禁人之去傳者以爲緣近本作沿衆士人於通衢罵辱之責以講和誤近本無誤字國之罪
		四	或以爲逐此近本作北人誠快輿論然罵辱之者亦無行遣恐使近本作使恐人失上下之分
		五	正今日近本有之字
		六	即弘近本無弘字上下之道而氣正矣
	三四六	三	而主勢孤近本有分字
三	三四九	六	醉元本無醉字則好馳馬
		十三	此與楊氏體驗元本無驗字於未發之前者
	三五〇	二	陳元本無陳字後之曰
		四	纔着心去看元本無看字

〔一〕字，原作「之」，李孔文本同，據寶誥堂本改。

〔二〕達，原作「達」，李孔文本同，據寶誥堂本改。

〔三〕衣字，寶誥堂本作「衣木」。

〔四〕皆，李孔文本、寶誥堂本作「背」。

〔五〕則之，寶誥堂本作「則字」。

〔六〕離，寶誥堂本作「□」。

答問補遺 録自熊尚文本

講學切在深潛縝密，然後氣味深長，蹊徑不差。若槩以理一而不察乎其分之殊，此學者所以流于疑似亂真之説而不自知也。［朱子李先生行狀］

吾儒之學所以異於異端者，理一分殊也。理不患其不一，所難者分殊耳。［宋趙師夏李延平先生文集序］

今人之學，與古人異。如孔門諸子，羣居終日，交相切磨，又得夫子爲之依歸，日用之間，觀感而化者多矣。恐於融釋而脱落處，非言説所及也。不然，子貢何以言「夫子之言性與天道，不可得而聞也」？［李先生行狀］

聖門之傳中庸，其所以開悟後學無餘策矣。然所謂「喜怒哀樂未發之謂中」者，又一篇之指要也。若徒記誦而已，則亦奚以爲哉？必也體之於身，實見是理，若顔子之歎，卓然見其爲一物而不違乎心目之間也，然後擴充而往，無所不通，則庶乎其可

以言中庸矣。［李先生行狀］

讀書者知其所言莫非吾事，而即吾身以求之，則凡聖賢所至而吾所未至者，皆可勉而進矣。若直以文字求之，悅其詞義以資誦説，其不爲玩物喪志者幾希。［李先生行狀］

書録

讀書志附志 〔宋〕趙希弁

延平先生問答一卷

右延平先生李侗愿中之語，而晦庵先生所録也。

宋史藝文志

朱熹延平師弟子問答一卷。

文淵閣書目 〔明〕楊士奇

延平語録一部一册

延平問答一部一册

菉竹堂書目 ［明］葉盛

延平問答一册

百川書志 ［明］高儒

延平先生書一卷

宋文靖公李侗願中著。龜山至此爲道南三書。

延平李先生師弟子問答一卷

宋朱熹元晦編述其師李延平之語也。

延平答問後録一卷

延平答問補録一卷

皇明南京行人司副琴川周木編。

續文獻通考　［明］王圻

延平問答語録　李侗著。侗，劍浦人，從學羅從彦，結茅中山，謝絶世故，餘四十年，食飲或不充，而怡然自得。朱熹師事焉，世號延平先生。

國史經籍志　［明］焦竑

延平答問二卷

内閣藏書目録　［明］孫能傳　張萱

延平答問一册，全。

宋李侗著，門人朱熹編。

澹生堂藏書目　［明］祁承㸁

延平答問　二卷，二册，朱文公編。

徐氏家藏書目　［明］徐𤊹

延平答問二卷　宋李侗

明史稿（國家圖書館善本書號 A02199）　［明］萬斯同

周木延平問答續録一卷

字近仁，常熟人，乙未進士，南京行人司副，學者稱勉思先生。

明史

周木延平問答續録一卷

絳雲樓書目　［清］錢謙益

延平答問

延平遺書

千頃堂書目　［清］黄虞稷

周木延平答問續録一卷　字近仁，常熟人，成化乙未進士，南京行人司副，學者稱勉思先生。

潛采堂宋元人集目録 ［清］朱彝尊

羅從彦集十七卷 萬曆庚戌丘憲章序。

李侗集五卷 順治甲午衍聖公孔興燮序，二册。

傳是樓書目 ［清］徐乾學

延平遺書 二卷，宋李侗。朱熹編。一本。

延平問答 一卷，宋李侗。朱熹編。一本。

欽定續文獻通考

朱子延平答問一卷附録一卷

臣等謹案：朱子於高宗紹興二十三年将赴同安主簿任，往見李侗于延平，始從受學。紹興三十年冬，同安任滿，再見侗，僅留月餘。又閲四載，而侗没。計前後相從不過數月，故書札往來問答爲多。後朱子輯而録之，又載其與劉平甫二條，以成是書。朱子門人又取朱子平昔論延平語及祭文、行狀别爲一卷，題曰附録，明非朱子原本所有也。侗，字愿中，劍浦人，事蹟見宋史道學傳。

李侗延平文集三卷附録二卷

侗，見子類。

欽定續通志

延平答问一卷附录一卷 宋朱子撰

四庫全書總目

延平答問一卷附録一卷 浙閩總督採進本

宋朱子撰。程子之學，一傳爲楊時，再傳爲羅從彦，又再傳爲李侗。侗字愿中，延平其所居也。侗於朱子爲父執。紹興二十三年，朱子二十四歲，將赴同安主簿任，往見侗於延平，始從受學。紹興三十年冬，同安任滿，再見侗，僅留月餘。又閲四載，而侗殁。計前後相從不過數月，故書札往來問答爲多。後朱子輯而録之，又載其與劉平甫二條，以成是書。朱子門人又取朱子平昔論延平語及祭文、行狀别爲一卷，題曰附録，明非朱子原本所有也。後侗裔孫葆初别掇拾侗之諸文，增入一卷，改題曰延平文集，且總題爲朱子所編，殊失其舊。今仍録原本，而葆初竄亂之本别存目於集部焉。

延平文集三卷附録二卷 編修汪如藻家藏本

宋李侗撰。侗有朱子所輯延平答問，已著録。此本乃侗裔孫葆初更彙詩文一卷，附綴於後，改題此名，故宋志不載。前三卷均標曰「朱熹編」，其實朱子惟編問答，未編詩文，特借以爲重耳。後二卷爲附録，則朱子所爲行狀之類也。

四庫全書簡明目録

延平答問一卷附録一卷

延平答問，宋朱熹撰，皆記與李侗往來論學之語，而以侗與劉平甫二書附之。延平者，侗所居也。其附録則朱子門人取朱子論侗之語及祭文、行狀併載焉。

文選樓藏書記　［清］阮元

李延平集五卷　宋李侗著。延平人。刊本。
是書多係講論理學，門人朱熹編之。

持靜齋書目　［清］丁日昌

李延平集四卷　正誼堂刊本。
宋李侗撰，入存目。

鄭堂讀書記補逸　［清］周中孚

延平師弟子答問一卷後録一卷補録一卷　延平府重刊本

延平答問一卷續録一卷

宋朱子撰。

萬卷精華樓藏書記 [清] 耿文光

宋李侗語，朱子撰。侗，字愿中，延平人，學者稱延平先生。四庫全書著録，後録作附録，無補録。趙氏讀書附志、宋史藝文志俱載前録一卷，趙氏作延平答問，省文也。延平與朱子之父韋齋松，同受業於羅豫章從彦，後朱子復師事延平而得其傳。故凡集注中所稱「愚聞之師曰」者，即延平也。乃以其平日互相答問之語，記録成帙。其後録，則朱子門人輯朱子之論有涉於延平者，并及其祭文、行述也。延平之學，多得於性道隱微之間，而非語言文字之末，非朱子不足以闡發之。嘉定甲戌，北海王耕道爲刊二録於姑熟郡齋，趙師夏識其後。明宏治乙卯，琴川周木得其本，較明代時刻多後録，因輯補録繫於後，以補後録之未備，爲序而重鋟之。正德癸酉，延平十四世孫習爲跋。此本乃國朝康熙丙戌知延平府周元文以琴川本重梓，元文爲序，鄧炎跋之。

平川鍾氏本。是本刊於乾隆己未，題曰延平李先生師弟子答問，前有鍾紫幃序。

西河谷際歧記此書甚詳，因從大儒詩抄中録出，使觀者詳焉。

谷氏曰：謹案今本二卷，上卷即原本，下卷則明宏治間琴川周木所補輯，故名曰補録，非原本所有也。備考今本所載，有宋嘉定甲戌趙師夏序，稱「北海王耕道攝郡姑孰，刻之郡齋」。又周木序稱「求得嘉定間刻本校正，比近本既多後録，而復僭爲補録附刻」。又載康熙丙戌知延平府周元文序、乾隆己未南平儒學鍾紫幃序、乾隆十三年知延平縣滇南蘇渭生序，各皆著其板缺補刻之由。是此書之刻，始於宋嘉定間，但有正編與後録，今校諸翰院所藏底本，即此。其補録，則明時始著而合梓之，暦明至今，屢次補刻，即此本也。而今本又附刻楊、羅、李、朱四先生年譜，乃康熙丙午社臺晉陵毛氏念恃所手輯，而裔孫騰輝梓之者也。至延平文集一卷，係其裔孫葆初拾掇而成，與延平答問同題爲朱子所編，殊失其舊。四庫止存其目，世亦未見其本。惟宋詩紀事載詩一首，采自延平府志，其他詩文未有聞焉。

文光案：延平答問又見於朱子遺書。余家所藏凡三本：一遺書本，一明本，一鍾本。而鍾本爲佳，故著之。四庫全書總目提要曰：「程子之學，一傳爲楊時，再傳爲羅從彥，又再傳爲李侗。侗於朱子爲父執。紹興二十三年，朱子二十四歲，將赴同安主簿任，往見侗於延平，始從受學。紹興三十年冬，同安任滿，再見侗，僅留月餘。又閱四載，而侗歿。前後相從不過數月，故書札往來問答爲多。後朱子輯而録之，又載其與劉平甫二條，以成是書。朱子門人又取朱子平昔論延平語及祭文、行狀别爲一卷，題曰附録，非原書所有也。」

八千卷樓書目 ［清］丁丙 丁立中

李延平集四卷 宋李侗撰，正誼堂本。

延平答問一卷附録一卷 宋朱子撰。明延平府刊本、朱子遺書本、吕氏刊本。

木犀軒藏書書録 李盛鐸

延平李先生答問後録一卷 明刊本

後録有嘉定甲戌趙師夏跋，謂王耕道攝郡姑熟，刊之郡齋。補録爲明周木編。有正德癸酉十四世孫李習刊板跋。附刊成化二十一年南京行人司司副周木請加封爵陞祀廟廷奏疏。

藏園訂補郘亭知見傳本書目　［清］莫友芝 撰，傅增湘 訂補

延平答問一卷附録一卷　延平答問，宋朱子撰。○明刊大字本。○朱子遺書本。

［補］延平李先生師弟子答問一卷後録一卷　宋朱熹輯。○清康熙中禦兒吕氏寶誥堂刊朱子遺書本。

他本序跋

李延平先生文集序

［宋］趙師夏

延平李先生之學得之仲素羅先生，羅先生之學得之龜山楊先生，龜山蓋伊洛之高弟也。李先生不特以得於所傳授者爲學，其心造之妙，蓋有先儒之所未言者。今觀此編與行述之所紀，智者觀之，當見之矣。始我文公朱先生之大人吏部公與延平先生，俱事羅先生，爲道義之交，故文公先生於延平爲通家子。文公幼孤，從屏山劉公學問，及壯，以父執事延平而已。至於論學，蓋未之契。而文公每誦其所聞，延平亦莫之許也。文公領簿同安，反復延平之言，若有所得者，於是盡棄所學而師事焉。則此編所録，蓋同安既歸之後也。文公先生嘗謂師夏曰：「余之始學，亦務爲儱侗宏濶之言，好同而惡異，喜大而恥於小，於延平之言則以爲何多事若是，天下之理一而已，心疑而不服。同安官餘，以延平之言反覆思之，始知其不我欺矣。」蓋延平之言曰：「吾儒之學所以異於異端者，理一分殊也。理不患其不一，所難者分殊耳。此其要也。」今文公先生之言行布滿天下，光明俊偉，毫釐必辨而有以會其同，曲折致詳而有以全其大，所謂致廣大而盡精微，極高明而道中庸，本末兼舉，細大不遺。而及門之士亦各隨其分量，有所依據而篤守，循序而漸進，無憑虚蹈空之失者，實延平先生一言之緒也。世之學者，其尊信文公之道者，則以爲聰明絶世，故其探討之微有不可及；至於不能無疑者，則又以爲其學出於性習之似，得之意好之偏而已。而不知師弟子之間離合從違之際，其難也如此。嗚呼！此蓋爲千古計也，豈容有一毫曲狥苟合、相爲容悦之意哉？北海王耕道舊讀此書而悦之，攝郡姑孰，取之刊之郡齋以畀學者，其惠宏矣。師夏贅貳于此，因得述其所聞于後，以告同學者，蓋丙辰夏夜之言也，幸貰其僭。嘉定甲戌三月望日後學趙師夏謹識。

李延平先生文集，李孔文本

跋延平答問

［宋］曹彦約

延平答問一編，始得當塗印本於黄巖趙師夏致道，携度劍閣，以示石照度正周卿，因得周卿所藏臨川鄒非熊宗望録本與麻沙印本，刊其誤而闕其疑，可以傳矣。鋟本益昌學宫，與四蜀之士共焉。嘉定丙子冬至日後學曹某謹識。

曹彦約昌谷集

李延平先生答問序　［明］周木

延平答問者，子朱子述其師延平李先生答其平日之問，以明其傳之有自也。先生之學得之豫章，豫章得之龜山，龜山實得之於伊洛，伊洛之學則又得於濂溪。其源流之正，授受之真，不啻日月之明，雷霆之震，雖聾瞽之人，有不可掩者。朱子固以豪傑之才，聖賢之質，當汎濫於諸家，入出於佛老者，亦既有年。年二十四，爲簿同安，始受學于先生之門，服膺先生之訓。剖微窮深，至忘寢食，而道統之傳始有所歸矣。故嘗曰：「自見李先生，爲學始就平實，乃知向日從事於釋老之説皆非。」又嘗與先生論易，聞之悚然，曰：「始知前日空言，全不濟事。」自此讀書益加詳細。先生亦嘗與友人書曰：「元晦進學甚力，所論難處，皆是操戈入室。今既見儒者路脈，一味潛心於此。」端明汪應宸亦云：「元晦師事延平，久益不解。嘗言每一見而復來，則所聞必益超絶。」蓋其上達不已，日新如此。」先生之學雖出於羅、楊，而自得之妙則青于藍而寒于冰，是宜朱子之出其門也。然其學也，妙體用而爲一，合顯微而無二，實斯文之正脉，吾道之的傳，與堯舜禹湯文武周公孔子無異趣者。而末學晚生，未窺户牖，有或以著述少之。嗚呼！天地之能不可見，觀之春夏秋冬可見；孔子之能不可見，觀之顔曾思孟可見；先生之能不可見，觀之朱子當見之矣。則朱子之所以得爲朱子，實賴是編以啓之也。木思覩有年，偏求于人而不可得。深愧寡陋，未考元史從祀之詳。成化乙巳，乃復上請于朝，併乞校頒其書，羽翼正學。有司置議，事不果行。既六年，乃得延平郡庠近刻本而讀之，承傳舛訛，益增疑懼。又三年，始求得嘉定間刻本而校正焉。比近本既多後録，而復僭爲補録以附於後，刻之嚴郡，傳示將來，俾知朱子有得于先生，而先生有功於朱子，誠如雷霆日月之不可掩矣。弘治乙卯夏四月既望後學琴川周木序。

李延平先生文集，李孔文本

延平問答跋

［明］李習

紫陽朱夫子受學於老祖文靖公之門，嘗以平日答問要語編録成書，流布天下。惜夫迭經翻刻，字多舛訛。近荷琴川周大參公詳校，始復其正。大父仲質公由鄉進士判無爲州，先君天瑞公領南畿鄉薦，拜瑞金令，俱欲刊此，未就。習幸知廣州府幕事，適家居，取周公校正本重新繡梓，與四方學者共之，庶延平垂教之意不泯，朱子尊師之心有在，而先人之願亦得以少遂矣。正德癸酉歲春正月十四世孫李習拜識。

延平李先生答問後録，李習本

延平問答序 〔明〕熊尚文

……〔前缺〕語言着脚安所獲著述全璧□珍之。適承乏校閩，以屬先生鄉井，或有家乘可採。廼兩載博搜，僅得師弟問答及續録中互見一二耳。然問答屬紫陽手编，而黄鍾異叩，節目騤繁，二録又□紫陽引用證可語，恐後學觀者沿流而不知其源，得無令先生顓注之精神湮没不傳乎?·不佞用是稍爲编校，首以問條，次及酬答奥義，又次及二録中所摘出之霏玉碎金，彙成一集授梓。庶先生平日所得於豫章，而紫陽氏所藉以演心傳於萬禩者，是集稍覘一斑矣。萬曆己酉春仲月後學豐城熊尚文書於知本堂。

延平李先生答問，熊尚文本

李延平先生文集序

［清］周亮工

道學之家，因象山、考亭偶有異同，於是主靜、實脩之説互爲輸攻墨守。以余觀之，皆小儒勦習緒論，未睹斯道之大原耳。嘗稽考亭，亦嘗汎濫百家，自負豪傑，每每留心於乾竺、流沙諸書。及受學於李延平先生之門，爲學乃始斂就平實。則知上達之功，率皆本之下學者也。先生蓋嘗師事羅豫章，豫章好靜坐，先生退而亦靜坐，時時自稽喜怒哀樂未發氣象，久之洞貫融釋，事事條理，則先生固嘗根極主靜，了徹悟門，特不欲標樹自異。知先生，則愈知考亭矣。濂雒之學，至考亭而集其成。要之古人先河後海之義，則先生其積石、龍門乎？先生生平不務著述，卒後，考亭輯其問答遺言，釐爲三卷，傳之四百餘年，歲久弗戒於火。其裔孫葆初向僑吴門，以參戎入閩，修葺祠宇，重鋟之，以惠後學，而以其别集二卷附之於後。適余行部劍津，因得而稽閲之。其間詮釋典墳，探研性命，罔不本之君父大倫以及日用常行。當聖遠言湮之日，而懸照當空，秉炬迷途。所謂千百世之遠，東海北海之遥，而驗之此心此理，無有不同者也。昔人以世無二程，無復知有濂溪；然則若無考亭，將不知有先生矣。余於大道指歸，未窺涯涘。惟是家本豫章，徙居伊雒，比年入閩，得瞻先生及考亭里宅，不勝徘徊慨慕，故因葆初命，序先生之集，而備著先儒道術源流初無異同先後之分，所以一道德而崇實修，庶不虛葆初刻斯集之盛心也夫。但余意有未盡者。近代從祀之典，寥寥僅止數人。河東不事著述類先生，新建獨鑒良知類鵝湖。然自先生而推之，其間篤行清修、羽翼聖宗者，實有其人。廟廊之上詳加考慎，進而俎豆，以示崇儒勸學，亦新朝一大盛事也。讀先生集，因並及之，以志余景仰先正萬一之私耳。順治十一年甲午仲春古浚周亮工頓首題於賴古堂。

李延平先生文集，李孔文本

李延平先生文集序

［清］李芷

粵稽我先師孔子，上接堯舜禹湯文武周公道統以開來學，當時見而知者顏曾子思，私淑者孟氏。曾子、子思、孟子皆有書，顏子獨無書，孔子稱之曰「回也其至乎」，雖上古聖人亦若是，若是乎道統之傳固非必有傳書也。濂洛派衍，道歸南閩，李延平先生紹述龜山、豫章，授學朱子，源流端緒灼然可尋，何後人獨以著述少之？至明萬曆間，始定議從祀，惜乎歷二百餘年，詞臣禮官無有能折衷於顏子者，規規焉以延平問答、要語、語録及朱子「愚聞之師」等言爲侑食廟庭之左驗，抑何謬耶？芷入閩來，尋訪先儒舊蹟，如胡、蔡、游、真諸子，講席猶温，遺言具在，未嘗不肅然起敬，殷然奮興也。數過劍津，不得一展拜延平之祠，以爲憾。今春先生裔孫葆初走一介至三山，以先生文集見示，芷受而讀之，作而曰：「先生其似顔子乎！」顔子終日不違，如愚；先生教人默坐澄心，體認天理。顔子簞瓢屢空，不改其樂；先生歷四十餘寒暑，啜菽飲水，亦自有餘。顔子於聖人根本有默契處，孔子謂「非助我」；先生謹守龜山之學，數年後心廣體胖，非文字言語所及。先生云：「賴天之靈，常在目前〔二〕，如此安得不進？」幾于喟然一嘆，又何其言之似顔子乎？雖然問答、語録皆朱子手編，往來辯難著書及上舍、梅林數咏，亦先生之緒餘耳。不著書，不立言，是顔子之所以爲大也。先生累葉簪纓，名賢接武，如魯公文學者代不乏人。葆初負經緯之才，馳驅王事，更能表章先德，垂諸久遠，洵無慚於賢裔也已。南蘭陵後學季芷敬題。

李延平先生文集，李孔文本

〔二〕常，原作「嘗」，據李孔文本李延平先生文集延平答問改。

重辑李延平先生文集小引 ［清］林潤芝

聞之前人有美而弗爲之闡揚，後進之愆也。幸生大賢之里，得從先生長者之後，拜其遺像，瞻其儀型，而嘉謨懿行聽其廢闕，罪孰甚焉？今夫好奇之士，足跡所至，務爲探奇索幽，弔古求逸，或於窮山莽野荒塜斷碑之下，得其隻字，莫不歡呼踴躍，飾衍翻傳。若夫山僧野老畸人女士，一言之韻，亦必群相酬和，共爲揄揚，稱爲盛事，膾炙人口。騷人墨士流風孔長，乃聖賢道脈、理學淵源墜焉弗講，抑獨何歟？吾邑先賢李文靖先生者，上以繼楊羅道南之傳，下以開朱子大成之統。有功聖門，嘉惠後學，固昭昭在天下萬世也。彼未窺户牖之士，至或以其著述少之。嗚呼！亦甚不知先生之道也。且夫言也者，聖賢所以載道，故得道而忘言，猶之筌者所以載魚，故得魚而忘筌。論語一書，亦門弟子之所述而誌之者也，故子曰：「天何言哉？四時行焉，百物生焉。天何言哉？」昔朱子云：「先生却不曾著書，充養得極好。凡爲學，亦不過恁地涵養將去，故粹面盎背，自然不可及。」又曰：「自見李先生後，學始就平實。」則知先生之意，固不存於著述也，明矣！即答問一書，亦先生身後朱子追思而手編之者。今觀答問中，試求其涵養氣象者爲何如，其於日用上下工夫爲何如，其雖在山野，憂世之心爲何如。嗚呼！其可以著述求之歟？先生之言曰：「某語言既拙，又無文采，發脱道理不甚明亮。」有曰：「某文采鄙拙，未能輒發一語。」是先生虛衷與物也，人亦遂以是疑之。觀先生初上羅先生書，灝氣宏辭，直與昌黎師説相表裏，亦可得其一班矣。自兹之後，一意潛心于涵養，遂不復留意于文章。蓋先生瑩徹無瑕，如冰壺秋月；至其論三綱不振，義利不分，則又如烈日秋霜，非充實光輝而能若是乎？予性質粗鄙，而多窘束，每一思先生書云：「如至人家，看壁上碑文，必俟茶畢，起向壁看，看畢，又移向次壁看，看畢仍就坐。」其詳緩專一如此。其語侯師聖亦然。至如不快處，亦「自念所寓而安方是道理，今乃如此，正好就此下工夫，看病痛在甚處」。予每當此一思之，亦不覺涣然冰釋，其語語引人着勝地如此。予既服膺先生斯道，每歎斯集之廢闕，手録一編，訂其訛舛，分其卷帙，廣集見聞，貯之笥中，擬付棗梨。予友葆初君於從戎之際，皇皇于譜牒之是求，乃又殫心於文章、理學，亟求鐫以垂來禩，其志洵足尚矣。予嘉其請而樂觀厥成，因係一言于簡末。嗟夫！予願天下之讀是集者，請弗以文字求之，當求夫先生之所以涵養，與其所以日用處下工夫，與憂世之心，則幾矣。順治癸巳長至日同邑後學林潤芝延

李延平先生文集，李孔文本

年氏敬書。

重刻延平答問序　［清］周元文

竊聞秦漢而降，道統不絕如綫，迨至有宋，二程子發其宗指，朱子集其大成，而聖道以明。程子得楊龜山先生，目之曰：「吾道南矣。」繼之者爲羅仲素先生，又傳而爲李愿中先生，而後有朱子。其間師弟相承，後先繼起，則楊、羅、李三先生實爲傳道之正宗。而三先生皆延平人也，故學者皆稱愿中先生爲李延平。元文守延三年，求先生之遺書，散軼不可卒得。偕其後人再三購求，得延平答問一書，乃朱子之所輯，嘗於集註中稱述之。至云默坐體驗，灑然融洽，蓋其辨晰經書，推見至隱，雖虞廷之精一，孔門之一貫，不是過也。程子曰：「中庸一書，乃孔氏傳授心法。」則是書也，其即紫陽所受之心法歟？元文疏陋，不能闡發其精蘊，而幸官於斯土，知理學之所歸，得此書於榛蕪之餘。原板既不可得，而僅存之本已就破碎，不可收拾，懼其湮没不傳，敬付之梓，以俟凡百君子之探索焉，是爲序。時大清康熙丙戌清明日中憲大夫知延平府金州周元文謹識。

延平李先生師弟子答問，清乾隆十三年李騰暉重修本

補刻本延平答問跋

［清］鍾紫幃

余自幼讀書，見朱子大全嘗載有李延平先生條訓，知其發明理道精切詳明。是朱子雖集羣儒大成，其得於先生之力居多。因憶延平答問一書，乃朱子授受衣鉢，迄今披閱研究，儼接兩賢笑語，不禁喟然曰：「吾道南來，真諦其在斯乎，其在斯乎！」然生平不少概見，何哉？蓋答問之書，非若講章傳註，爲士子諷誦之資，又非若詞賦文章，爲學人謳吟之具，不獨坊肆不知刊行，即藏書之家亦不多覯，殆幾幾乎斷簡殘編，荒涼滅没也。及余訪道延津，忝居司訓，凡屬先賢苗裔，俱與訂交。得李先生二十一代裔生元璋者，詢及延平答問之書，舊版雖存於祠後御書閣内，中有散失。予向以不少概見，常深滅没之懼。方憶劍津爲先生發祥之鄉，其人雖往，遺書尚存，學士大夫諒必家絃户誦，與朱子文集頡頏併著，而竟寥寥焉。是何朱子之書刊刻者甚多，而延平答問獨無人過而問乎？余益滋懼。爰取全書，與李氏藏板詳加

檢閲，計其缺略者三十篇。因不惜捐俸，偕其裔生元璋重鎸補闕。雖不敢自謂絶續有功，其於答問一書，諒不無少補云。乾隆己未孟春月平川後學鍾紫幃敬跋於南平學署。

延平李先生師弟子答問，清乾隆十三年李騰暉重修本

［清蘇渭生序］

自龜山得濂洛之傳，而道學之統閩中爲盛。顧上承楊、羅而下開考亭，則延平李先生之功爲甚鉅。世所傳延平答問，皆與朱子相往復之書，實集註淵源所自出。海内學者莫不家置一編，讀其書而想見流風餘韻者也。余筮仕鰲江，不半載，調任南邑，即展謁先生之祠，見其楝宇輝煌，迺乾隆柒年守先生之祠二十一世嫡裔李生騰暉，前爲祠生，向請學憲于公爲之修葺。其祠後御書閣，伊祖夢碧、父一范請前郡守任公創焉。夫先生之車服、墳宅、祠器、御書，皆騰暉之世承傳奉。求其遺書，而答問一編，板經蠹蝕，暉則爲之刊補，其四賢年譜一集，騰暉以舊本進請道憲滏陽張公序而梓之，以故俱得復爲完書矣。余用是深嘆先生之世澤綿遠，而後人克守其先緒，

不勝欣且慕焉。三載以來，簿書之餘，輒至祠，稍事補葺。續據先生後裔元昇、騰暉以特祠缺祀，籲增余不勝惕焉。考核詳定，俾春秋二享無缺於供。方將欲修先生之墓，搜求先生遺文裒爲一集，而孔道殷繁，碌碌未及。會余奉調東寧，而李生騰暉謂余有功於先生之祠事，序言爲請。夫先生之遺澤，衣被無窮，宰斯土者理宜欽式，亦何敢以是爲功？惟是附名簡末，實生平私淑之願，且以書尤爲學者之布帛菽粟，不可一日無者也。爰贅數言以爲跋。乾隆拾叁年歲次戊辰長夏知南平縣事滇南後學蘇渭生拜撰。

延平李先生師弟子答問，清乾隆十三年李騰暉重修本

［清張其曜序］

延平答問一書，先儒所授受，實後學之法程，凡以闡明斯道者，無微不顯。板藏郡城李先生祠，歷年既久，蝕闕遂多。其曜忝守是邦，大懼前賢遺訓或致殘失也。因請諸道憲張焕堂觀察，並商南平令范廷玉司馬，籌貲重刊，俾傳不朽，士林之幸，亦守土者之責也。工既竣，用誌數語於此，時爲光緒二年丙子季秋，署延平府知府

延平李先生師弟子答問，清光緒二年延平府署刻本

會稽張其曜謹識。

［張壽鏞跋］

久不讀宋儒書，偶檢書得此，晝一日讀之，心胸爲之灑落。理一分殊，全在辨析精微、毫釐畢察耳。朱子之學得之延平，延平得之豫章，豫章得之龜山，龜山得之伊洛，淵源有自。更合程、楊、羅、李、朱六先生全集觀之，蓋可知其得力處矣。壬午夏張壽鏞旹年六十七。

延平李先生答問，熊尚文本，國家圖書館善本書號 08903

圖書在版編目（CIP）數據

豫章羅先生文集 /（宋）羅從彥撰；李彬，李明燏點校. 李延平先生文集 /（宋）李侗撰；李彬，李明燏點校. -- 福州：福建人民出版社，2023.12

（八閩文庫. 要籍選刊）

ISBN 978-7-211-09213-0

Ⅰ. ①豫… ②李… Ⅱ. ①羅… ②李… ③李… ④李… Ⅲ. ①羅從彥（1072–1135）—文集 ②李侗—文集 Ⅳ. ①B244.7-53

中國國家版本館 CIP 數據核字 (2023) 第 227106 號

本書爲全國高等院校古籍整理研究工作委員會直接資助項目

豫章羅先生文集 / 李延平先生文集

作　　者：［宋］羅從彥 撰 /［宋］李侗 撰
李彬 李明燏 點校
責任編輯：陳廷煒
責任校對：林喬楠
裝幀設計：張志偉
美術編輯：陳培亮
出版發行：福建人民出版社
電　　話：0591-87533169（發行部）
地　　址：福建省福州市東水路 76 號
經　　銷：福建新華發行（集團）有限責任公司
印刷裝訂：雅昌文化（集團）有限公司
地　　址：深圳市南山區深雲路 19 號
電　　話：0755-86083235
開　　本：890 毫米 ×1240 毫米　1/32
印　　張：15
字　　數：270 千字
版　　次：2023 年 12 月第 1 版第 1 次印刷
書　　號：ISBN 978-7-211-09213-0
定　　價：78.00 元